汽车传动系统故障诊断与修复

主　编　孙志春　汪爱丽
副主编　陈美波　刘立志　郭常亮　刘　静
主　审　李　波

北京理工大学出版社
BEIJING INSTITUTE OF TECHNOLOGY PRESS

版权专有 侵权必究

图书在版编目（CIP）数据

汽车传动系统故障诊断与修复/孙志春，汪爱丽主编 .—北京：北京理工大学出版社，2015.9（2021.9 重印）

ISBN 978-7-5682-1170-3

Ⅰ.①汽… Ⅱ.①孙… ②汪… Ⅲ.①汽车-传动系-故障诊断-高等职业教育-教材 ②汽车-传动系-车辆修理-高等职业教育-教材 Ⅳ.①U472.41

中国版本图书馆 CIP 数据核字（2015）第 205586 号

出版发行 / 北京理工大学出版社有限责任公司
社　　址 / 北京市海淀区中关村南大街 5 号
邮　　编 / 100081
电　　话 / （010）68914775（总编室）
　　　　　（010）82562903（教材售后服务热线）
　　　　　（010）68948351（其他图书服务热线）
网　　址 / http：//www.bitpress.com.cn
经　　销 / 全国各地新华书店
印　　刷 / 三河市华骏印务包装有限公司
开　　本 / 787 毫米 × 1092 毫米　1/16
印　　张 / 17.5　　　　　　　　　　　　　　　　　责任编辑 / 封　雪
字　　数 / 410 千字　　　　　　　　　　　　　　　文案编辑 / 张鑫星
版　　次 / 2015 年 9 月第 1 版　2021 年 9 月第 3 次印刷　责任校对 / 周瑞红
定　　价 / 39.80 元　　　　　　　　　　　　　　　责任印制 / 马振武

图书出现印装质量问题，请拨打售后服务热线，本社负责调换

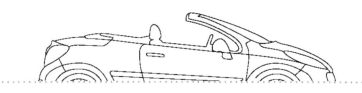 

前 言
PREFACE

  本教材是校企共同开发、根据国家级精品课程"汽车传动系统的故障诊断与修复"进行编写的。全书图文并茂、直观易懂、言简意赅，非常利于使用者的学习和掌握；在内容上突出基础理论的理解掌握和实践能力的培养，针对性和实用性较强。

  为满足我校汽车专业的教学需要，使广大师生基于工作过程进行教学，编写了此教材。

  本书共分4个学习情境，主要包括汽车传动系的结构、原理、检测、维修等内容。

  本书适合高职高专汽车检测与维修技术专业使用。

  本书由孙志春、汪爱丽担任主编，陈美波、刘立志、郭常亮、刘静任担任副主编，蒋卫东、石反修、谢云叶、刘猛洪、郗宏伟、蔡军、褚红宽、张玉华（兼职）、栾琪文、张宝华（兼职）、孙彬（兼职）、程传昆（兼职）、田海波（兼职）、司友俊（兼职）、张庆涛（兼职）、文仁波（兼职）、张迎军（兼职）等参与了编写。全书由润华汽车集团大众站技术总监，山东省首席技师李波主审。在本书编写过程中，得到了润华汽车集团、福林吉利零配件制造公司（济宁）、山东东岳专用汽车有限公司、山推股份有限公司、东风本田济宁分公司、济宁振宁汽车修理厂等汽车企业的大力支持，在此一并表示诚挚的谢意。

  由于作者水平有限，欠妥或错误之处在所难免，恳请读者批评指正。

编　者

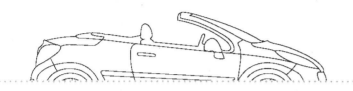

目录
CONTENTS

学习情境 1　汽车传动系统整体结构分析 ·· 001

学习情境 2　搭载手动变速器汽车传动系统的拆装、调整、故障　　　　诊断与修复 ··· 014

　学习单元 2.1　汽车加速无力故障的诊断与修复 ································ 014

　学习单元 2.2　汽车挂挡困难故障的诊断与修复 ································ 034

　学习单元 2.3　手动变速器乱挡故障的诊断与修复 ······························ 050

　学习单元 2.4　手动变速器异响故障的诊断与修复 ······························ 066

　学习单元 2.5　汽车无高速挡故障的诊断与修复 ································ 078

　学习单元 2.6　汽车高速行驶振颤故障的诊断与修复 ···························· 097

学习情境 3　搭载自动变速器汽车传动系统的拆装、调整、故障　　　　诊断与修复 ··· 108

　学习单元 3.1　自动变速器锁止离合器无锁止故障的诊断与修复 ······ 108

　学习单元 3.2　自动挡汽车不能行驶故障的诊断与修复 ···················· 136

　学习单元 3.3　自动变速器换挡冲击大故障的诊断与修复 ················ 152

　学习单元 3.4　搭载电控无级自动变速器（ECVT）汽车行驶冲击　　　　　　　　　故障的诊断与修复 ·· 172

　学习单元 3.5　搭载直接换挡变速器（DSG）汽车抖动故障的　　　　　　　　　诊断与修复 ··· 221

　学习单元 3.6　主减速器和差速器异响故障的诊断与修复 ··············· 236

学习情境 4　汽车传动系统综合故障诊断与修复 ···················· 249

思考与操作训练 ·· 266

参考文献 ·· 269

学习情境 1
汽车传动系统整体结构分析

知识目标

理解汽车传动系统的作用、类型、结构、原理。

技能目标

(1) 掌握车辆传动系统布置形式。
(2) 认识车辆传动系统整体结构。
(3) 认识车辆传动系统各零部件、总成。

第一部分 知识要求

一、传动系统的基本功能

汽车传动系统的基本功能是将发动机发出的动力传给驱动车轮,产生驱动力,使汽车能以一定速度行驶。

传动系统的首要任务是与发动机协同工作,以保证汽车能在不同使用条件下正常行驶,并具有良好的动力性和燃油经济性。因此,任何形式的传动系统都必须具有以下功能。

1. 减速增矩

发动机输出的动力具有转速高、转矩小的特点,无法满足汽车行驶的基本需要,通过传动系统的主减速器,可以达到减速增矩的目的,从而使传给驱动轮的动力比发动机输出的动力高,即转速低、转矩大。

2. 变速变矩

发动机的最佳工作转速范围很小,但汽车行驶的速度和需要克服的阻力却在很大范围内变化,通过传动系统的变速器,可以在发动机工作范围变化不大的情况下,满足汽车行驶速度变化大和克服各种行驶阻力的需要。

3. 实现倒车

发动机不能反转,但汽车除了前进外,还要倒车,在变速器中设置倒挡,汽车就可以实现倒车。

4. 必要时中断传动系统的动力传递

起动发动机、换挡过程中、行驶途中短时间停车（如等候交通信号灯）、汽车低速滑行等情况下，都需要中断传动系统的动力传递，利用变速器的空挡可以中断动力传递。

5. 差速功能

在汽车转向等情况下，需要两驱动轮能以不同转速转动，通过驱动桥中的差速器可以实现差速功能。

二、传动系统的组成

传动系统的组成及其在汽车上的布置形式，取决于发动机的形式和性能、汽车总体结构形式、汽车行驶系统及传动系统本身的结构形式等许多因素。目前，广泛应用于普通双轴货车上，并与活塞式内燃机配用的机械式传动系统的组成及布置形式一样，如图 1-1 所示。普通轿车则有前置后驱动和前置前驱动两种布置形式，如图 1-2 和图 1-3 所示。机械式传动系统主要由离合器、变速器、万向传动装置和驱动桥组成，其中万向传动装置包括万向节和传动轴，驱动桥由主减速器和差速器组成。

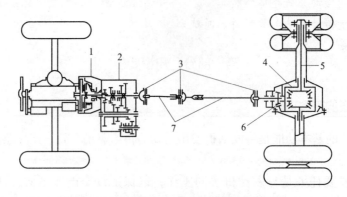

图 1-1　机械式传动系统的组成及布置形式

1—离合器；2—变速器；3—万向节；4—差速器；5—半轴；
6—主减速器；7—传动轴

图 1-2　轿车前置后驱动的布置方案

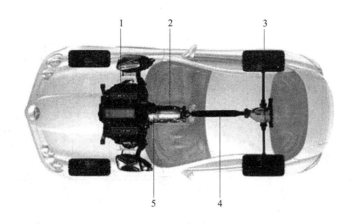

图 1-3 轿车前置前驱动的布置方案

1—发动机；2—自动变速器；3—驱动桥；4—万向传动装置；5—液力变矩器

三、传动系统的布置方案

1. 发动机前置后轮驱动（FR）方案（简称前置后驱动）

机械式传动系统是 4×2 型汽车的传统总体布置方案，即发动机前置、后轮驱动的 FR 方案，布置示意框图如图 1-4 所示，它结构简单，工作可靠，在各类汽车上得到广泛应用，主要用于货车、部分客车和部分高级轿车。图 1-5 所示为宝马汽车前置后驱动的布置方案。

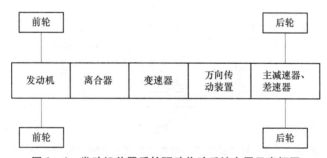

图 1-4 发动机前置后轮驱动传动系统布置示意框图

2. 发动机前置前轮驱动（FF）方案（简称前置前驱动）

FF 方案是将发动机、变速器、主减速器等都装置在汽车的前面，前轮为驱动轮的方案。发动机、离合器与主减速器、差速器装配成十分紧凑的整体，固定在车架或车身底架上，这样在变速器和驱动桥之间就省去了万向节和传动轴。发动机可以纵置或横置。当发动机横置（发动机曲轴轴线平行于车轮轴线）时（见图 1-6），由于变速器轴线与驱动桥轴线平行，主减速器可以采用结构加工都较简单的圆柱齿轮副；当发动机纵置（发动机曲轴轴线垂直于车轮轴线）时（见图 1-7），则大多需采用圆锥齿轮副。由于取消了纵贯前后的传动轴，车身底板高度可以降低，因此，有助于提高汽车高速行驶时的稳定性。整个传动系统集中在汽车前部，因而其操纵机构比较简单。目前，这种发动机和传动系统的布置方案已在微型和普及型轿车上广泛应用，在中、高级轿车上应用也日渐增多。货车没有采用这种方案是因为上坡时作为驱动轮的前轮附着力太小，不能获得足够的牵引力。

图1-5 宝马汽车前置后驱动的布置方案
1—变速器；2—驱动桥；3—万向传动装置

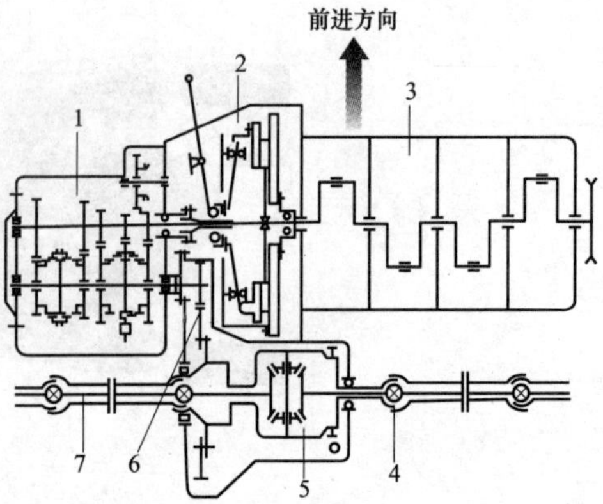

图1-6 发动机前置前驱轿车传动系统示意图（发动机横置）
1—变速器；2—离合器；3—发动机；4—万向节；
5—差速器；6—主减速器；7—半轴

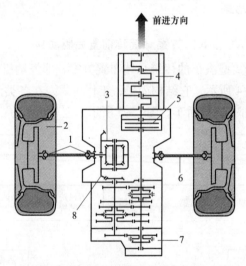

图1-7 发动机前置前驱轿车传动系统示意图（发动机纵置）
1—万向节；2—前轮；3—差速器；4—发动机；5—离合器；6—半轴；7—变速器；8—主减速器

1) 发动机横置

特点是发动机曲轴轴线与车轮轴线平行，主减速器可以采用圆柱齿轮传动。

2) 发动机纵置

特点是发动机曲轴轴线与车轮轴线垂直，主减速器必须采用圆锥齿轮传动。

3. 发动机后置后轮驱动（RR）方案（简称后置后驱动）

RR方案是发动机布置在后轴之后，用后轮驱动，如图1-8所示，该布置主要用于大中型客车和少数跑车。

4. 发动机中置后轮驱动（MR）方案（简称中置后驱动）

MR方案是发动机布置在前后轴之间，用后轮驱动，如图1-9所示。该布置主要用于跑车和少数大中型客车。

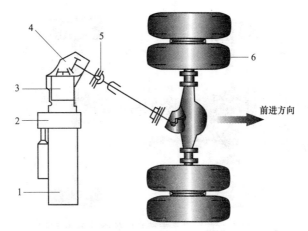

图1-8 发动机后置后驱传动系统布置示意图

1—发动机；2—离合器；3—变速器；4—角传动装置；5—万向传动装置；6—后轮

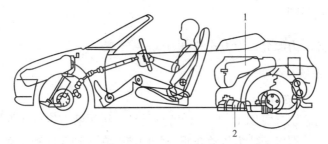

图1-9 发动机中置后驱传动系统布置示意图

1—发动机；2—传动系统

5. 四轮驱动（4WD）

四轮驱动行驶又称4WD（Wheel Drive），特点是传动系统增加了分动器，动力可以同时传给前后轮，如图1-10所示。该布置主要用于越野车及重型货车，图1-11所示为北京切诺基吉普车四轮驱动系统示意图。

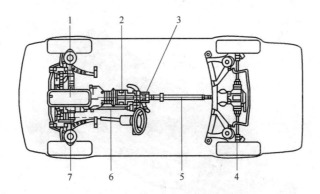

图1-10 四轮驱动传动系统示意图

1—发动机；2—变速器；3—分动器；4—后驱动桥；5—传动轴；6—前传动轴；7—前驱动桥

图1-11 北京切诺基吉普车四轮驱动系统示意图

1—发动机；2—离合器；3—变速器；4—分动器；5—后驱动桥；6—后传动轴；7—前传动轴；8—前驱动桥

四、传动系统的类型

汽车传动系统按动力源分为液力式和电力式。

1. 液力式传动系统

1）液力机械式传动系统

液力机械式传动系统（见图1-12）的特点是组合运用液力传动和机械传动。此外，液力传动单指动液传动，即以液体为传动介质，利用液体在主动元件和从动元件之间循环流动过程中动能的变化来传递动力。动液传动装置有液力偶合器和液力变矩器两种。液力偶合器只能传递转矩，而不能改变转矩的大小，可以代替离合器的部分功能，即保证汽车平稳地起步和加速，但不能保证在换挡时变速器中的齿轮不受冲击。液力变矩器除了具有液力偶合器的全部功能外，还可以实现无级变速，故目前应用得比液力偶合器广泛得多。但是，液力变矩器的输出转矩与输入转矩的比值变化范围还不足以满足使用要求，故一般在其后串联一个有级机械式变速器而组成液力机械变速器，以取代机械式传动系统中的离合器和变速器。

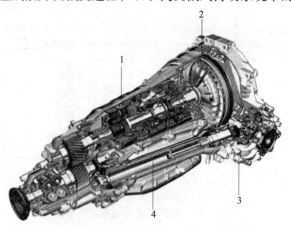

图1-12 液力机械式传动系统的组成

1—自动变速器；2—液力变矩器；3—前驱动桥；4—半轴

2）静液式传动系统

静液式传动系统又称为容积式液压传动系统（见图 1-13），是通过液体传动介质的静压力能的变化来传动的，主要是由发动机驱动的液压泵、液压马达和液压自动控制装置等组成。

油泵和液压马达一般采用轴向柱塞式。发动机输出的机械能通过油泵转换成液压能，然后由液压马达又转化成机械能。在图 1-13 所示方案中，只用一个液压马达将动力传给驱动桥的主减速器，再经差速器和半轴传到驱动轮；另一种方案是每一个驱动轮上都设置一个液压马达。采用后一种方案时，主减速器、差速器和半轴等机械传动部件都可以取消。

静液式传动系统的特点是通过液体传动介质静压力能的变化传递动力，利用发动机带动油泵产生静压力，通过控制装置控制液压马达转速，用 1 个液压马达带动驱动桥或用两个液压马达直接驱动两个驱动轮。其主要缺点是机械效率低、造价高、使用寿命短、可靠性差等，故还没有得到广泛应用。

2. 电力式传动系统

电力传动是很早采用的一种无级传动装置（见图 1-14）。由汽车发动机带动发电机发电，再将发出的电能送到电动机。可以只用一个电动机与传动轴或驱动桥连接，也可以在每个驱动轮上单独安装一个电动机。在后一种情况下，电动机输出的动力必须通过减速机构传输到驱动轮上，因为装在车轮内部的牵引电动机的转矩还不够大，转速则显过高。这种直接与车轮相连的减速机构称为轮边减速器。内部装有牵引电动机和轮边减速器的驱动车轮，统称为电动轮。

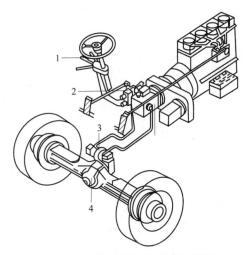

图 1-13 静液式传动系统示意图
1—变速操纵手柄；2—液压自动控制装置；
3—液压马达；4—驱动桥

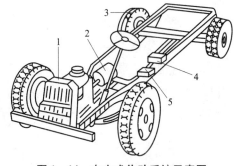

图 1-14 电力式传动系统示意图
1—发动机；2—发电机；3—车轮；
4—逆变装置；5—可控硅整流器

第二部分 技能训练

一、斯太尔载货汽车传动系统整体结构认识

斯太尔载货汽车传动系统大多采用前置后驱的布置形式，即发动机布置在车辆前部，而

车辆后轮为驱动轮。对该车辆传动系统的整体结构认识一方面要认识、了解各部分的位置，另一方面要认识、了解动力的传动路线和各系统之间的相对位置关系。

（1）斯太尔载货汽车离合器的认识：
①认识离合器踏板位置及其与离合器总成之间的操纵连接机构。
②认识离合器总成在车辆上的安装位置。
③认识离合器总成的相关零部件。

（2）斯太尔载货汽车变速器的认识：
①认识变速器操纵手柄位置及其与变速器之间的操纵连接机构。
②认识变速器总成在车辆上的安装位置。
③认识变速器总成的相关零部件。

（3）斯太尔载货汽车万向传动装置的认识：
①认识万向传动装置在车辆上的安装位置。
②认识万向传动装置的相关零部件。

（4）斯太尔载货汽车驱动桥的认识：
①认识驱动桥在车辆上的安装位置。
②认识驱动桥总成的相关零部件。
③认识差速器总成及半轴。

（5）分析斯太尔载货汽车动力传动过程。

（6）分析斯太尔载货汽车传动系统间的相互关系。

二、别克君威轿车传动系统整体结构认识

别克君威轿车传动系统布置是典型的前置前驱形式，即发动机和驱动桥均布置在车辆前部，而且该车辆发动机横向布置；同时，该车辆变速器采用电控液力式自动变速器，其型号为4T65E。

（1）电控液力式自动变速器总成的认识：
①认识变速操纵手柄位置及其与自动变速器之间的操纵连接机构。
②认识自动变速器总成在车辆上的安装位置。
③认识自动变速器的相关零部件。
④认识主减速器、差速器在变速器总成上的相对位置。
⑤认识半轴的构造。

（2）分析别克君威轿车动力传动过程。

（3）分析别克君威轿车传动系统间的相互关系。

三、TY-220型推土机传动系统整体结构认识

TY-220型推土机的传动系统是工程机械传动系统的典型代表，如图1-15所示，对其传动系统的整体结构认识包括以下几方面。

（1）液力变矩器总成的认识：
认识液力变矩器总成在TY-220型推土机上的安装位置。

（2）认识TY-220型推土机变速器总成：

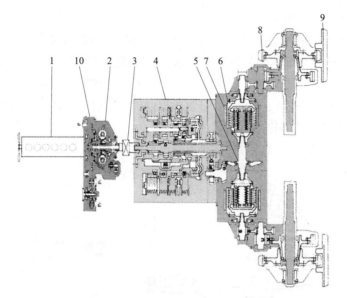

图 1-15 推土机传动系统示意图

1—发动机；2—变矩器；3—联轴器；4—变速器；5—中央传动；6—转向离器；
7—转向制动器；8—终传动；9—履带；10—液力变矩器总成

①认识变速器操纵手柄及其与变速器总成之间的操纵连接机构。
②认识变速器液压阀在变速器总成上的安装位置。
③认识变速器总成的相对安装位置。
④认识变速器总成的相关零部件。
（3）认识 TY-220 型推土机中央传动系统：
①认识中央传动的组成。
②认识中央传动的安装位置。
③认识中央传动相关零部件。
（4）认识 TY-220 型推土机终传动系统：
①认识终传动的组成。
②认识终传动的安装位置。
③认识终传动的相关零部件。
（5）分析 TY-220 型推土机动力传动过程。
（6）分析 TY-220 型推土机传动系统间的相互关系。

第三部分　知识拓展

一、车辆传动系统的检查与调整

1. 离合器踏板行程的检查与调整

离合器踏板自由行程是分离轴承与分离环之间的间隙在踏板上的反映。若间隙过大，则离合器工作行程小，会造成离合器分离不彻底；若间隙太小甚至没有间隙，又会造成离合器接合不平而打滑或烧坏轴承，因此，应将其自由行程调整到规定范围内。

斯太尔汽车离合器踏板自由行程规定值为 35~40 mm，分离轴承与分离杠杆之间的间隙应为 3~4 mm。但此处测量很不方便，通常是以调整拉杆处的轴向移动量来判断，拉杆的轴向自由行程为 6 mm 时，即认为分离轴承与分离环之间的间隙正常；如过大，可调整拉杆后端的螺母，向前拧进时间隙变小，反之则增大。此外，当此处调整合适后，应进一步检查离合器踏板处的自由行程在 35~40 mm。自由行程调整合适后，应将拉杆两侧调整螺母双向紧固，再进一步检查离合器工作是否正常。

斯太尔汽车离合器踏板自由行程检查调整示意图如图 1-16 所示。

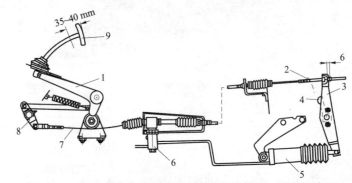

图 1-16 斯太尔汽车离合器踏板自由行程检查、调整示意图
1—踏板臂；2—拉杆；3—摇臂；4—分离叉；5—助力气缸；6—助力控制阀（按钮阀）；
7—钢绳；8—传动杠杆；9—踏板

2. 变速器密封状况和操纵机构性能检查

1) 斯太尔汽车变速器密封状况检查

（1）观察变速器壳体表面有无油污、漏油现象（见图 1-17）。

（2）检查变速器润滑油液面是否符合规定，液面应接近加油口附近。

2) 斯太尔汽车变速器操纵机构性能检查

（1）查看变速杆、传动杆系、连接凸缘、驱动摇臂和换挡轴等部件的相互连接情况，连接的固定螺栓和螺母应不松动。

（2）将变速杆由低挡区移至高挡区或由高挡区移至低挡区，查看换挡轴，换挡轴应能由上往下或由下往上做阶梯性移动，同时低挡区指示灯应熄灭或亮。

（3）在变速杆由高挡区五/六挡的空挡位置移至七/八挡的空挡位置，或由低挡三/四挡的空挡位置向左移至一/二挡空挡位置、再到爬行挡—倒挡的空挡位置时，检查变速器换挡轴能否由五/六挡的相应位置向下移至最低位置、由三/四挡的相应位置向上移至最高位置。

（4）在变速杆逐次由某一空挡向前或向后换挡时，查看换挡轴能否围绕轴线顺时针或逆时针转动一定角度。

（5）检查气压操纵部分是否正常。起动发动机，气压上升至 650 kPa 后，将变速杆置于空挡位置，这时段位变换阀和换挡气缸快放阀的排气口应没有气体排出；变速杆在高、低挡区段进行变换时，段位变换阀和换挡气缸快放阀的排气口能迅速排气，换挡气缸的推杆应能迅速来回移动，没有卡滞现象；变速杆在高挡区或低挡区换挡时，段位变换阀、换挡气缸快放阀排气口应能迅速排气，但换挡气缸推杆不应移动。

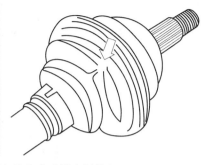

图 1-17 检查斯太尔汽车变速器密封状况

3. 万向传动装置性能检查

（1）传动轴防尘罩不得有裂纹、损坏，卡箍可靠，支架无松动（见图 1-18）。
（2）万向节不松旷，无卡滞，无异响。
（3）传动轴承支架无松动。
（4）中间轴承间隙符合规定。

4. 差速器性能检查

（1）观察差速器壳体表面有无油污、漏油以及壳体变形、损坏现象（见图 1-19）。
（2）检查差速器润滑油液面是否符合规定，液面应接近检查口。

图 1-18 检查传动轴防尘罩性能　　　　图 1-19 检查斯太尔汽车差速器密封状况

二、汽车传动系统二级维护基本内容

2001 年，国家交通部颁布了国家标准《汽车维护、检测、诊断技术规范》（GB/T 18344—2001），替代了 1990 年发布的《汽车运输业车辆技术管理规定》（交通部令第 13 号）。GB/T 18344—2001 是汽车维修和检测行业对在用汽车进行维护、检测、诊断的规范性技术标准，也是下一步对在用汽车实施 I/M 制度的基础性标准。

标准的颁布实施，对促进我国汽车维修行业技术进步，提高我国汽车维修、检测、诊断技术水平，加快我国汽车维修体系与国际的接轨，确保汽车技术状况良好，充分提高汽车的使用效率，保证行车安全，减少运行故障，控制汽车排放污染物等具有积极意义。

GB/T 18344—2001 给出了汽车二级维护作业的基本项目，其中汽车传动系统二级维护基本作业项目如表1-1所示。

表1-1 汽车传动系统二级维护基本作业项目

序号	检测项目	作业内容	技术要求
……	……	……	……
1	离合器	检查、调整离合器踏板自由行程	离合器踏板自由行程应符合规定
2	变速器、差速器	检查密封状况和操纵机构，清洁通气孔	密封良好，通气孔畅通，操纵机构作用正常，无异响、跳动、乱挡现象
3	传动轴、传动轴承支架、中间轴承	1）检查防尘罩； 2）检查传动轴万向节工作状态； 3）检查传动轴承支架； 4）检查中间轴承间隙	1）防尘罩不得有裂纹、损坏，卡箍可靠，支架无松动； 2）万向节不松旷，无卡滞，无异响； 3）传动轴承支架无松动； 4）中间轴承间隙符合规定
……	……	……	……

此外，GB/T 18344—2001还规定了汽车二级维护竣工要求，如表1-2所示。

表1-2 汽车二级维护竣工要求

序号	检测部分	检测项目	技术要求	备注
……	……	……	……	……
1	整车	1）清洁	汽车外部、各总成外部、三滤应清洁	检视
		2）面漆	车身面漆、腻子无脱落现象，补漆颜色应与原色基本一致	检视
		3）对称	车体应周正，左右对称	汽车平置检查
		4）紧固	各总成外部螺栓、螺母按规定力矩扭紧，锁销齐全有效	检查
		5）润滑	发动机、变速器、转向器、减速器润滑符合规定，各通气孔畅通。各部润滑点润滑脂加注符合要求。润滑脂嘴齐全有效，安装位置正确	检视
		……	……	……
2	离合器	1）踏板自由行程	符合原厂规定	检测
		2）离合情况	接合平稳，分离彻底，无打滑、抖动及异响	路试
3	传动系统	变速器、传动轴、主减速器	变速器操纵灵活，不跳挡，不乱挡；变速器、传动轴、主减速器各部无异响，传动轴装配正确	路试
……	……	……	……	……

三、汽车维护知识

1）掌握 GB/T 18344—2001 中规定的日常维护的内容

标准中规定的汽车传动系统日常维护的相关项目如下：

（1）对汽车外观、发动机外表进行清洁，保持车容整洁。

（2）对汽车各部润滑油（脂）、燃油、冷却液、制动液、各种工作介质、轮胎气压进行检查补给。

（3）对汽车制动、转向、传动、悬挂、灯光、信号等安全部位和位置以及发动机运转状态进行检查、校紧，确保行程安全。

2）掌握 GB/T 18344—2001 中规定的一级维护的内容

表 1-3 给出了标准中规定的汽车传动系统一级维护的作业内容。

表 1-3 汽车传动系统一级维护的作业内容

序号	项目	作业内容	技术要求
…	……	……	……
1	离合器	检查调整离合器	操纵机构应灵敏可靠；踏板自由行程应符合规定
2	变速器、差速器	检查变速器、差速器液面及密封状况，润滑传动轴万向节十字轴、中间轴承，校紧各部连接螺栓，清洁各通气塞	符合规定
3	全车润滑点	润滑	各润滑安装正确，齐全有效
4	全车	检查	全车不漏油、不漏水、不漏气、不漏电、不漏尘，各种防尘罩齐全有效
……	……	……	……

注：技术要求栏中的"符合规定"指符合实际使用中的有关规定。

学习情境 2

搭载手动变速器汽车传动系统的拆装、调整、故障诊断与修复

学习单元 2.1　汽车加速无力故障的诊断与修复

知识目标
（1）离合器构造类型、结构识别。
（2）离合器操纵机构的类型及工作原理分析。

技能目标
（1）主要零部件及其操纵机构的检测与维修调整。
（2）离合器故障的诊断与排除。

想一想：汽车起步时驾驶员如何操纵？

第一部分　知识要求

一、离合器的功能、要求和分类

1. 离合器的功能

（1）使发动机与传动系统逐渐接合，保证汽车平稳起步。

汽车起步时，驾驶员缓慢抬起离合器踏板，使离合器的主、从动部分逐渐接合，与此同时，逐渐踩下加速踏板，以增加发动机的输出转矩，这样发动机的转矩便可由小到大传给传动系统。当牵引力足以克服汽车起步时的行驶阻力时，汽车便由静止开始缓慢逐渐加速，实现平稳起步。

（2）暂时切断发动机的动力传动，保证变速器换挡平顺。

发动机在冷起动时，让离合器切断发动机与传动系统的联系，减少起动阻力，有利于发动机的起动。

汽车在行驶过程中，为了适应行驶条件的不断变化，变速器常需要换用不同挡位工作。对于普通齿轮式变速器，换挡时不同的齿轮副要退出啮合或进入啮合，这就要求换挡前踩下离合器踏板，暂时切断发动机与传动系统的联系，便于退出原有齿轮副的啮合，进入新齿轮副的啮合。如果没有离合器或离合器分离不彻底使动力不能完全中断，则原有齿轮副之间会因压力大而难以脱开，而待啮合齿轮副之间因圆周速度不同而难以进入啮合，即使能进入啮

合，也会产生很大的冲击和噪声而损坏机件。装设了离合器后，先踩下离合器，使其分离，暂时切断动力传递，然后再进行换挡操作，以保证换挡操作过程的顺利进行，并减轻或消除换挡的冲击。

（3）限制所传递的转矩，防止传动系统过载。

汽车紧急制动时，如果发动机与传动系统刚性连接，发动机转速将急剧下降，其所有零件将产生很大的惯性力矩，这一力矩作用于传动系统，会造成传动系统过载而使其机件损坏。有了离合器，当传动系统承受载荷超过离合器所能传递的最大转矩时，离合器会通过主、从动部分之间的打滑来消除这一危险，从而起到过载保护的目的。

2. 对离合器的要求

根据离合器的功用，离合器应满足下列主要要求：

（1）具有合适的储备能力，既能保证可靠地传递发动机的最大转矩，又能防止传动系统过载。

（2）接合时应平顺柔和，保证汽车平稳起步，减少冲击。

（3）分离时应迅速彻底，保证变速器换挡平顺和发动机起动顺利。

（4）旋转部分的平衡性好，且从动部分的转动惯量小。

（5）具有良好的通风散热能力，防止离合器温度过高。

（6）操纵轻便，以减轻驾驶员的疲劳。

3. 离合器的分类

汽车上应用的离合器主要有以下 3 种形式：

（1）摩擦离合器，指利用主、从动部分的摩擦作用来传递转矩的离合器。目前，这种离合器在汽车上广泛采用。

（2）液力偶合器，指利用液体作为传动介质的离合器，如图 2-1 所示。这种离合器原来多用于自动变速器，目前在汽车已不再采用。

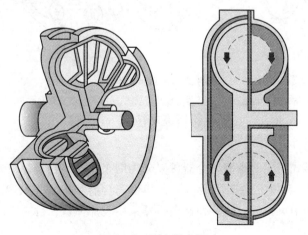

图 2-1 液力偶合器

（3）电磁离合器，指利用磁力传动的离合器，如图 2-2 所示。例如，在汽车空调中应用的就是这种离合器。

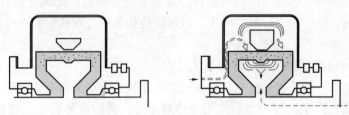

图 2-2　磁粉式电磁离合器

下面我们只介绍在汽车传动系统中应用最广泛的摩擦离合器。

二、摩擦离合器的结构类型、基本组成和工作原理

1. 结构类型

1）按从动盘的数目分类

按从动盘的数目不同，摩擦离合器可以分为单片离合器（见图 2-3）和双片离合器（见图 2-4）。轿车、客车和部分中小型货车多采用单片离合器，因为发动机的最大转矩一般不是很大，单片从动盘可以满足动力传动要求；双片离合器由于增加了 1 片从动盘，使得在其他条件不变的情况下，将比单片离合器所能传动的转矩增大 1 倍（1 个从动盘是两个摩擦面传递动力，而 2 个从动盘则是 4 个摩擦面传递动力），多用于重型车辆上。

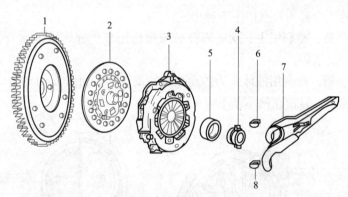

图 2-3　单片离合器

1—飞轮；2—离合器从动盘；3—离合器压盘及盖总成；4—离合器分离轴承套；5—分离轴承；
6，8—分离轴承套夹；7—离合器分离叉

2）按压紧弹簧的形式分类

按压紧弹簧的形式不同，摩擦离合器可以分为周布弹簧离合器、中央弹簧离合器和膜片弹簧离合器，如图 2-5～图 2-7 所示。周布弹簧离合器和中央弹簧离合器采用螺旋弹簧，分别沿压盘的圆周和中央布置；膜片弹簧离合器采用膜片弹簧，目前应用最广泛。

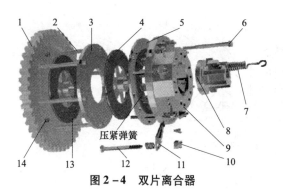

图 2-4 双片离合器

1—飞轮；2—传动销；3—中间压盘；4—后从动盘；5—压盘；
6—限位螺钉；7—回位弹簧；8—分离轴承；9—离合器盖；
10—调整螺母；11—分离杠杆；12—分离螺栓；
13—前从动盘；14—分离弹簧

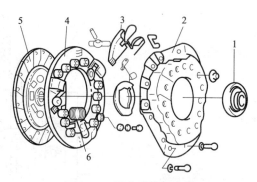

图 2-5 周布弹簧离合器

1—分离轴承；2—离合器盖；3—分离杠杆；
4—压盘；5—从动盘；6—压紧弹簧

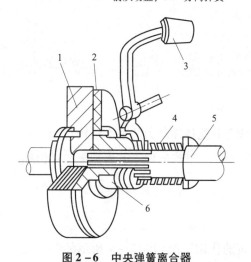

图 2-6 中央弹簧离合器

1—飞轮；2—从动盘；3—离合踏板；
4—中央（压紧）弹簧；5—变速器输入轴

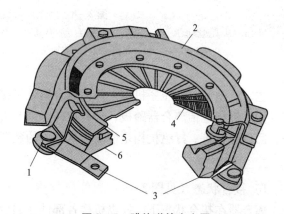

图 2-7 膜片弹簧离合器

1—收缩弹簧；2—离合器外壳；3—金属带；4—膜片弹簧；
5—枢轴环；6—压力板

2. 基本组成

摩擦离合器由主动部分、从动部分、压紧机构和操纵机构 4 部分组成，如图 2-8 所示。

主动部分包括飞轮、离合器盖和压盘。离合器盖用螺栓固定在飞轮上，其侧面开有窗口。压盘后端圆周上的凸台伸入离合器盖的窗口中，使得压盘既能随离合器盖转动，又能沿窗口轴向移动。这样，当发动机转动时，动力便经飞轮、离合器盖传到压盘，并一起转动。

从动部分包括从动盘和从动轴。从动盘带有双面的摩擦衬片，离合器正常接合时衬片分别与飞轮和压盘相接触。从动盘通过花键毂装在从动轴的花键上。从动轴是手动变速器的输入轴（一轴），其前端通过轴承支承在曲轴后端的中心孔中，后端支承在变速器壳体上。

压紧机构由若干根沿圆周均匀布置的压紧弹簧组成，它们装在压盘与离合器盖之间。在正常接合状态下，压紧弹簧将压盘和从动盘压向飞轮，使飞轮、从动盘和压盘三者压紧在一起。

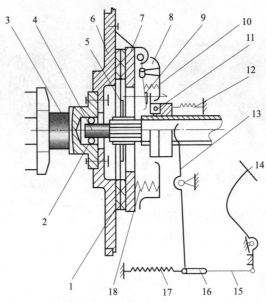

图 2-8 摩擦离合器的基本组成

1—从动盘摩擦片；2—轴承；3—曲轴；4—从动轴；5—从动盘；6—飞轮；7—压盘；8—离合器盖；
9—分离杠杆；10—弹簧；11—分离轴承；12、17—回位弹簧；13—分离叉；14—踏板；
15—拉杆；16—拉杆调节叉；18—压紧弹簧

主、从动部分和压紧机构是保证离合器处于接合状态并能传递动力的基本结构。

操纵机构包括离合器踏板、分离拉杆、调节叉、分离叉、分离套筒、分离轴承、分离杠杆、回位弹簧等。操纵机构是使离合器分离的装置。

3. 工作原理

1）接合状态（见图 2-9）

离合器在接合状态下，操纵机构各部件在回位弹簧的作用下回到图 2-9 所示的各自位置，分离杠杆内端与分离轴承之间保持有一定的间隙，压紧弹簧将飞轮、从动盘和压盘三者压紧在一起，发动机的转矩经过飞轮及压盘通过从动盘两摩擦面的摩擦作用传给从动盘，再由从动轴输入变速器。

2）分离过程（见图 2-10）

分离离合器时，驾驶员踩下离合器踏板，分离杠杆拉动分离叉的外端面后移，分离叉内端则推动分离套筒和分离轴承前移，先消除分离轴承与分离杠杆内端之间的间隙，然后推动分离杠杆内端前移，使分离杠杆外端带动压盘克服压紧弹簧作用力后移，摩擦作用消失，离合器的主、从动部分分离，中断动力传动。

3）接合过程（见图 2-11）

接合离合器时，驾驶员缓慢抬起离合器踏板，在压紧弹簧的作用下，压盘向前移动并逐渐压紧从动盘，使接触面间的压力逐渐增加，摩擦力矩也逐渐增加。当飞轮、压盘和从动盘之间接合还不紧密时，所能传动的摩擦力矩较小，离合器的主、从动部分有转速差，离合器处于打滑状态。随着离合器踏板的逐渐抬起，飞轮、压盘和从动盘之间的压紧程度逐渐紧密，主、从动部分的转速也渐趋相等，直到离合器完全接合而停止打滑，接合过程结束。

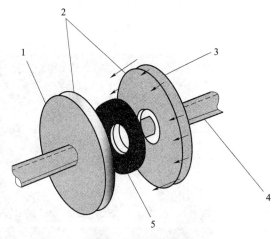
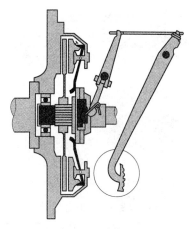

图 2-9 接合状态　　　　图 2-10 分离过程

1—飞轮；2—驱动件；3—压盘；4—输入轴；5—从动件

4. 离合器自由间隙和离合器踏板自由行程

离合器在正常接合状态下，分离杠杆内端与分离轴承之间应留有一定间隙，一般为 3～4 mm，这个间隙称为离合器自由间隙（见图 2-12）。

如果没有自由间隙，从动盘摩擦片磨损变薄后压盘将不能向前移动压紧从动盘，这将导致离合器打滑，使离合器所能传动转矩下降，车辆行驶无力，而且会加速从动盘的磨损。

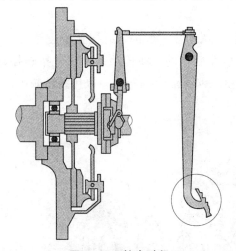
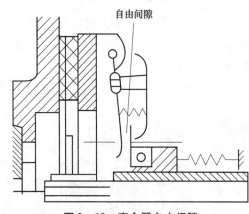

图 2-11 接合过程　　　　图 2-12 离合器自由间隙

为了消除离合器的自由间隙和操纵机构零件的弹性变形所需要的离合器踏板行程称为离合器踏板自由行程（见图 2-13）。离合器踏板自由行程是离合器检修、维护的重要项目之一，可以通过拧动调节叉来改变分离拉杆的长度对踏板自由行程进行调整。

三、周布弹簧离合器

目前，周布弹簧离合器目前主要用在商用载重汽车上，如斯太尔重型载货汽车、解放 CA1091、东风 EQ1090 等。结构上，螺旋弹簧沿着压盘的圆周作同心圆布置。下面主要介绍单片周布弹簧离合器，其结构如图 2-14 所示。

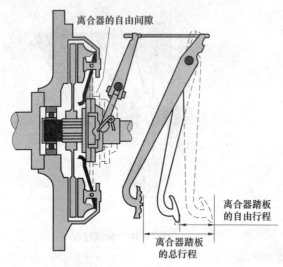

图2-13 离合器踏板自由行程

图2-14 周布弹簧离合器结构

1. 主动部分

主动部分包括飞轮、离合器盖和压盘。离合器盖由低碳钢冲压而成，通过螺钉与飞轮固定（注意有定位销）。离合器盖与压盘通过由弹簧钢片制成的传动片连接。离合器接合与分离时，依靠传动片的弹性变形，使压盘能轴向移动。

2. 从动部分

从动部分包括从动盘（见图2-15）和从动轴，从动盘一般都带有扭转减震器（见图2-16）。发动机传到传动系统的转速和转矩是周期性变化的，使传动系统产生扭转振动，这将使传动系统的零部件受到冲击性交变载荷，使寿命降低、零件损坏。采用扭转减震器可以有效地防止传动系统的扭转振动。

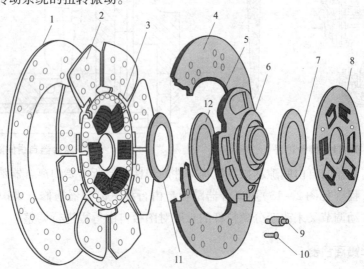

图2-15 从动盘结构

1—摩擦衬片；2—波浪形弹簧钢片；3—减振弹簧；4—摩擦补片；5—从动盘毂；6,11—调整垫圈；7,12—摩擦垫圈；8—减震器盘；9—支持销；10—空心铆钉

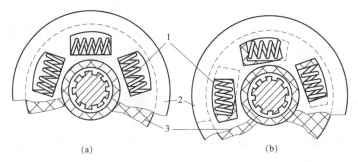

图 2-16 扭转减震器工作原理

(a) 未工作时；(b) 工作过程

1—减震器弹簧；2—从动盘本体；3—减振阻尼片

3. 压紧机构

螺旋弹簧均匀分布在压盘与离合器之间，将压盘通过传动片连接在离合器盖上时，夹在中间的螺旋弹簧被第一次压缩；然后将带压盘的离合器盖固定在飞轮上时，螺旋弹簧被第二次压缩。螺旋弹簧被两次压缩后的弹簧力，通过压盘作用在从动盘上，以产生摩擦力矩，使离合器经常处于接合状态；只有在需要时，才在操纵机构的作用下暂时分离。压紧机构如图 2-17 所示。

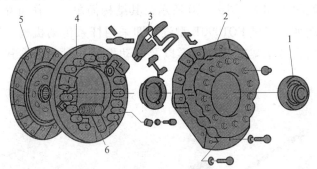

图 2-17 压紧机构

1—分离轴承；2—离合器盖；3—分离杠杆；4—压盘；5—从动盘；6—压紧弹簧

4. 操纵机构

操纵机构由分离和传动两部分组成，如图 2-18 所示。分离部分在离合器内部，主要由

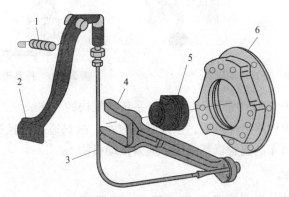

图 2-18 操纵机构

1—踏板回位弹簧；2—踏板；3—绳索；4—分离叉；5—分离轴承；6—离合器盖

分离杠杆、带分离轴承的分离套筒和分离叉等组成。传动部分在离合器外面（在后面讲解）。分离杠杆一般有3~6支，沿周向均布。分离杠杆外端通过摆动片抵靠在压盘钩状凸起部，当在内端施加一轴向推力时，分离杠杆绕离合器盖上支点转动，带动压盘后移，使离合器分离。

四、离合器的操纵机构

离合器的操纵机构是驾驶员用以使离合器分离、接合的一套装置，它始于离合器踏板，终止于离合器壳内的分离轴承。

按照分离离合器时所需操纵能源的不同，离合器操纵机构可分为人力式和助力式操纵机构。人力式操纵机构又可分为机械式和液压式，其中液压操纵机构应用最多；助力式操纵机构的又可分为弹簧助力式和气压助力式。人力式操纵机构是以驾驶员作用在踏板上的力作为唯一的操纵能源；助力式操纵机构除了驾驶员的力以外，一般主要以其他形式的能源作为操纵能源。

1. 机械式操纵机构

机械式操纵机构有杆系传动和绳索传动两种形式。

杆系传动机构如图2-19、图2-20所示，其结构简单、工作可靠、故障少，广泛应用于各型汽车上。例如，东风EQ1090E型汽车即采用杆系传动机构。但杆系传动中杆件间铰接多，摩擦损失大，车架或车身变形以及发动机位移时会影响其正常工作，远距离布置困难。

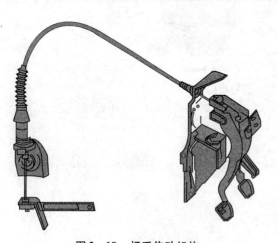 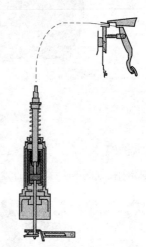

图2-19 杆系传动机构　　　　图2-20 杆系传动机构侧面示意图

绳索传动机构如图2-21所示，可消除杆系传动机构的一些缺点，并能采用便于驾驶员操纵的吊挂式踏板。但绳索寿命较短、拉伸刚度较小，故只适用于轻型、微型汽车和轿车。例如桑塔纳、捷达等轿车的离合器都采用了绳索传动机构。

2. 液压式操纵机构

液压式操纵机构的示意图如图2-22、图2-23所示，主要由主缸、工作缸和管路系统等组成，并以制动液作为传递介质传递动力。液压式操纵机构摩擦阻力小、质量小、布置方便、接合集中，目前在各类型车上应用广泛。

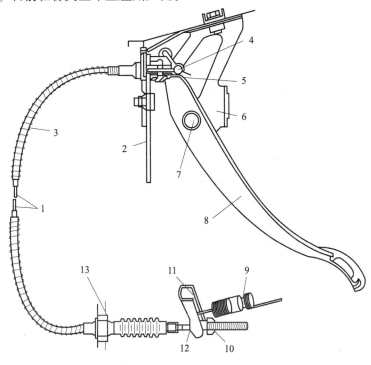

图 2-21 绳索传动机构

1—内拉索；2—驾驶室前壁；3—拉索外套；4—拉索球端；5—踏板限位挡块；
6—踏板支架；7—踏板轴；8—踏板；9—复位弹簧；10—锁紧螺母；
11—分离叉；12—调整螺母；13—离合器壳体

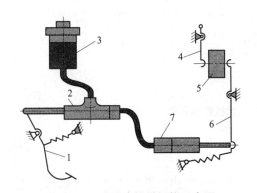

图 2-22 液压式操纵机构示意图

1—离合器踏板；2—主缸；3—储液罐；4—分离杠杆；
5—分离轴承；6—分离叉；7—工作缸

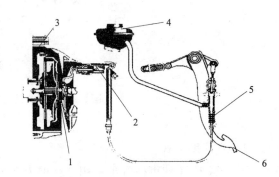

图 2-23 液压式操纵机构

1—分离轴承；2—工作缸；3—分离叉；4—储液罐；
5—主缸；6—离合器踏板

3. 助力式操纵机构

助力式操纵机构是以发动机动力或其他形式能量作为主要操纵能源，而驾驶员的力只作为辅助或后备操纵能源。

1）弹簧助力式

图 2-24 所示为弹簧助力式操纵机构的示意图。当离合器踏板完全放松时，即离合器接

合，此时助力弹簧轴线位于踏板转轴下方。踩下离合器踏板，踏板绕自身转轴顺时针转动，压缩助力弹簧，此时助力弹簧实际上起到阻碍踏板转动的作用，即助力弹簧的伸张力产生一个阻碍踏板转动的逆时针力矩 $F \cdot L$，但这个力矩是比较小的。当踏板转动到助力弹簧的轴线与踏板转轴处于一条直线上时，该阻碍力矩为零。随着踏板的进一步踩下，助力弹簧轴线位于踏板转轴上方，此时助力弹簧的伸张力产生一个有助于踏板转动的顺时针力矩 $F \cdot L$。在踏板后段行程是最需要助力作用的，因而这种弹簧助力式操纵机构可以有效地减轻驾驶员疲劳。

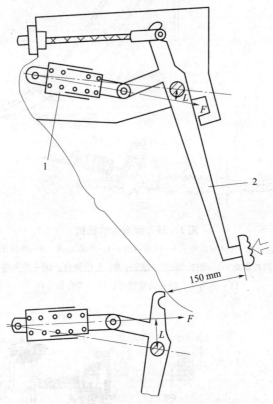

图 2-24 弹簧助力式操纵机构示意图
1—助力弹簧；2—踏板

2）气压助力式

斯太尔 91 系列重型汽车采用气压助力的离合器操纵机构，系统由离合器踏板、连杆、钢绳、离合器拐臂、分离轴、拨叉和分离轴承组成，如图 1-16 所示，离合器助力按钮阀和助力缸组成气助力系统。

第二部分　技能训练

斯太尔重型载货汽车离合器

斯太尔 91 系列重型汽车离合器采用德国著名厂家 F&S（Fichtel & Sachs）公司的产品，目前已经国产化。其形式有单片、干式、周布螺旋弹簧式离合器，从动盘上装有弹簧片式扭转减震器，并采用了机械传动、气压助力的操纵机构。从动盘外径有 380 mm 和 420 mm 两种，型号分别为 GF380 和 GF420。离合器与发动机的匹配如表 2-1 所示。

表 2-1 离合器与发动机的匹配

发动机	离合器
147 kW（200 马力①）	GF380
176~206 kW（240~280 马力）	GF420
228 kW（310 马力）	GF420X（压盘弹簧增强型）
272 kW（370 马力）	双片外径 380 mm 离合器

斯太尔 91 系列重型汽车离合器的基本参数如表 2-2 所示。

表 2-2 离合器基本参数

型号	GF380	GF420	GF420X
从动盘数	1	1	1
从动盘外径/mm	380	420	420
压盘弹簧数	36	36	36（增强型）
从动盘总厚度/mm	10±0.3	10±0.3	10±0.3
摩擦片单片厚度/mm	3.5	3.5	3.5
分离环厚度/mm	7	9	9
最大传递扭矩/(N·m)	700	1 400	21 420~23 860
压盘压紧力/N	14 800~16 540	17 740~19 780	5 210
分离力/N	3 630	4 320	4 320
离合器壳	SAE2	SAE1	SAE1
离合器操纵机构	机械传动气压助力		
适用机型/kW	147	176~206	228

一、离合器的拆装

离合器的从动盘摩擦片磨损到一定程度，将导致离合器打滑进而造成压盘拉伤或压盘热变形、离合器弹簧因退火而弹力不足等故障现象，因此要对离合器压盘总成进行拆装。

1. 离合器的拆卸

首先拆下变速器。用专用工具将飞轮固定（见图 2-25），逐渐将离合器压盘的固定螺栓对角拧松，取下离合器盖及压盘总成，并取下离合器从动盘，然后分解离合器各部件。

---

① 1 马力 = 735.499 瓦。

离合器压盘总成拆卸必须使用专用工具，图2-26所示为液压离合器压盘专用拆卸工具。

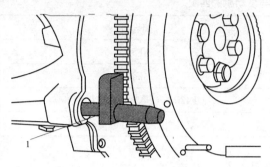

图2-25　用专用工具固定发动机飞轮
1—专用工具

图2-26　液压离合器压盘专用拆卸工具

离合器压盘总成的拆卸过程如下：

（1）压盘总成在解体前，首先将挂在分离杠杆（压爪）上的分离环拆卸下来，将压盘拆装工具的下三爪从压盘总成的下面穿过压盘，压盘压在下三爪上，然后将拆装工具的上三爪穿过丝杠螺杆压在压盘盖上。将丝杠螺母旋入丝杠，用加力杆顺时针旋转丝杠螺母，则上三爪将逐渐将压盘盖下压，使6支分离杠杆（压爪）的调整螺母松动，如图2-27所示。

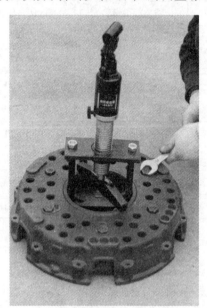

图2-27　拆卸分离环

（2）用眼镜扳手将6支调整螺母拆卸，然后用加力杆逆时针旋转丝杠螺母，逐渐将压盘盖放松，最后将丝杠螺母完全拆卸。此时压盘盖将与压盘完全脱离（见图2-28）。

（3）将拆装工具的上三爪拆卸，把压盘盖从压盘总成上卸下。此时离合器压盘、分离弹簧、分离杠杆将一览无余。在拆除压盘盖之前，应在压盘盖与压盘的某一位置上做一个相对位置的标记，以备安装时仍按照原装配位置进行装配。这样不仅可以保证装配精度，而且可以保证压盘总成的动平衡（见图2-29）。

图 2-28　拆卸调整螺母

图 2-29　拆卸压盘盖

（4）拆卸离合器弹簧。拆卸弹簧时应注意弹簧的安装位置和隔热垫不可丢失，如图 2-30 所示。

（5）拆卸分离杠杆的连接销轴，如果需要，可拆卸分离杠杆与分离杠杆叉上的圆柱销，至此压盘总成解体完毕，如图 2-31 所示。

图 2-30　拆卸离合器弹簧

图 2-31　拆卸分离杠杆的连接销轴

离合器压盘总成的组装按与拆卸相反的过程进行即可。拆装离合器应注意以下事项：

（1）在分解离合器之前，应先在离合器盖与飞轮之间做一安装记号。拆下离合器盖与飞轮的连接螺栓，取下离合器总成及从动盘总成。

（2）拆下固定分离环的 3 个卡簧，取下分离环。在离合器盖与压盘之间做上装配记号。

（3）拧下调整螺母锁片固定螺钉，取下锁片，收存好。

（4）将离合器总成置于离合器拆装专用工具或压盘上，拧紧专用工具，压下离合器盖，拆下分离杠杆调整螺母，松开专用工具，取下离合器盖。

（5）记住不同颜色的弹簧个数和位置后，再取下压盘弹簧和弹簧座，冲出分离杠杆轴销，收存滚针。

2. 装配与调整

1）装配

（1）在销轴、滚针摩擦部位涂以润滑脂，按拆卸时的相反顺序进行装复。

（2）按离合器盖与压盘上的安装记号进行组装，将其置于离合器拆装专用工具或压盘上，检查压盘弹簧是否确实落座，不同颜色的弹簧是否按规定位置装复，再拧紧专用工具，压下离合器盖；交叉、均匀地拧紧分离杠杆的调整螺母。松开专用工具，取下离合器总成。

（3）检查分离杠杆与分离杠杆叉的销孔磨损情况，如果超出规定则应更换。在装配前应在销孔滚针轴承内预先涂抹润滑脂。

（4）检查离合器弹簧弹力是否符合规定，否则应成套更换。

（5）在安装离合器弹簧隔热垫时，应将隔热垫带翻边的一面朝向弹簧。

（6）在安装压盘盖时，用拆装工具首先将压盘盖轻轻压向压盘，使6支分离杠杆叉的螺杆均与压盘盖6支孔对正并且穿入。用铁钩逐个将弹簧与压盘盖上的弹簧座孔对正就位，然后再将压盘盖下压，直到分离杠杆叉的螺杆全部伸出，将调整螺母安装在螺杆上。

装复过程应注意以下几点：

（1）装从动盘时应注意其长毂向后。

（2）装压盘总成以前应先用一定心轴穿过从动盘的花键孔，插入飞轮上的变速器一轴前轴承内，待拧紧固定螺栓后再取下定心轴。

（3）压盘总成装到飞轮上时应注意安装记号。

（4）以65 N·m的力矩均匀、对称地拧紧固定螺栓。

2）调整

（1）分离杠杆高度的调整。

用钢板自制一个环形测量盘，外径与离合器从动盘的外径相同（φ420 mm），厚度为（10±0.01）mm，内径比拆装专用工具中心螺栓的外径略大一些。测量时将测量盘置于离合器拆装专用工具上，再放上离合器总成（压盘、压盘弹簧、离合器盖）及拆装工具的三叉形压板，装上并转动拆装工具的手柄，直到离合器前端面（与飞轮接合的平面）与测量盘平齐，用深度尺测得分离杠杆圆弧承压面到测量盘的距离A，即是分离杠杆的高度，如图2-32所示。A值的大小如表2-3所示。

表2-3 分离杠杆高度调整参数　　　　　　　　　　　　　　　　　　mm

离合器型号	GF380	GF420
A	53	56
B	10±0.01	10±0.01
C	27	36
C^*	17	17
X（分离环厚度）	7	9

调整方法如图2-33所示。

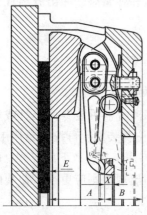

图2-32 分离杠杆高度

图2-33 分离杠杆高度调整

注意：不应在驾驶室翻转状态下调整自由行程。

若 A 值不符合要求可旋动杠杆调整螺母予以调整，要求 6 支分离杠杆高度差应小于 0.4 mm。调完后，装上调整螺母的锁片，拧紧锁止螺钉。

如果没有测量盘，也可以将离合器装于飞轮后调整分离杠杆的高度，其方法是：将离合器装于飞轮，用一直尺贴紧于离合器盖后端的定位平面，测量分离杠杆的圆弧承压面到离合器盖后端定位平面的距离 C，旋动调整螺母即可改变 C 值大小。C 值大小如表 2-3 所示。

随着离合器使用次数增多，摩擦片会逐渐磨损变薄，分离杠杆内端会因抬起而缩小 C 值，C 值的最小极限为 C^*，当 C^* 超过规定范围时，则应更换新摩擦片。

(2) 离合器踏板自由行程的调整学习情境 1 中已讲。

二、离合器的检修

1. 离合器主要机件的检修

(1) 从动盘径向圆跳动的检查（见图 2-34）。从动盘摩擦片若沾油少许，可用汽油清洗或在碱水中浸泡、清洗并烘干后继续使用；若有轻微烧蚀、硬化，锉削后可继续使用。

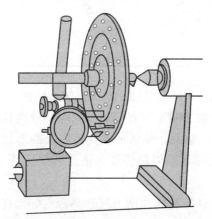

图 2-34 从动盘径向圆跳动的检查

(2) 摩擦片磨损程度的检查（见图 2-35）。若摩擦片铆钉头的深度小于 0.5 mm，或摩擦片严重烧蚀以及出现裂纹等，均应更换。

(3) 离合器压盘平面度的检查（见图 2-36）。压盘的摩擦工作面磨成沟槽，其深度超过 0.5 mm、翘曲大于 0.4 mm 时，应予修复；最大光削量不大于 1.0 mm，当光削量大于 0.5 mm 时，应在压盘弹簧与弹簧座之间加装相应厚度的垫片。离合器压盘经过加工修理后，应进行平衡试验，其平衡精度不应低于 15～20 g·cm。

(4) 分离轴承应转动灵活、无噪声、无卡滞。装配之前轴承与注油管内均应充满润滑脂。分离轴承滚珠的滚道应无伤痕、无裂纹、无烧蚀现象，轴向间隙不能大于 0.6 mm。

(5) 压盘弹簧不应有裂纹、歪斜，否则应予更新；不同颜色的弹簧应符合下列要求，如表 2-4 所示。

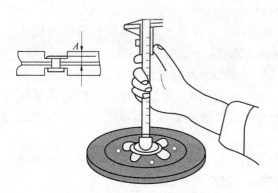

图 2-35 摩擦片磨损程度的检查

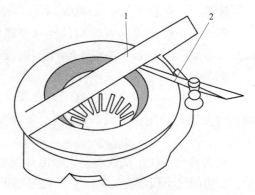

图 2-36 离合器压盘平面度的检查
1—直尺；2—塞尺

表 2-4 压盘弹簧的规格

弹簧颜色		绿色	红色	无色
外径/mm		29.2	29.2	29.2
簧丝直径/mm		4.3	4.0	3.75
自由长度/mm		67	74±2	75±2
压缩至 45 mm 时弹力	N	667±30	569±30	466±25
	kg	67±3	58±3	47±2.5

（6）滚针表面若有点蚀、裂纹、烧蚀、锈蚀，应予换新。

（7）分离杠杆销孔与销轴之间不应有明显的间隙。分离杠杆承压面磨损后，若出现十分明显的台阶，应用油石磨削修复，使弧面恢复到原来的形状，修磨量不应超过 0.4 mm。如果磨损过甚，应用合金钢焊条堆焊后修复，销孔磨损后其孔径不应大于原孔径 0.05～0.10 mm。

（8）操纵机构应重点检查控制阀和助力气缸是否良好，有无漏气、堵塞现象。各回位弹簧有无弹力减退、扭断等。平时保养时，应重点检查各摩擦部位的润滑情况，如分离轴承的润滑，分离轴、踏板轴、传动杠杆、传动臂以及助力钢绳的润滑等。

2. 离合器操纵机构工作情况检验与试验

斯太尔 91 系列重型汽车的离合器助力及机械操纵部分工作情况的检查，应在储气筒内气压达到 0.5 MPa 以上时采取下列步骤检查：

（1）不踩离合器踏板，按钮阀不应有气体排出。

（2）踩下离合器踏板时，离合器拉索钢绳下压离合器按钮阀芯，助力缸进气将活塞推出，按钮阀、助力缸的各接头不应漏气，踩离合器踏板时应轻便灵活。

（3）松开离合器踏板后，离合器回位，按钮阀打开气门排气，助力缸活塞回到原来位置；若助力缸活塞不回位，可能是活塞卡死及缸筒内有污物卡住，按钮阀排气阀损坏或离合器拉索卡住，都有可能造成助力缸一直进气工作不排气。遇到此情况，应立即查明原因，及时处理。

三、离合器的故障诊断

离合器的常见故障有离合器打滑、离合器分离不彻底、起步发抖、离合器异响等。

1. 离合器打滑

1）现象

汽车用低速挡起步时，放松离合器踏板后，汽车不能起步或起步困难；汽车加速行驶时，车速不能随发动机转速的提高而提高，驾驶员会感到行驶无力，严重时产生焦糊味或冒烟等现象。

2）原因

（1）离合器踏板没有自由行程，使分离轴承压在分离杠杆上。

（2）从动盘摩擦片、压盘或飞轮工作面磨损严重，离合器盖与飞轮的连接松动，使压紧力减弱。

（3）从动盘摩擦片有油污、烧蚀、表面硬化、铆钉外露、表面不平等现象，使摩擦系数下降。

（4）压力弹簧疲劳或折断，膜片弹簧疲劳或开裂，使压紧力下降。

（5）离合器操纵杆系卡滞，分离轴承套筒与导管间油污、尘腻严重，甚至造成卡滞，使分离轴承不能回位。

（6）分离杠杆弯曲变形，出现运动干涉，不能回位。

3）诊断与排除

（1）检查离合器踏板的自由行程，如不符合规定应予以调整。

（2）如果自由行程正常，应拆下变速器壳，检查离合器与飞轮连接螺栓是否松动，如松动则予以拧紧。

（3）如果离合器仍然打滑，应拆下离合器检查从动盘摩擦片的状况。如果有油污，一般可用汽油清洗并烘干，然后找出油污来源并设法排除；如果摩擦片磨损严重或有铆钉外露，应更换从动盘。

（4）如果从动盘完好，则应分解离合器，检查压紧弹簧，如果弹力过软则应更换。

总结：离合器打滑主要可以从从动盘压不紧、从动盘摩擦系数下降等方面加以考虑。

4）流程

故障诊断排除流程如图2-37所示。

2. 离合器分离不彻底

1）现象

发动机怠速运转时，踩下离合器踏板，挂挡有齿轮撞击声，且难以挂入；如果勉强挂上挡，则在离合器踏板尚未完全放松时，发动机熄火。

2）原因

（1）离合器踏板自由行程过大。

（2）分离杠杆弯曲变形、支座松动、支座轴销脱出，使分离杠杆内端高度难以调整。

（3）分离杠杆调整不当，其内端不在同一平面内或内端高度太低。

（4）双片离合器中间压盘限位螺钉调整不当，个别分离弹簧疲劳、高度不足或折断，

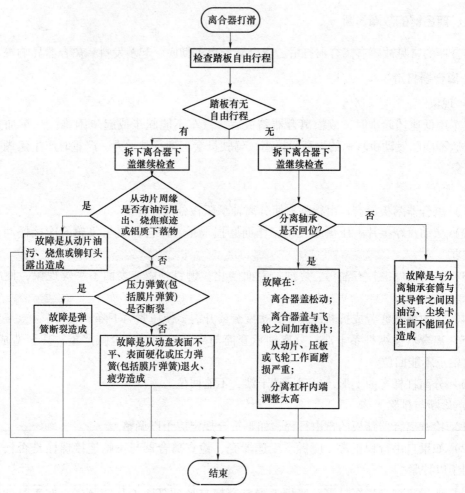

图 2-37 故障诊断排除流程

中间压盘在传动销上或在离合器驱动窗口内轴向移动不灵活。

(5) 从动盘钢片翘曲、摩擦片破裂或铆钉松动。

(6) 新换的摩擦片太厚或从动盘正反装错。

(7) 从动盘花键孔与变速器输入轴花键卡滞。

(8) 离合器液压操纵机构漏油、有空气或油量不足。

(9) 膜片弹簧弹力减弱。

(10) 发动机支承磨损或损坏,发动机与变速器不同心。

3) 诊断与排除

(1) 检查离合器踏板自由行程,如果自由行程过大则进行调整。否则对于液压操纵机构检查是否储液罐油量不足或管路中有空气,并进行必要的排除。如果不是上述问题应继续检查。

(2) 检查分离杠杆内端高度,如果分离杠杆高度太低或不在同一平面,则进行调整。否则检查从动盘是否装反,如果都没问题则继续检查。

(3) 检查从动盘是否翘曲变形、铆钉脱落,从动盘是否轴向运动卡滞等,如果是则进行更换或修理。

总结：离合器分离不彻底主要可以从离合器踏板自由行程、分离杠杆高度、从动盘等几个方面考虑。

3. 起步发抖

1）现象

汽车用低速挡起步时，按操作规程逐渐放松离合器踏板并徐徐踩下加速踏板，离合器不能平稳接合且产生抖振，严重时甚至整车产生抖振现象。

2）原因

（1）分离杠杆内端高度不处在同一平面内。

（2）从动盘或压盘翘曲变形，飞轮工作端面的端面圆跳动严重。

（3）从动盘摩擦片厚度不均匀、油污、烧焦、表面不平整、表面硬化、铆钉头露出、铆钉松动或切断、波形弹簧片损坏。

（4）压紧弹簧的弹力不均、疲劳或个别折断，膜片弹簧疲劳或开裂。

（5）从动盘上的缓冲片破裂或减振弹簧疲劳、折断。

（6）发动机支架、变速器、飞轮、飞轮壳等的固定螺栓松动。

（7）分离轴承套筒与导管油污、尘腻严重，使分离轴承不能回位。

3）诊断与排除

（1）检查离合器踏板、分离轴承等回位是否正常，如果正常则继续检查。

（2）检查发动机支架、变速器、飞轮、飞轮壳等的固定螺栓是否松动，如果是则紧固螺栓，否则继续检查。

（3）检查分离杠杆的内端是否在同一平面，如果是则继续检查。

（4）检查压盘、从动盘是否变形，铆钉是否松动、外露，压紧弹簧的弹力是否不在允许范围内，如果是则更换或修理。

总结：起步发抖主要可以从起步时离合器在接合过程中不平稳来考虑，即发动机在匀速转动，而由于离合器接合不平稳使离合器的从动部分转动不平稳，从而反应为离合器乃至整车的抖振。

4. 离合器异响

1）现象

离合器分离或接合时发出不正常的响声。

2）原因

（1）分离轴承缺少润滑剂，造成干磨或轴承损坏。

（2）分离轴承与分离杠杆内端之间无间隙。

（3）分离轴承套筒与导管之间油污、尘腻严重或分离轴承回位弹簧与踏板回位弹簧疲劳、折断、脱落，使分离轴承回位不佳。

（4）从动盘花键孔与输入轴花键配合松旷。

（5）从动盘减振弹簧退火、疲劳或折断。

（6）从动盘摩擦片铆钉松动或铆钉头外露。

（7）双片离合器传动销与中间压盘和压盘的销孔磨损松旷。

3) 诊断与排除

(1) 稍稍踩下离合器踏板,使分离轴承与分离杠杆接触,如果有"沙沙"的响声则为分离轴承响;如果加油后仍响,说明轴承磨损过度、松旷或损坏,应更换。

(2) 踩下、抬起离合器踏板,如果出现间断的碰撞声,说明分离轴承前后有窜动,应更换分离轴承回位弹簧。

(3) 连踩踏板,如果离合器刚接合或刚分开时有响声,说明从动盘铆钉松动或外露,应更换从动盘。

总结:离合器异响主要可以从磨损过度、松旷、过紧、运动中刮碰等方面加以考虑。

学习单元 2.2　汽车挂挡困难故障的诊断与修复

知识目标

(1) 膜片式离合器构造与工作原理。
(2) 液压式操纵机构主要零部件的构造及工作原理分析。

技能目标

(1) 吉利金刚轿车离合器主要零部件及其操纵机构的检测与维修调整。
(2) 吉利金刚轿车离合器故障的诊断与排除。

第一部分　知识要求

膜片弹簧离合器采用膜片弹簧作为压紧弹簧,其转矩容量大且较稳定、操纵轻便、结构简单且较紧凑、散热通风性能好、摩擦片的使用寿命长。膜片弹簧的安装位置对离合器的旋转轴线是完全对称的,因此,其压紧力不会受离心力的影响,很适于高速旋转;并且制造膜片弹簧的工艺水平不断提高,因而这种离合器在现代汽车上得到了广泛应用。膜片弹簧离合器的构造如图 2-38、图 2-39 所示。

1. 构造

膜片弹簧离合器由主动部分、从动部分、压紧机构和操纵机构组成。操纵机构前已讲述。

主动部分由飞轮、离合器盖和压盘组成。离合器盖通过螺栓固定在飞轮上,为了保持正确的安装位置,离合器盖通过定位销进行定位。压盘与离合器盖之间通过周向均布的 3 组或 4 组传动片来传递转矩。传动片用弹簧钢片制成,每组 2 片,一端用铆钉铆在离合器盖上,另一端用螺钉连接在压盘上。飞轮转动时,转矩通过离合器盖、传动片传给压盘。离合器分离时,传动片弯曲。

从动部分包括从动盘和从动轴,从动盘一般都带有扭转减震器,其结构如图 2-40 所示。

从动盘钢片外圆周铆接有波浪形弹簧钢片,摩擦衬片分别铆接在弹簧钢片上,从动盘钢片与减震器盘铆接在一起,二者之间夹有摩擦垫圈和从动盘毂。从动盘毂、从动盘钢片和减震器盘上都有 6 个圆周均布的窗孔,减振弹簧装在窗孔中。当从动盘受到转矩时,转矩从摩擦衬片传到从动盘钢片,再经减振弹簧传给从动盘毂,此时弹簧将被压缩,吸收发动机传来的扭转振动。

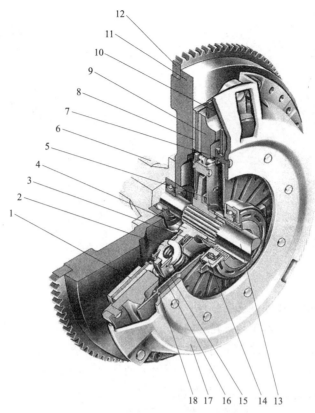

图 2-38 膜片弹簧离合器

1—波形片；2—减振弹簧；3—阻尼片；4—花键轴套；5—碟形弹簧；6—曲轴；7—限位铆钉；8—摩擦片；9—压盘；10—传动钢带；11—飞轮；12—飞轮齿圈；13—变速器输入轴；14—离合器分离轴承；15—从动盘盖板；16—离合器膜片弹簧；17—离合器盖；18—支承环

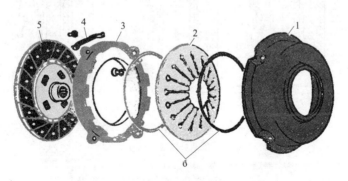

图 2-39 膜片弹簧离合器零件分解图

1—离合器盖；2—膜片弹簧；3—压盘；4—传动片；5—从动盘；6—支承环

压紧机构（见图 2-41）是膜片弹簧，其径向开有若干切槽，形成弹性杠杆。切槽末端有圆孔，固定铆钉穿过圆孔，并固定在离合器盖上。膜片弹簧两侧装有钢丝支承环，这两个钢丝支承环是膜片弹簧工作时的支点。膜片弹簧的外缘通过分离钩与压盘联系起来。

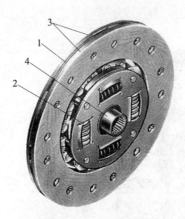
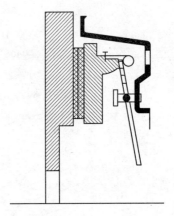

图 2-40 从动盘总成　　　　　　　图 2-41 压紧机构
1—波浪形弹簧钢片；2—减振弹簧；
3—摩擦衬片；4—从动盘毂

2. 工作原理

膜片弹簧离合器的工作原理如图 2-42 所示。当离合器未安装到飞轮上时，膜片弹簧不受力而呈自由状态，此时离合器盖与飞轮之间有一距离 t，如图 2-42（a）所示。当离合器盖通过螺栓安装在飞轮上时，离合器盖压向飞轮，消除了距离 t，膜片弹簧在支承环处受压产生弹性变形，此时膜片弹簧的外圆周对压盘产生压紧力使离合器处于接合状态，如图 2-42（b）所示。当踩下离合器踏板时，分离轴承推动膜片弹簧，使膜片弹簧压在支承环上并以支承环为支点外圆周向后翘起，通过分离钩拉动压盘后移使离合器分离，如图 2-42（c）所示。

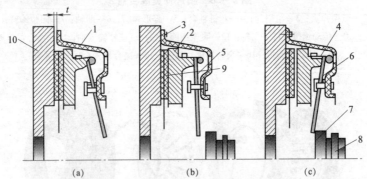

图 2-42 膜片弹簧离合器的工作原理
(a) 安装前位置；(b) 安装后位置（接合位置）；(c) 分离位置
1—离合器盖；2—压盘；3—螺钉；4—分离钩；5—膜片弹簧；
6、9—钢丝支承环；7、8—分离套筒；10—飞轮

3. 优点

（1）膜片弹簧既是压紧弹簧，又是分离杠杆，使得结构简单、轴向尺寸小。
（2）膜片弹簧与压盘整个圆周接触，使压力分布均匀、磨损均匀。
（3）膜片弹簧的弹簧特性优于螺旋弹簧，使得操纵轻便、压紧力保持不变。

4. 操纵机构

离合器液压操纵机构主要由离合器踏板、储液罐、进油软管、主缸、工作缸、油管总

成、分离叉、分离轴承等组成,如图2-43所示。储液罐有两个出油孔,分别把制动液供给制动主缸和离合器主缸。

踩下离合器踏板时,主缸活塞运动产生液压力,并通过液压管路将液压力传入工作缸,推动工作活塞运动,使分离叉、分离轴承、分离杠杆动作,并使离合器分离。

松开离合器踏板时,操纵机构各元件在回拉弹簧的作用下回到接合位置,制动液通过液压管路回到主缸。当离合器在接合位置时,液压系统没有液压力。

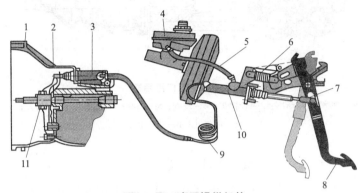

图2-43 液压操纵机构

1—变速器壳体;2—分离叉;3—工作缸;4—储液罐;5—进油软管;6—助力弹簧;7—推杆接头;8—离合器踏板;9—油管总成;10—主缸;11—分离轴承

1)主缸

离合器主缸结构如图2-44所示,主缸体借补偿孔A、进油孔B通过进油软管与储液罐相通。主缸内装有活塞,活塞中部较细,且为"十"字形断面,使活塞右方的主缸内腔形成油室。活塞两端装有皮碗。活塞左端中部装有单向阀,经小孔与活塞右方主缸内腔的油室相通。当离合器踏板处于初始位置时,活塞左端皮碗位于补偿孔A与进油孔B之间,两孔均开放。

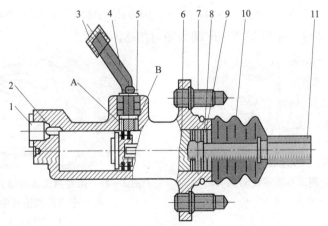

图2-44 离合器主缸结构

1—保护塞;2—壳体;3—保护套;A—补偿孔;B—进油孔;4—管接头;5—皮碗;6—阀芯;7—固定螺栓;8—卡簧;9—挡圈;10—护套;11—推杆

2)工作缸

离合器工作缸的结构如图2-45所示,工作缸内装有活塞、皮碗、推杆等,缸体上还设有放气螺塞。当管路内有空气而影响操纵时，可拧松放气螺塞进行放气。工作缸活塞直径略大于主缸活塞直径，故液压系统稍有增力作用，以补偿液流通道的压力损失。

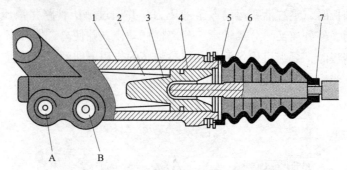

图2-45 工作缸结构

1—壳体；2—活塞；3—管接头；4—皮碗；5—挡圈；6—保护套；7—推杆；
A—放气孔；B—进油孔

第二部分　技能训练

吉利金刚轿车离合器

一、拆装、调整和检修程序

1. 离合器的拆卸和安装

1）离合器的拆卸

首先拆下变速器。如图2-46所示，用专用工具将飞轮固定，逐渐将离合器压盘的固定螺栓对角拧松，取下离合器盖及压盘总成，并取下离合器从动盘，然后分解离合器各部件。

2）离合器的安装

用专用工具将飞轮固定。如图2-47所示，用专用工具将离合器从动盘定位于飞轮和压盘中心。装上紧固螺栓，并用25 N·m的力矩对角逐渐旋紧。

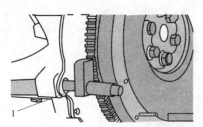

图2-46　用专用工具固定发动机飞轮
1—专用工具

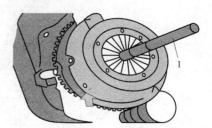

图2-47　用专用工具将离合器从动盘定位
于飞轮和压盘中心
1—专用工具

2. 离合器的检修

1）从动盘的检查

对从动盘首先进行目视检查，看从动盘摩擦片是否有裂纹、铆钉外露、减震器弹簧断裂等情况，如果有，则更换从动盘。

其次检查从动盘的端面圆跳动。在距从动盘外边缘 2.5 mm 处测量，离合器从动盘最大端面圆跳动为 0.4 mm，测量方法如图 2-48 所示。

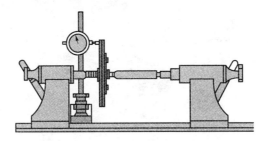

图 2-48　从动盘端面圆跳动的检查

检查从动盘摩擦片的磨损程度。摩擦片的磨损程度可用游标卡尺进行测量，如图 2-49 所示。铆钉头埋入深度应不小于 0.20 mm。

注意： 检查的是铆钉头的深度，即浅处的深度。

如果检查结果超过要求，则应更换从动盘。

2) 压盘平面度的检查

离合器压盘平面度不应超过 0.2 mm，检查方法是用钢直尺压在压盘上，然后用塞尺测量，如图 2-50 所示。

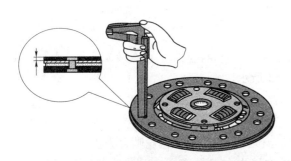

图 2-49　从动盘摩擦片的磨损程度检查

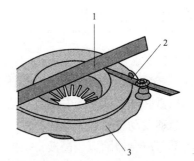

图 2-50　压盘平面度的检查
1—钢直尺；2—塞尺；3—压盘

二、离合器操纵机构的拆装

1. 踏板组件

吉利轿车踏板组件如图 2-51 所示。

2. 离合器踏板高度和行程的检查与调整

（1）掀开地板地毯，检查踏板高度。如图 2-52 所示，检测踏板距地板的高度应在 134.3~144.3 mm，否则应予调整。

（2）调整踏板高度。松开锁止螺母并转动止动螺栓，直至踏板高度正确为止，然后紧固锁止螺母，拧紧力矩为 16 N·m。

（3）检查调整踏板自由行程和推杆行程。踩下踏板直至感到有阻力为止，此段距离即为踏板的自由行程，应在 5~15 mm。轻轻踩下踏板直至阻力开始增大一点为止，此段距离即为踏板顶部的推杆行程，应在 1.0~5.0 mm。松开锁止螺母并转动推杆直至踏板自由行程和推

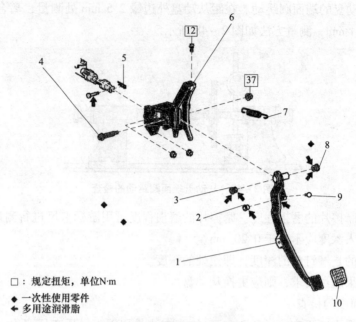

□：规定扭矩，单位N·m
◆ 一次性使用零件
← 多用途润滑脂

图 2-51　吉利轿车踏板组件

1—离合器踏板；2—离合器主缸推杆U形接头衬套；3—离合器踏板衬套；
4—离合器总泵推杆U形接头（有固定销）；5—固定夹；6—离合器踏板支架；
7—离合器踏板弹簧；8—离合器踏板衬套；9—离合踏板1号衬垫；10—离合器踏板衬垫

杆行程符合要求，紧固锁止螺母，拧紧力矩为 12 N·m。调整后检查踏板高度是否符合要求。

（4）检查离合器的分离点，如图 2-53 所示。

①拉紧驻车制动手柄并加装车轮止动器。

②起动发动机并息速运转。

③不踩离合器踏板，慢慢将换挡杆换至倒挡位置，直至齿轮啮合为止。

④慢慢踩下离合器踏板，测量齿轮异响消失点（分离点）到最大行程终了位置的距离应为 25 mm 或更多（从踏板行程终了位置至分离点）。

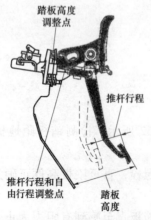

图 2-52　踏板高度示意图

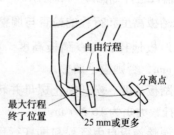

图 2-53　离合器分离点示意图

如果距离不符合要求,进行下面的操作:

(1) 检查踏板高度。

(2) 检查推杆行程和踏板自由行程。

(3) 放出离合器油管空气。

(4) 检查离合器盖和离合器片。

(5) 检查踏板行程。踏板行程:120~130 mm。

(6) 离合器踏板自由行程的检查。

3. 更换

(1) 拆下蓄电池负极接线柱。

(2) 拆下组合仪表中央面板。

(3) 拆下组合仪表面板。

(4) 拆卸操纵台面板。

(5) 拆卸离合器踏板弹簧。拆下离合器总泵推杆带有固定销的 U 形接头,拆卸卡子和固定销(见图 2-54)。

(6) 拆卸离合器踏板支架。拆下两个螺母、螺栓,取下离合器踏板支架(见图 2-55)。

图 2-54 拆卸离合器踏板弹簧

图 2-55 拆卸离合器踏板支架

(7) 拆下离合器踏板,拆卸螺栓和螺母。

(8) 从离合器踏板支架拆下离合器踏板,如图 2-56 所示。

(9) 拆卸离合器踏板衬垫。拆卸离合器踏板 1 号衬垫,拆卸离合器踏板衬套(2 个),如图 2-57 所示。

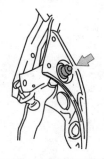
图 2-56 拆卸离合器踏板

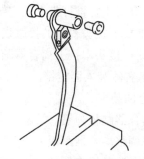
图 2-57 拆卸离合器踏板衬垫

(10) 拆下离合器总泵推杆 U 形接头衬套。用 8 mm 六角扳手和手锤从离合器踏板上拆下 U 形衬套(见图 2-58)。

(11) 安装离合器主缸推杆 U 形接头衬套，在新的 U 形接头衬套内涂多用途润滑脂。

(12) 把 U 形接头衬套装上离合器踏板（见图 2-59）。

提示：从汽车的右侧装入 U 形接头衬套。

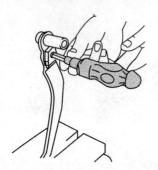 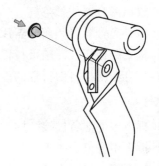

图 2-58 拆卸离合器总泵推杆 U 形接头衬套　　图 2-59 安装 U 形接头衬套

(13) 安装离合器踏板衬套，在两个新衬套的每侧涂抹多用途润滑脂，把两个衬套装入离合器踏板。

(14) 安装离合器踏板 1 号衬垫，将 1 号衬垫装入离合器踏板（见图 2-60）。

(15) 安装离合器踏板。用螺栓和螺母将离合器踏板装到离合器踏板支架上（见图 2-61），拧紧力矩为 37 N·m。

提示：从汽车左侧安装螺栓。

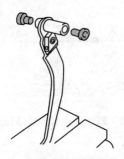 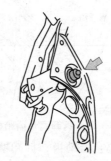

图 2-60 安装离合器踏板 1 号衬垫　　图 2-61 安装离合器踏板

(16) 安装离合器踏板支架。用两个螺母和螺栓安装离合器支架（见图 2-62），拧紧力矩为 12 N·m。

(17) 安装离合器主缸推杆带有固定销的 U 形接头。

①在固定销和 U 形接头衬套的接触表面涂多用途润滑脂。

②用卡子将 U 形接头串接上离合器踏板。

提示：从汽车右侧装入固定销。

③在固定销上加装卡子。

(18) 安装离合器踏板弹簧。

(19) 检查并调整离合器踏板。

(20) 接上蓄电池负极接线柱（见图 2-63）。

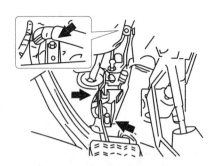
图2-62 安装离合器踏板支架

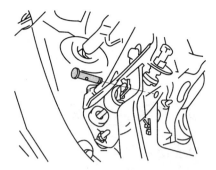
图2-63 安装接上蓄电池负极接线柱

三、离合器液压操纵系统的拆装、检修

吉利轿车液压操纵机构组成如图2-64所示。

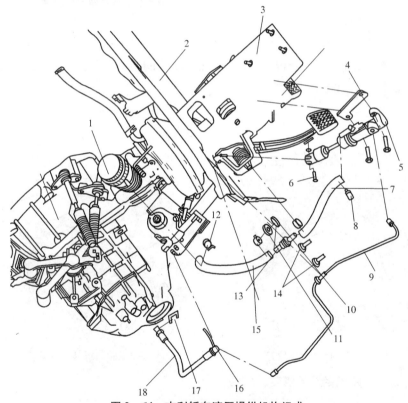

图2-64 吉利轿车液压操纵机构组成

1—储液罐；2—前围挡板；3—离合及制动踏板总成；4—总泵支架；5—离合器总泵；6—销轴；
7—储液罐油管1；8—卡箍；9—连接硬管总成；10—橡胶垫圈；11—接头螺母；
12—卡箍；13—软管接头；14—堵孔螺栓；15—储液罐油管2；
16，17—L形卡板；18—液压软管

1. 更换

（1）拆下储液罐油管1和储液罐油管2，如图2-65、图2-66所示。

注意：离合器液压操纵系统与液压制动系统共用储油罐，拆下储液罐油管时，应预防制动液外溢。

（2）分离与踏板的连接：拆下锁销、平垫圈、销轴，使离合器液压操纵总泵与离合器踏板分离。

图2-65 拆卸储液罐油管1

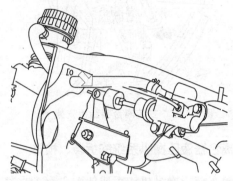

图2-66 拆卸储液罐油管2

（3）拆下连接硬管：松开连接硬管与离合器总泵的接头螺纹，拆下连接硬管。

（4）拆下离合器踏板总成：拆下螺母、螺栓、两个衬套、轴套、离合器踏板总成。

（5）拆下液压软管：松开离合器液压软管与硬管的接头螺纹，拆下固定离合器液压软管两端的E形卡簧，如图2-67所示。

（6）拆下离合器液压操纵总泵：拆下离合器液压操纵总泵与踏板支架的两个连接螺栓，如图2-68所示。

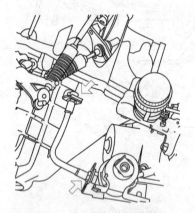

图2-67 拆卸液压软管

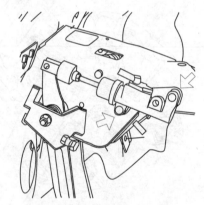

图2-68 拆卸连接螺栓

2. 离合器液压操纵系统的拆装、检修

1）离合器主缸的拆卸与分解

（1）取下离合器踏板与主缸推杆叉的连接销轴。

（2）从主缸上拧下进油管和出油管接头。

（3）拧下主缸固定螺栓，拉出主缸。

在解体离合器主缸前，应排净主缸中的制动液。主缸分解过程是：取下防尘罩，用旋具或卡环钳拆下卡环，拉出主缸推杆、压盖和活塞。

2）离合器工作缸的拆卸与分解

拧下工作缸进油管接头，再拆下工作缸固定螺栓，即可拉出工作缸。

工作缸的分解过程是：拉出工作缸推杆，拆下防尘罩，然后用压缩空气将工作缸活塞从缸筒内压出来。

3）主缸、工作缸的检修

主缸和工作缸是离合器液压操纵系统的主要部件，其工作性能的好坏直接影响离合器的工作性能。当出现缸筒内壁磨损超过 0.125 mm、活塞与缸筒的间隙超过 0.20 mm、皮碗老化及回位弹簧失效等情况时，应更换相应零件。

想一想：如何检查活塞与缸筒之间的间隙？

4）离合器主缸、工作缸的装配

主缸和工作缸的装配，按拆卸与分解的相反顺序进行，但装配时应注意以下事项：

零件在装配前要用非腐蚀性液体清洗干净，并在活塞、皮碗、挡圈、缸套等零件上涂一层制动液。装合后推杆在缸筒内运动应灵活。在放松（不工作）位置时，主缸皮碗和活塞头部应位于进油孔和补偿孔之间，两孔都开放。工作缸上带有塑料支承环，安装时外表面要涂上一层薄薄的润滑油，工作缸推杆末端也要涂上润滑脂。

安装离合器工作缸时，需要用一个适当的杠杆克服弹簧的弹力，将其压向变速器壳相应的孔中后，方能将固定螺栓旋入。

5）离合器液压系统中空气的排出

离合器液压操纵系统在经过检修之后，管路内可能进入空气；在添加制动液时也可能使液压系统中进入空气。空气进入后，由于缩短了主缸推杆行程即踏板工作行程，从而使离合器分离不彻底。因此，液压系统检修后或怀疑液压系统进入空气时，就要排除液压系统中的空气。排除方法如下：

（1）用千斤顶顶起汽车，然后用支架将汽车支住。将主缸储液罐中的制动液加至规定高度。

（2）在工作缸的放气阀上安装一软管，接到一个盛有制动液的容器内。

（3）排空气需要两个人配合工作，一人慢慢地踩离合器踏板数次，感到有阻力时踩住不动，另一人拧松放气阀直至制动液开始流出，然后再拧紧放气阀。

（4）连续按上述方法操作几次，直到流出的制动液中不见气泡为止。

（5）空气排除干净之后，需要再次检查及调整踏板自由行程。

3. 安装

按更换过程的相反过程安装更换的各零部件。

注意：

（1）不应将制动（油）液泄漏到其他物体和油漆表面，否则应立刻擦洗干净，以免造成对该物体的损害。

（2）拆装油管时，不得损坏防尘密封的橡胶件，并保证安装正确。

（3）离合器踏板固定螺纹拧紧力矩为 20~25 N·m。

（4）离合器液压操纵总泵固定螺栓拧紧力矩为 20~25 N·m。

（5）连接硬管与离合器总泵的螺纹接头拧紧力矩为 12~16 N·m。

（6）离合器液压软管与硬管接头螺纹的拧紧力矩为 12~16 N·m。

（7）排尽离合器液压操纵系统的空气。

（8）检查离合器液压操纵系统是否漏油。

（9）检查离合器液压操纵系统工作是否可靠。

(10) 检查制动液油面高度，必要时应添加相同牌号的制动液。

(11) 检查离合器踏板安装高度、工作行程和自由行程：

①离合器踏板安装高度为 180～186 mm。

②离合器踏板的工作行程为 134～142 mm。

③离合器踏板的自由行程为 10～20 mm。

四、离合器自由行程检查方法

将有刻度的直尺支在驾驶室地板上，首先测量出踏板完全放松时的高度，再用手轻轻推压踏板，当感觉阻力增大时即为分离轴承端面与分离杠杆内端面刚好接触，此时停止推压，再测出踏板高度，前后测量的高度之差值即为离合器踏板的自由行程，如图 2-69 所示。

调整参数：不同车型自由行程不同，应参照该车型技术手册进行调整。

调整方法：按其结构形式不同有两种方法，不同结构调整方法略有不同。

(1) 机械式操纵机构的调整：旋动离合器拉杆上的调整螺母，然后用止动螺母锁紧。

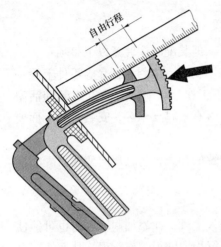

图 2-69 离合器自由行程测量

(2) 液压式操纵机构的调整：分两步调整，先调整主缸活塞与推杆间隙，然后调整分离杠杆端面与分离轴承之间间隙。

五、汽车起步困难的故障诊断与修复

汽车起步困难一般是由离合器分离不彻底所造成的。

1. 现象

发动机怠速运转时，踩下离合器踏板，挂挡有齿轮撞击声，且难以挂入；如果勉强挂上挡，则在离合器踏板尚未完全放松时，发动机熄火。

下面就吉利轿车进行故障原因分析、诊断及排除。

2. 原因

(1) 离合器踏板自由行程过大。

(2) 双片离合器中间压盘限位螺钉调整不当、个别分离弹簧疲劳、高度不足或折断，中间压盘在传动销上或在离合器驱动窗口内轴向移动不灵活。

(3) 从动盘钢片翘曲、摩擦片破裂或铆钉松动。

(4) 新换的摩擦片太厚或从动盘正反装错。

(5) 从动盘花键孔与变速器第一轴花键轴卡滞。

(6) 离合器液压操纵机构漏油、有空气或油量不足。

(7) 膜片弹簧弹力减弱。

(8) 发动机支承磨损或损坏，发动机与变速器不同心。

3. 诊断与排除

(1) 检查离合器踏板自由行程，如果自由行程过大则进行调整；否则对于液压操纵机构检

查是否储液罐油量不足或管路中有空气，并进行必要的排除。如果不是上述问题应继续检查。

（2）否则检查从动盘是否装反，如果都没问题则继续检查。

（3）检查从动盘是否翘曲变形、铆钉脱落，从动盘是否轴向运动卡滞等，如果是则进行更换或修理。

吉利轿车离合器分离不彻底故障诊断流程如图 2-70 所示。

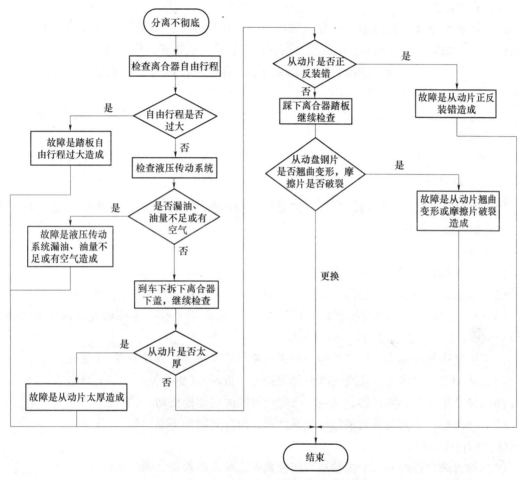

图 2-70　吉利轿车离合器分离不彻底故障诊断流程

总结：离合器分离不彻底主要可以从离合器踏板自由行程、分离杠杆高度、从动盘等几个方面考虑。

六、离合器其他常见故障

1. 离合器异响

故障表现：离合器分离或接合时发出不正常的响声。

原因分析：

（1）分离轴承缺少润滑剂，造成干磨或轴承损坏。（修理或更换）

（2）分离轴承与分离杠杆内端之间无间隙。（调整）

（3）分离轴承套筒与导管之间油污、尘腻严重或分离轴承回位弹簧与踏板回位弹簧疲

劳、折断、脱落，使分离轴承回位不佳。(修理、更换)

(4) 从动盘花键孔与其花键轴配合松旷。(更换)

(5) 从动盘减振弹簧退火、疲劳或折断。(更换)

(6) 从动盘摩擦片铆钉松动或铆钉头外露。(更换)

(7) 双片离合器传动销与中间压盘和压盘的销孔磨损松旷。(更换)

诊断和排除方法：

(1) 稍稍踩下离合器踏板，使分离轴承与分离杠杆接触，如果有"沙沙"的响声则为分离轴承响；如果加油后仍响，说明轴承磨损过度、松旷或损坏，应更换。

(2) 踩下、抬起离合器踏板，如果出现间断的碰撞声，说明分离轴承前后有窜动，应更换分离轴承回位弹簧。

(3) 连踩踏板，如果离合器刚接合或刚分开时有响声，说明从动盘铆钉松动或外露，应更换从动盘。

总结：离合器异响主要可以从磨损过度、松旷、过紧、运动中刮碰等方面加以考虑。

2. 起步发抖

故障表现：汽车用低速挡起步时，按操作规程逐渐放松离合器踏板并徐徐踩下加速踏板，离合器不能平稳接合且产生抖振，严重时甚至整车产生抖振现象。

原因分析：

(1) 分离杠杆内端高度不处在同一平面内。(调整)

(2) 从动盘或压盘翘曲变形，飞轮工作端面的端面圆跳动严重。(修理、更换)

(3) 从动盘摩擦片厚度不均匀、油污、烧焦、表面不平整、表面硬化、铆钉头外露、铆钉松动或切断、波形弹簧片损坏。(更换)

(4) 压紧弹簧的弹力不均、疲劳或个别折断，膜片弹簧疲劳或开裂。(更换)

(5) 从动盘上的缓冲片破裂或减振弹簧疲劳、折断。(更换)

(6) 发动机支架、变速器、飞轮、飞轮壳等的固定螺栓松动。(紧固)

(7) 分离轴承套筒与导管油污、尘腻严重，使分离轴承不能回位。(修理)

诊断和排除方法：

(1) 检查离合器踏板、分离轴承等回位是否正常，如果正常则继续检查。

(2) 检查发动机支架、变速器、飞轮、飞轮壳等的固定螺栓是否松动，如果是则紧固螺栓，否则继续检查。

(3) 检查分离杠杆的内端是否在同一平面，如果是则继续检查。

(4) 检查压盘、从动盘是否变形，铆钉是否松动、外露，压紧弹簧的弹力是否超出范围，如果是则更换或修理。

总结：起步发抖主要可以从起步时离合器在接合过程中不平稳来考虑，即发动机在匀速转动，而由于离合器接合不平稳使离合器的从动部分转动不平稳，从而反映为离合器乃至整车的抖振。

3. 影响离合器操纵机构沉重反弹的故障原因

(1) 离合器总泵与离合器分泵之间配合不好。当总泵的油进泵后，抬起离合器操纵踏板，分泵的油不能及时回到储液罐中或是回油缓慢；当离合器使用频繁后，就把离合器压盘顶死，导致选挡机构无法工作，挂不上挡，使车辆不能正常行驶。造成此种现象的原因是离合器助力产品在选装上存在误区。过去装配在老车型 EQ1108、EQ1141 车上的离合器助力缸内径为 70 mm，而现在装配在 EQ3242G、EQ1290G 重型车上的离合器助力器油缸内径为 90 mm，助力油缸的内径加大了，而配套的进回油管没有改变，仍采用 70 mm 油缸用的油管，导致进入分泵的离合器油不能快速返回到储液罐，从而引起离合器压盘被顶死，离合器内操纵机构行程发硬，挂挡困难。

（2）离合器助力器推杆空行程过大。助力器推杆的行程技术标准为 3~5 mm，即在驻车的状态下，用手推动推杆向前检验其距离，而大部分有离合器反弹、沉重现象的车辆，助力器推杆空行程都超过了标准要求，即都大于 8 mm。

4. 杠杆式离合器分离不彻底的故障检修流程

杠杆式离合器分离不彻底的故障检修流程如图 2-71 所示。

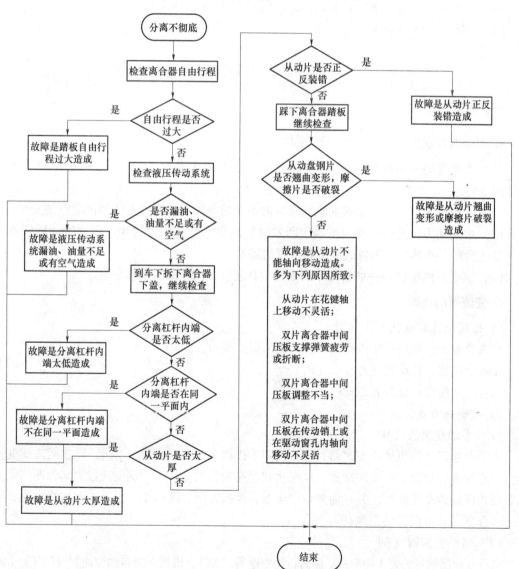

图 2-71 杠杆式离合器分离不彻底的故障检修流程

学习单元2.3　手动变速器乱挡故障的诊断与修复

学习目标
（1）掌握变速器的作用、原理、类型。
（2）掌握两轴式变速器的结构。
（3）掌握两轴式变速器的动力传动路线。
（4）掌握锁环式同步器的结构及工作原理。
（5）掌握远距离操纵式变速器操纵机构的结构及工作原理。

技能目标
（1）具备两轴式变速器的正确拆装调整技能。
（2）具备两轴式变速器的故障分析技能。
（3）具备两轴式变速器的检修技能。

第一部分　知识要求

一、概述

1. 变速器的功能

（1）变速变矩——改变传动比，扩大汽车牵引力和速度的变化范围，以适应汽车不同条件的需要。

（2）实现倒车——在发动机曲轴旋转方向不变的条件下，使汽车能够倒向行驶。

（3）中断动力传递——利用空挡中断发动机向驱动轮的动力传递，以使发动机能够起动和怠速运转，并满足汽车暂时停车和滑行的需要。

（4）驱动其他机构——如自卸车的液压举升装置、汽车吊的工作装置。

2. 变速器的类型

1）按传动比的变化方式分类

有级变速器：采用齿轮传动，具有若干个定值传动比。

无级变速器：传动比是连续变化的。

综合式变速器：部分无级式。

2）按操纵方式分类

（1）手动变速器（MT）。

手动变速器又称机械式变速器，即必须用手拨动变速杆（俗称"挡把"）才能改变变速器内的齿轮啮合位置，改变传动比，从而达到变速的目的。轿车手动变速器大多为四挡或五挡有级式齿轮传动变速器，并且通常带同步器，换挡方便、噪声小。手动变速在操纵时必须踩下离合器，方可拨得动变速杆。

（2）自动变速器（AT）。

自动变速器常见的有3种形式：液力自动变速器（AT）、机械无级自动变速器（CVT）和电控机械自动变速器（AMT）。目前，轿车普遍使用的是AT，AT几乎成为自动变速器的代名词。

（3）手动自动一体变速器。

手动自动一体变速器是在自动变速器的基础上配以手动换挡功能而成。装有手动自动一体式变速器的汽车在任何时刻都可以进行自动换挡与手动换挡的切换；同时，在仪表板上显示挡位状态，从而可以自由选择自动变速器的舒适和手动变速器的动感。

本部分介绍的变速器是手动、有级、普通齿轮变速器，其基本组成包括传动机构和操纵机构两部分。

3. 普通齿轮变速器的工作原理

普通齿轮变速器是利用不同齿数的齿轮啮合传动来实现转矩和转速的改变。齿轮传动的基本原理如图 2-72 所示，一对齿数不同的齿轮啮合传动时可以实现变速，而且两齿轮的转速比与其齿数呈反比。设主动齿轮转速为 n_1，齿数为 z_1，从动齿轮转速为 n_2，齿数为 z_2。主动齿轮（输入轴）转速与从动齿轮（输出轴）转速之比值称为传动比，用字母 i_{12} 表示，即由主动齿轮传到从动齿轮的传动比 $i_{12} = n_1/n_2 = z_2/z_1$。

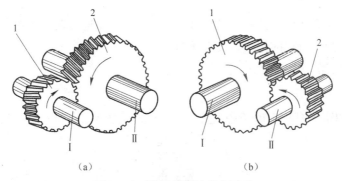

图 2-72 齿轮传动的基本原理

(a) 减速传动；(b) 增速传动

Ⅰ—输入轴；Ⅱ—输出轴；1—主动齿轮；2—从动齿轮

如图 2-72（a）所示，当小齿轮为主动齿轮，带动大齿轮转动时，输出转速降低，即 $n_2 < n_1$，称为减速传动，此时传动比 $i > 1$；如图 2-72（b）所示，当大齿轮驱动小齿轮时，输出转速升高，即 $n_2 > n_1$，称为增速传动，此时传动比 $i < 1$。这就是齿轮传动的变速原理。汽车变速器就是根据这一原理利用若干大小不同的齿轮副传动而实现变速的。

图 2-73 所示为两级齿轮传动示意图，齿轮 1 为主动齿轮，驱动齿轮 2 转动，齿轮 3 与齿轮 2 固连在一起，再驱动齿轮 4 转动并输出动力，此时由 1 传到 4 的传动比为 $i_{14} = n_1/n_4 = (z_2 z_4)/(z_1 z_3) = i_{12} i_{34}$。

因此，可以总结为多级齿轮传动的传动比为 i = 所有从动齿轮齿数的乘积/所有主动齿轮齿数的乘积 = 各级齿轮传动比的乘积。

对于变速器，各挡的传动比 i 就是变速器输入轴转速与输出轴转速之比。即 $i = n_{输入}/n_{输出} = T_{输出}/T_{输入}$。

当 $i > 1$ 时，$n_{输出} < n_{输入}$，$T_{输出} > T_{输入}$，此时实现降速增矩，为变速器的低挡位，且 i 越大，挡位越低；当 $i = 1$ 时，$n_{输出} = n_{输入}$，$T_{输出} = T_{输入}$，为变速器的直接挡；当 $i < 1$ 时，$n_{输出} > n_{输入}$，$T_{输出} < T_{输入}$，此时实现升速降矩，为变速器的超速挡。

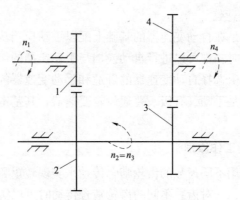

图2-73 两级齿轮传动示意图
1,3—主动齿轮；2,4—从动齿轮

二、变速器的传动机构

手动变速器包括变速传动机构和操纵机构两大部分。变速传动机构的主要作用是改变转矩的大小和方向；操纵机构的作用是实现换挡。

（一）三轴变速器

1. 结构

三轴变速器结构和东风EQ1092中型货车的三轴式变速器结构如图2-74、图2-75所示。

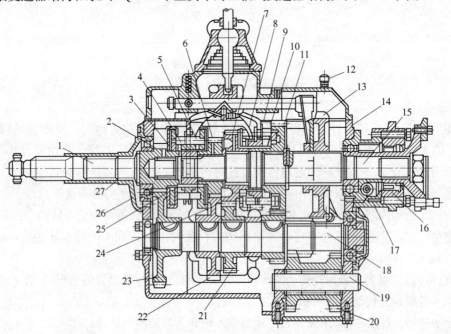

图2-74 三轴变速器结构图

1—第一轴；2—第一轴常啮合齿轮；3—第一轴接合齿圈；4,9—接合套；5—4挡齿轮接合齿圈；6—第二轴4挡齿轮；7—第二轴3挡齿轮；8—3挡齿轮接合齿圈；10—2挡齿轮接合齿圈；11—第二轴2挡齿轮；12—通气塞；13—第二轴1、倒挡滑动齿轮；14—变速器壳体；15—第二轴；16—驻车制动；17—里程表传动齿轮；18—中间轴；19—倒挡轴；20—倒挡中间齿轮；21—中间轴3挡齿轮；22—中间轴4挡齿轮；23—中间轴常啮合齿轮；24,25—花键齿毂；26—第一轴轴承盖；27—回油螺纹

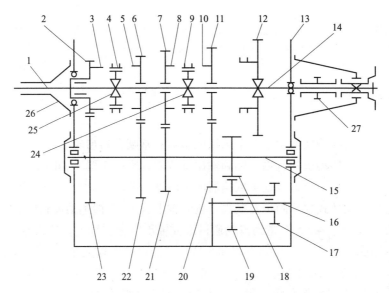

图 2-75 东风 EQ1092 中型货车的三轴式变速器

1—第一轴；2—第一轴常啮合齿轮；3—第一轴接合齿圈；4, 9—接合套；5—4 挡齿轮接合齿圈；6—第二轴 4 挡齿轮；7—第二轴 3 挡齿轮；8—3 挡齿轮接合齿圈；10—2 挡齿轮接合齿圈；11—第二轴 2 挡齿轮；12—第二轴 1、倒挡直齿滑动齿轮；13—变速器壳体；14—第二轴；15—中间轴；16—倒挡轴；17, 19—倒挡中间齿轮；18—中间轴 1、倒挡齿轮；20—中间轴 2 挡齿轮；21—中间轴 3 挡齿轮；22—中间轴 4 挡齿轮；23—中间轴常啮合齿轮；24, 25—花键毂；26—第一轴轴承盖；27—回油螺纹

2. 各挡动力传动路线

1）1 挡动力传动路线

动力由第一轴常啮合齿轮→中间轴常啮合齿轮→中间轴 1、倒挡齿轮→第二轴 1、倒挡齿轮→第二轴，使其与第一轴同向旋转。

2）2 挡动力传动路线

接合套 9 右移与第二轴 2 挡齿轮齿圈啮合。

动力由第一轴常啮合齿轮 → 中间轴常啮合齿轮 → 中间轴 2 挡齿轮 → 第二轴 2 挡齿轮 → 第二轴，使其与第一轴同向旋转。

3）3 挡动力传动路线

接合套 9 左移与第二轴 3 挡齿轮的齿圈啮合。

动力由第一轴常啮合齿轮 → 中间轴常啮合齿轮 → 中间轴 3 挡齿轮 → 第二轴 3 挡齿轮 → 第二轴，使其与第一轴同向旋转。

4）4 挡动力传动路线

接合套 4 右移与第二轴 4 挡齿轮的齿圈啮合。

动力由第一轴常啮合齿轮 → 中间轴常啮合齿轮 → 中间轴 4 挡齿轮 → 第二轴 4 挡齿轮 → 第二轴，使其与第一轴同向旋转。

5）五挡动力传动路线

接合套 4 左移与第二轴 5 挡齿轮的齿圈啮合。动力直接由第一轴传到第二轴。传动比为 1，此挡称为直接挡。

6）倒挡动力传动路线

右移第二轴1、倒挡齿轮与倒挡中间齿轮啮合。动力由第一轴常啮合齿轮 → 中间轴常啮合齿轮→中间轴1、倒挡齿轮 → 倒挡中间齿轮→第二轴1、倒挡齿轮 → 第二轴，使其与第一轴反向旋转。

（二）二轴变速器

1. 结构

所有前进挡齿轮和倒挡齿轮上完全采用同步器和常啮合斜齿轮。

该变速器的变速传动机构有输入轴和输出轴，二轴平行布置，如图2-76所示，输入轴也是离合器的从动轴，输出轴也是主减速器的主动锥齿轮轴。该变速器具有5个前进挡和1个倒挡，全部采用锁环式惯性同步器换挡。输入轴上有1~5挡主动齿轮，其中1、2挡主动齿轮与轴制成一体，3、4、5挡主动齿轮通过滚针轴承空套在轴上。输入轴上还有倒挡主动齿轮，它与轴制成一体。3、4挡同步器和5挡同步器也装在输入轴上。输出轴上有1~5挡从动齿轮，其中1、2挡从动齿轮通过滚针轴承空套在轴上，3、4、5挡齿轮通过花键套装在轴上。1、2挡同步器也装在输出轴上。在变速器壳体的右端还装有倒挡轴，上面通过滚针轴承套装有倒挡中间齿轮。

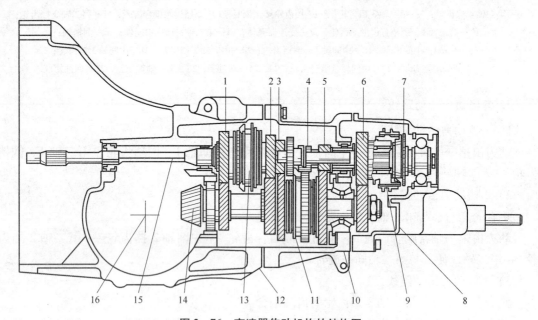

图2-76 变速器传动机构的结构图

1—4挡齿轮；2—3挡齿轮；3—2挡齿轮；4—倒挡齿轮；5—1挡齿轮；6—5挡齿轮；7—5挡运行齿环；8—换挡机构壳体；9—5挡同步器；10—齿轮箱体；11—1、2挡同步器；12—变速器壳体；13—3、4挡同步器；14—输出轴；15—输入轴；16—差速器

2. 各挡动力传动路线

变速器传动机构的示意图如图2-77所示。

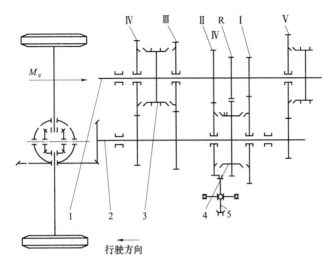

图 2-77 变速器传动机构的示意图

1—输入轴；2—输出轴；3—3、4挡同步器；4—1、2挡同步器；5—倒挡中间齿轮；
Ⅰ—1挡齿轮；Ⅱ—2挡齿轮；Ⅲ—3挡齿轮；Ⅳ—4挡齿轮；Ⅴ—5挡齿轮；R—倒挡齿轮

1）1挡动力传动路线

变速器操纵杆从空挡向左、向前移动，实现：动力→输入轴→输入轴1挡齿轮→输出轴1挡齿轮→输出轴上1、2挡同步器→输出轴→动力输出。

2）2挡动力传动路线

变速器操纵杆从空挡向左、向后移动，实现：动力→输入轴→输入轴2挡齿轮→输出轴2挡齿轮→输出轴上1、2挡同步器→输出轴→动力输出。

3）3挡动力传动路线

变速器操纵杆从空挡向前移动，实现：动力→输入轴→输入轴上3、4挡同步器→输入轴3挡齿轮→输出轴3挡齿轮→输出轴→动力输出。

4）4挡动力传动路线

变速器操纵杆从空挡向后移动，实现：动力→输入轴→输入轴上3、4挡同步器→输入轴4挡齿轮→输出轴4挡齿轮→输出轴→动力输出。

5）5挡动力传动路线

变速器操纵杆从空挡向右、向前移动，实现：动力→输入轴→输入轴上5挡同步器→输入轴5挡齿轮→输出轴5挡齿轮→输出轴→动力输出。

6）倒挡动力传动路线

变速器操纵杆从空挡向右、向后移动，实现：动力→输入轴→输入轴倒挡齿轮→输出轴倒挡齿轮→输出轴上倒挡同步器→输出轴→动力反向输出。

三、同步器

（一）同步器的功用

同步器的功用是使接合套与待啮合的齿圈迅速同步，缩短换挡时间；且防止在同步前啮合而产生换挡冲击。

(二)同步器的构造与工作原理

1. 无同步器的换挡过程

以无同步器5挡变速器的4、5挡互换为例进行介绍,图2-78所示为其结构简图,是采用接合套进行换挡的。

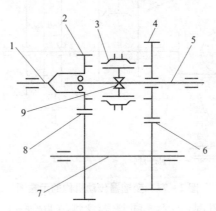

图2-78 无同步器5挡变速器的4、5挡互换简图
1—第一轴;2—第一轴常啮合齿轮;3—接合套;4—第二轴4挡齿轮;5—第二轴;
6—中间轴4挡齿轮;7—中间轴;8—中间轴常啮合齿轮;9—花键毂

1)低挡换高挡(4挡换5挡)

变速器在4挡工作时,接合套3与第二轴4挡齿轮4上的接合齿圈啮合,二者接合齿圆周速度$v_3 = v_4$。欲换入5挡时,驾驶员先踩下离合器踏板,离合器分离,再通过变速操纵机构将接合套3左移,处于空挡位置。此时仍是$v_3 = v_4$,因第二轴4挡齿轮4的转速低于第一轴常啮合齿轮2的转速,圆周速度$v_4 < v_2$,所以在换入空挡的瞬间,$v_3 < v_2$,为避免齿轮冲击,不应立即换入5挡,应先在空挡停留片刻。在空挡位置时,变速器输入轴各零件已与发动机中断了动力传递且转动惯量较小,再加上中间轴齿轮有搅油阻力,所以v_2下降较快,如图2-79(a)所示,而整个汽车的转动惯性大,导致接合套3(与第二轴转速相同)的圆周速度v_3下降慢,因图2-79(a)中两直线v_3、v_2的倾斜度不同而相交,交点即为同步状态($v_3 = v_2$)。此时将接合套左移与齿轮2上的齿圈啮合挂入5挡,不会产生冲击。但自然减速出现同步的时刻太晚,应在摘下4挡后,立即抬起离合器踏板,利用发动机怠速工况迫使第一轴更快地减速,v_2下降较快,如图2-79(a)中虚线所示,同步点出现得早,缩短了换挡时间。

2)高挡换低挡(5挡换4挡)

变速器在5挡工作时以及由5挡换入空挡的瞬间,接合套3与第一轴常啮合齿轮2接合齿圈圆周速度相同,即$v_3 = v_2$,因$v_2 > v_4$,故$v_3 > v_4$,如图2-79(b)所示。但在空挡时v_4下降得比v_3快,即v_4与v_3不会出现相交点,不可能达到自然同步状态。所以驾驶员应在变速器退回空挡后,立即抬起离合器踏板,同时踩下加速踏板,使发动机连同离合器从动盘和一轴都从B点开始升速,让$v_4 > v_3$,如图2-79(b)中虚线所示,再踩下离合器踏板稍等片刻,$v_3 = v_4$(同步点A),即可换入4挡。

图2-79(b)中还有一次同步时刻A',利用这一点来缩短换挡时间,由于此点是踩加速踏板过程中出现的,要求有熟练的操作技能。

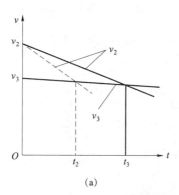 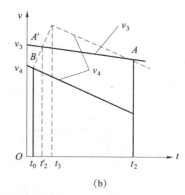

图 2-79 无同步器的换挡过程

(a) 低挡换高挡；(b) 高挡换低挡

由此可见，欲使无同步器变速器换挡时不产生换挡冲击，需采取较复杂的操作，不仅易使驾驶员产生疲劳，且会降低齿轮的使用寿命。

2. 锁环式惯性同步器

1) 结构

锁环式惯性同步器的结构如图 2-80 所示，花键毂 7 用内花键套装在第二轴外花键上，用垫圈、卡环轴向定位。花键毂 7 两端与齿轮 1 和 4 之间各有一个青铜制成的锁环（同步环）5 和 9。锁环上有短花键齿圈，其花键的尺寸和齿数与花键毂、齿轮 1 和 4 的外花键齿相同。两个齿轮和锁环上的花键齿，靠近接合套 8 的一端都有倒角（锁止角），与接合套齿端的倒角相同。锁环有内锥面，与齿轮 1、4 的外锥面锥角相同。在锁环内锥面上制有细密的螺纹（或直槽），当锥面接触后，它能及时破坏油膜，增加锥面间的摩擦力。锁环内锥面摩擦副称为摩擦件，外沿带倒角的齿圈是锁止件，锁环上还有 3 个均布的缺口 12。3 个滑块 2 分别装在花键毂 7 上 3 个均布的轴向槽 11 内，沿槽可以轴向移动。滑块被两个弹簧圈 6 的径向力压向接合套，滑块中部的凸起部位压嵌在接合套中部的环槽 10 内。滑块和弹簧是推动件。滑块两端伸入锁环 5 的缺口 12 中，滑块窄缺口宽，二者之差等于锁环的花键齿宽。锁环相对滑块顺转和逆转都只能转动半个齿宽，且只有当滑块位于锁环缺口的中央时，接合套与锁环才能接合。

2) 工作原理

以 2 挡换 3 挡为例，说明同步器的工作原理，如图 2-81 所示。

(1) 空挡位置。

接合套刚从 2 挡退入空挡时，如图 2-81 (a) 所示，3 挡齿轮、接合套、锁环以及与其有关联的运动件，因惯性作用而沿原方向继续旋转（图示箭头方向）。由于齿轮是高挡齿轮（相对于 2 挡齿轮来说），所以接合套、锁环的转速低于齿轮的转速。

(2) 挂挡。

欲换入 3 挡时，驾驶员通过变速杆使拨叉推动接合套连同滑块一起向左移动，如图 2-81 (b) 所示，滑块又推动锁环移向齿轮，使锥面接触。驾驶员作用在接合套上的轴向推力，使两锥面有正压力 N，又因二者有转速差，所以产生摩擦力矩。通过摩擦作用，齿轮带动锁环相对于接合套向前转动一个角度，使锁环缺口靠在滑块的另一侧（上侧）为止，此时接合套的内齿与锁环上错开了约半个齿宽，接合套的齿端倒角面与锁环的齿端倒角面互相抵住。

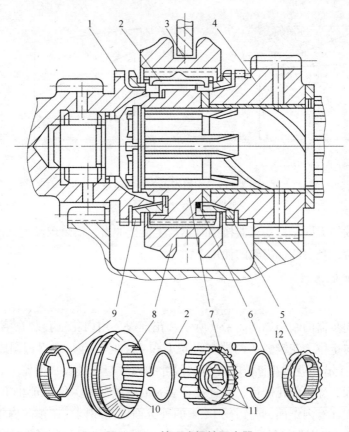

图 2-80 锁环式惯性同步器

1—轴常啮合齿轮的接合齿圈；2—滑块；3—拨叉；4—第二轴齿轮；5，9—锁环（同步环）；
6—弹簧圈；7—花键毂；8—接合套；10—环槽；11—3个轴向槽；12—缺口

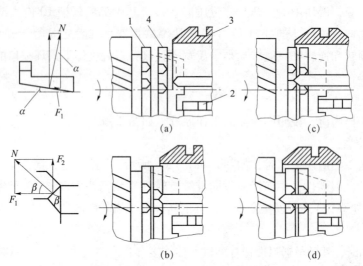

图 2-81 锁环式惯性同步器工作原理

(a) 空挡位置；(b) 挂挡；(c) 锁止；(d) 同步啮合

1—齿轮；2—滑块；3—接合套；4—锁环（同步环）

(3) 锁止。

驾驶员的轴向推力使接合套的齿端倒角面与锁环的齿端倒角面之间产生正压力形成一个企图拨动锁环相对于接合套反转的力矩，称为拨环力矩。这样在锁环上同时作用着方向相反的摩擦力矩和拨环力矩，同步器的结构参数可以保证在同步前（存在摩擦力矩）拨环力矩始终小于摩擦力矩，所以在同步之前无论驾驶员施加多大的操纵力，都不会挂上挡，即产生锁止作用，如图 2-81（c）所示。

(4) 同步啮合。

随着驾驶员施加于接合套上的推力加大，摩擦力矩不断增加，使齿轮的转速迅速降低。当齿轮、接合套和锁环达到同步时，作用在锁环上的摩擦力矩消失。此时在拨环力矩的作用下，锁环、齿轮以及与之相连的各零件都对于接合套反转一角度，滑块处于锁环缺口的中央如图 2-81（c）所示，键齿不再抵触，锁环的锁止作用消除。接合套压下弹簧圈继续左移（滑块脱离接合套的内环槽而不能左移），与锁环的花键齿圈进入啮合。进而再与齿轮进入啮合，如图 2-81（d）所示，换入 3 挡。

锁环式同步器尺寸小、结构紧凑、摩擦力矩也小，多用于轿车和轻型车辆。

3. 锁销式惯性同步器

大中型货车普遍采用锁销式惯性同步器，下面以东风 EQ1092 汽车 5 挡变速器的 4、5 挡同步器为例进行简介。

1) 结构

锁销式惯性同步器的结构如图 2-82 所示。两个带有内锥面的摩擦锥盘 2，以其内花键分别固装在带有接合齿圈的斜齿轮 1 和 6 上，随齿轮一起转动。两个有外锥面的摩擦锥环 3，其上有圆周均布的 3 个锁销 8、3 个定位销 4 与接合套 5 装在一起。定位销与接合套的相应孔是滑动配合，定位销中部切有一小段环槽，接合套钻有斜孔，内装弹簧 11，把钢球 10 顶向定位销中部的环槽，使接合套处于空挡位置，定位销随接合套能轴向移动。定位销两端伸入两摩擦锥环 3 内侧面的弧线形浅坑中，定位销与浅坑有周向间隙，锥环相对接合套在一定范围内做周向摆动。锁销中部环槽的两端和接合套相应孔两端切有相同的倒角；锁销与孔对中时，接合套才能沿锁销轴向移动；锁销两端铆接在锥环相应的孔中。2 个锥环、3 个锁销、3 个定位销和接合套构成一个部件，套在花键毂 9 的齿圈上。

2) 工作原理

锁销式惯性同步器的工作原理与锁环式惯性同步器类似。

换挡时接合套受到拨叉的轴向推力作用，通过钢球 10、定位销 4 推动摩擦锥环 3 向前移动。因摩擦锥环与锥盘有转速差，故接触后的摩擦作用使锥环和锁销相对于接合套转过一个角度，锁销与接合套上相应孔的中心线不再同心，锁销中部倒角与接合套孔端的锥面相抵触，在同步前，作用在摩擦面的摩擦力矩总大于拨销力矩，接合套被锁止不能前移，防止同步前接合套与齿圈进入啮合。同步后摩擦力矩消失，拨销力矩使锁销、摩擦锥盘和相应的齿轮相对于接合套转过一个角度，锁销与接合套的相应孔对中，接合套克服弹簧 11 的张力压下钢球并沿锁销向前移动，完成换挡。

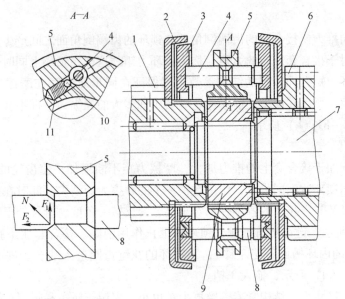

图 2-82 锁销式惯性同步器

1—第一轴齿轮；2—摩擦锥盘；3—摩擦锥环；4—定位销；5—接合套；6—第二轴 4 挡齿轮；
7—第二轴；8—锁销；9—花键毂；10—钢球；11—弹簧

四、变速器的操纵机构

1. 操纵机构的类型

1) 直接操纵式

直接操纵式变速器的变速杆及其换挡操纵装置都设置在变速器盖上，驾驶员可直接操纵变速杆来拨动变速器盖内的换挡操纵装置进行换挡，具有换挡位置容易确定、换挡快、换挡平稳等优点。直接操纵机构如图 2-83 所示。

2) 远距离操纵式

在有些汽车上，由于变速器离驾驶员座位较远，则需要在变速杆与拨叉之间加装一些辅助杠杆或一套传动机构，构成远距离操纵机构。这种操纵机构多用于发动机前置前轮驱动的轿车，由于其变速器安装在前驱动桥处，远离驾驶员座椅，因此需要采用这种操纵方式，如图 2-84 所示。

而在变速器壳体上具有类似于直接操纵式的内换挡机构，如图 2-85 所示。

2. 对操纵机构的要求

(1) 要有自锁装置，防止自动脱挡或挂挡。

①多数变速器的自锁装置由自锁钢球和自锁弹簧组成。

②每根拨叉轴的上表面沿轴向分布有 3 个凹槽，当任何一根拨叉轴连同拨叉轴向移动到空挡或某一工作挡位的位置时，必有一个凹槽正好对准自锁钢球。于是自锁钢球在自锁弹簧压力作用下嵌入该凹槽内，拨叉轴轴向位置被固定，从而拨叉连同滑动齿轮（或接合套）也被固定在空挡或某一工作挡位上，不能自行脱出。

③换挡时，驾驶员对拨叉轴施加一定轴向力，克服自锁弹簧 2 的压力将钢球由拨叉轴的凹槽中挤出推回孔中，拨叉轴和拨叉轴向移动。

（2）要有互锁装置，防止同时挂上两个挡位，如图 2-86 所示。

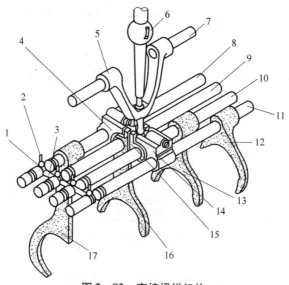

图 2-83 直接操纵机构

1—自锁钢球；2—自锁弹簧；3—互锁销；4—5、6挡拨块；5—叉形拨杆；6—变速杆；7—换挡杆；
8—5、6挡拨叉轴；9—3、4挡拨叉轴；10—1、2挡拨叉轴；11—倒挡拨叉轴；12—倒挡拨叉；
13—1、2挡拨叉；14—倒挡拨块；15—1、2挡拨块；16—3、4挡拨叉；17—5、6挡拨叉

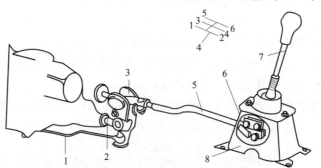

图 2-84 远距离操纵机构

1—支撑杆；2—内换挡杆；3—换挡杆接合器；4—换挡标记；5—外换挡杆；
6—换挡手柄座；7—操纵杆；8—倒挡保险挡块

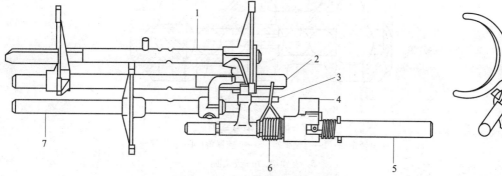

图 2-85 手动变速器的内换挡机构

1—5、倒挡拨叉轴；2—3、4挡拨叉轴；3—定位拨销；4—倒挡保险挡块；
5—内换挡杆；6—定位弹簧；7—1、2挡拨叉轴

①互锁装置主要由互锁钢球及互锁销组成。互锁销装在中间拨叉轴的孔中，其长度相当于拨叉轴直径减去互锁钢球的半径，互锁钢球装于变速器盖的横向孔中。

②在空挡位置时，左右拨叉轴在对着钢球处有深度相当于钢球半径的凹槽，中间拨叉轴则左右均开有凹槽，凹槽中开有装锁销的孔。

③这种互锁装置可以保证变速器只有在空挡位置时，驾驶员才可以移动任一个拨叉轴挂挡。若某一拨叉轴被移动而挂挡时，另两个拨叉轴便被互锁装置固定在空挡位置而不可能再轴向移动。

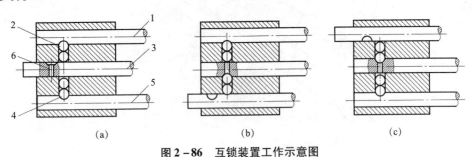

图 2-86 互锁装置工作示意图

1，3，5—拨叉轴；2，4—互锁钢球；6—互锁销

图 2-87 所示为自锁与互锁。

(3) 要有倒挡锁装置，防止误挂倒挡。

①倒挡锁的作用是驾驶员挂倒挡时，必须对变速杆施加较大的力，才可换上倒挡，起提醒作用，以防误挂倒挡。变速器上多采用弹簧锁销式倒挡锁。

②倒挡锁一般由倒挡锁销和倒挡锁弹簧组成。倒挡锁销的杆部装有倒挡锁弹簧，其右端的螺母可调整弹簧的预紧力和倒挡锁销的长度。

③驾驶员要挂倒挡时，必须用较大的力使变速杆的下端压缩倒挡弹簧，将倒挡锁销推向右方后，才能使变速杆下端进入倒挡拨块的凹槽内，以拨动1、倒挡拨叉轴而推入倒挡。

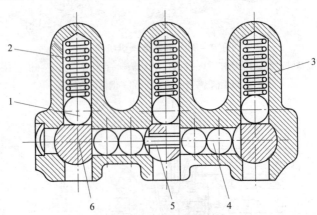

图 2-87 自锁与互锁

1—自锁钢球；2—自锁弹簧；3—变速器盖；4—互锁钢球；
5—互锁销；6—拨叉轴

倒挡锁装置用于防止误挂倒挡。图 2-88 所示为常见的锁销式倒挡锁装置。当驾驶员想挂倒挡时，必须用较大的力使变速杆4下端压缩倒挡锁弹簧2，将锁销推入锁销孔内，才能使变速杆下端进入倒挡拨块 3 的凹槽中进行换挡。由此可见，倒挡锁的作用是使驾驶员必须对变速杆施加更大的力，才能挂入倒挡，起到警示注意作用，以防误挂倒挡。

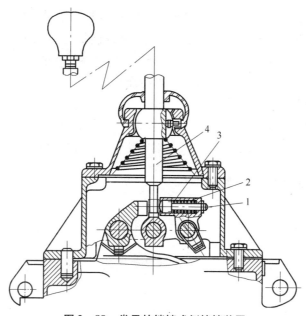

图 2-88　常见的锁销式倒挡锁装置
1—倒挡锁销；2—倒挡锁弹簧；3—倒挡拨块；4—变速杆

第二部分　技能训练

一、变速器零件的检修

变速器分解后，要对其零件清洗检验，确定其技术状态。对于状态差的零件进行修复或更换，以保证装复后变速器的质量和性能。

1. 齿轮的检修

变速器齿轮的损坏主要是齿面磨损成阶梯形，齿面拉伤、剥落、烧蚀及锈蚀、斑点等，齿长磨损变短、牙齿裂纹、打坏等。

一般齿面有轻微锈蚀或斑点，在不影响质量的情况下，用油石修磨后可继续使用。对于牙齿裂纹、打坏、齿面疲劳脱落等故障应更换齿轮。齿面磨损超过 0.2 mm 或齿长磨损超过原齿长的 15%、斑点超过齿面的 15% 以上时，也应更换齿轮。

2. 轴的检修

变速器轴常见的损坏是各轴颈及花键的磨损、轴的弯曲等。

（1）输出轴的检修。输出轴常见的是轴颈磨损，与轴承内孔配合间隙增大。这不仅使齿轮啮合间隙变大，而且容易使轴颈烧蚀。因此，磨损严重时应涂镀修复或更换。输出轴弯曲用千分表测量时，其径向摆差最大不得超过 0.05 mm；否则，应冷压校正。

（2）输入轴的检修。输入轴主要是与离合器从动盘配合的花键，经常做轴向滑动而磨损。磨损严重时，应予更换。输入轴的轴承也易损坏，损坏的轴承应更换。

3. 检查同步器

将同步器的锁环套压在换挡齿轮的锥面上，用厚薄规测量锁环齿与轮齿之间的间隙，标准间隙为 1.35～1.90 mm。若此间隙小于 0.5 mm 时，应更换同步器锁环。

4. 操纵部分零件的检修

（1）操纵横杆的检修。外横杆弯曲变形，可校正修复；如果外横杆运动时发卡，横杆轴与锁紧螺栓及锁紧钢丝不能锁紧，则应更换外横杆或锁紧钢丝；外横杆轴与衬套磨损，应更换衬套；横杆轴花键磨损，应更换。

（2）变速叉轴的检修。变速叉轴弯曲，可冷压校正；锁销、定位球及凹槽磨损、定位弹簧变软或折断，均应更换。

（3）变速叉的检修。变速叉弯曲或扭曲的检查方法：可用仪器或与新叉对比方法进行检查。如有弯、扭，可用敲击法予以校正；叉上端导动块及下端端面磨损，可进行焊修或更换。

二、手动变速器故障诊断与排除

1. 跳挡

1）现象

汽车在加速、减速或爬坡行驶时，变速杆自动从某挡跳回空挡。

2）诊断流程

跳挡故障诊断流程如图 2-89 所示。

2. 乱挡

1）现象

在离合器分离彻底的情况下，汽车在起步挂挡或行驶中换挡时，挂不上所需要挡位；或挂挡后不能退回空挡；车辆静止时同时挂上两个挡位。

2）诊断流程

乱挡故障诊断流程如图 2-90 所示。

3. 挂挡困难

1）现象

离合器技术状况良好，且变速器操纵机构工作正常，挂挡困难。

2）原因

主要同步器故障。

3）故障的判断与排除

同步器故障的检查内容如下：

（1）检查同步器锁环的内锥面螺旋槽磨损。磨损严重，使同步器锁环内锥面和齿轮外锥面间隙变小，摩擦力减小，制动作用减弱。间隙为零时，制动作用消失。此为主要间隙，大小必须符合规定数据。检查方法是：在齿轮内斜面上涂上齿轮油，与锁环接触，用手压紧转动时，锁环不应从齿轮的斜面滑出。还要检查 3 个缺口是否磨损扩大。配合间隙为 3.00～3.36 mm（BJ2020），否则锁环齿和齿轮齿圈对不准。

（2）检查同步器滑块在花键毂内的滑动。滑块中部凸起嵌在接合套中部内环槽中，接合套轴向移动带动滑块在花键毂轴向槽中滑动伸入锁环槽（缺口）中，才能挂上挡位。如果滑块凸起磨损严重，滑块就难以顶住锁环引起挂挡困难。还有测量滑块与花键毂槽的配合间隙应为 0.170~0.265 mm（BJ2020）。如不符合规定，则必须更换。

（3）检查同步器花键毂与接合套的轴向移动应无阻卡现象。

（4）如同步器技术状况良好应检查以下方面：

①拨叉轴弯曲、锁紧弹簧过硬、钢球损伤。

②第一轴花键损伤或第一轴弯曲。

③齿轮油不足或过量、齿轮油不符合规格。

在运行中，空挡滑行，变速器内有"咯咯"响声，在挂挡的瞬间也伴有"咯咯"的响声，且挂挡明显困难，这主要是两端的弹簧断了导致同步器散架。

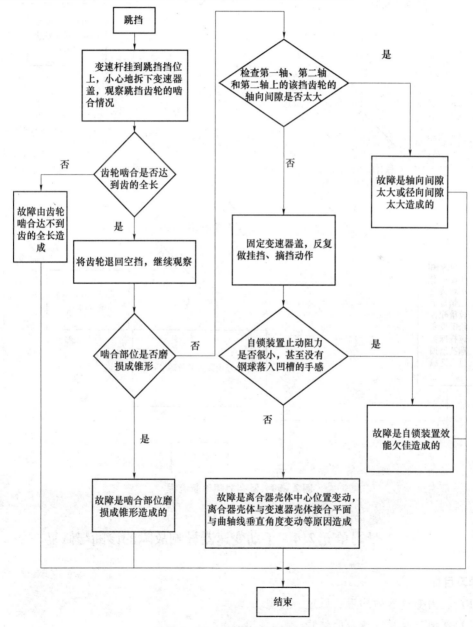

图 2-89　跳挡故障诊断流程

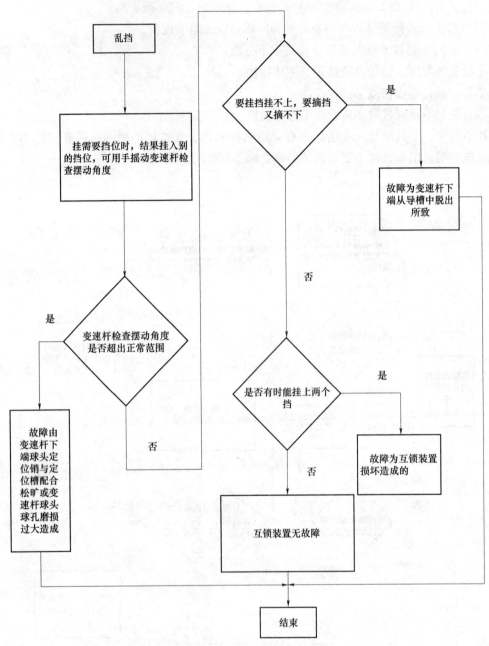

图 2-90 乱挡故障诊断流程

学习单元 2.4　手动变速器异响故障的诊断与修复

学习目标

(1) 巩固变速器的作用、原理、类型。
(2) 掌握三轴式变速器的结构。
(3) 掌握三轴式变速器的动力传动路线。

（4）掌握锁销式同步器的结构及工作原理。

技能目标

（1）具备三轴式变速器的正确拆装调整技能。
（2）具备三轴式变速器的故障分析技能。
（3）具备三轴式变速器的检修技能。

第一部分　知识要求

一、图解吉利远景变速器作用、类型、原理

手动变速器包括变速传动机构和操纵机构两大部分。变速传动机构的主要作用是改变转矩的大小和方向；操纵机构的作用是实现换挡。

作用：变速变扭。

图 2-91 所示为变速器的原理；图 2-92 所示为普通齿轮变速器的变速原理；图 2-93 所示为普通齿轮变速器的工作原理。

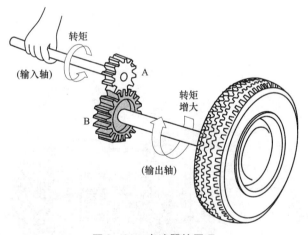

图 2-91　变速器的原理

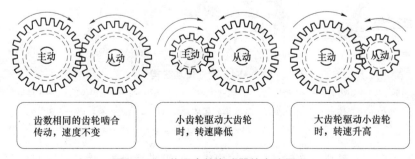

图 2-92　普通齿轮变速器的变速原理

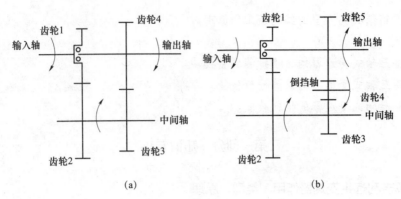

图2-93 普通齿轮变速器的工作原理
(a) 前进挡；(b) 倒挡

二、吉利远景变速器构造

吉利远景手动变速器包括变速传动机构和操纵机构两大部分。变速传动机构的主要作用是改变转矩的大小和方向；操纵机构的作用是实现换挡。

1. 变速传动机构

变速传动机构如图2-94所示。

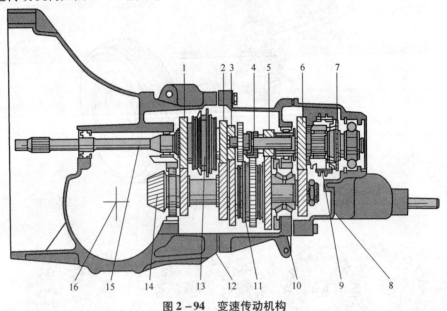

图2-94 变速传动机构

1—4挡齿轮；2—3挡齿轮；3—2挡齿轮；4—倒挡齿轮；5—1挡齿轮；6—5挡齿轮；7—5挡运行齿环；8—换挡机构壳体；9—5挡同步器；10—齿轮箱体；11—1、2挡同步器；12—变速器壳体；13—3、4挡同步器；14—输出轴；15—输入轴；16—差速器

该变速器的变速传动机构有输入轴和输出轴，两轴平行布置，输入轴也是离合器的从动轴，输出轴也是主减速器的主动锥齿轮轴。该变速器具有5个前进挡和1个倒挡，全部采用锁环式惯性同步器换挡。输入轴上有1~5挡主动齿轮，其中1、2挡主动齿轮与轴制成一体，3、4、5挡主动齿轮通过滚针轴承空套在轴上。输入轴上还有倒挡主动齿轮，它与轴制成一体。3、

4挡同步器和5挡同步器也装在输入轴上。输出轴上有1~5挡从动齿轮,其中1、2挡从动齿轮通过滚针轴承空套在轴上,3、4、5挡齿轮通过花键套装在轴上。1、2挡同步器也装在输出轴上。在变速器壳体的右端还装有倒挡轴,上面通过滚针轴承套装有倒挡中间齿轮。

2. 变速器滑轨和拨叉

变速器滑轨和拨叉如图2-95所示。

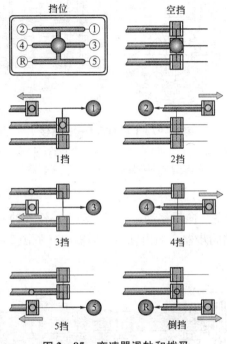

图2-95 变速器滑轨和拨叉

3. 各挡动力传动路线

变速器传动机构的示意图如图2-96所示。

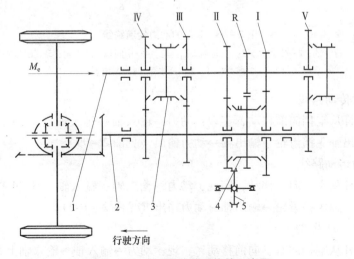

图2-96 变速器传动机构的示意图

1—输入轴;2—输出轴;3—3、4挡同步器;4—1、2挡同步器;5—倒挡中间齿轮;
Ⅰ—1挡齿轮;Ⅱ—2挡齿轮;Ⅲ—3挡齿轮;Ⅳ—4挡齿轮;Ⅴ—5挡齿轮;R—倒挡齿轮

1) 1挡动力传动路线

变速器操纵杆从空挡向左、向前移动，实现：动力→输入轴→输入轴1挡齿轮→输出轴上1挡齿轮→输出轴上1、2挡同步器→输出轴→动力输出（见图2-97）。

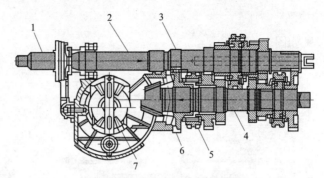

图2-97 1挡的动力传递路线
1—第一轴；2—中间轴；3—中间轴1挡齿轮；4—第二轴；
5—1、2挡同步器；6—1挡；7—差速器

2) 2挡动力传动路线

变速器操纵杆从空挡向左、向后移动，实现：动力→输入轴→输入轴2挡齿轮→输出轴2挡齿轮→输出轴上1、2挡同步器→输出轴→动力输出（见图2-98）。

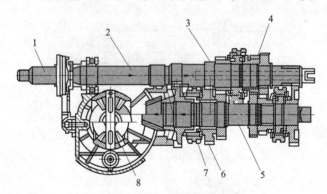

图2-98 2挡的动力传递路线
1—第一轴；2—中间轴；3—中间轴2挡齿轮；4—中间轴4挡齿轮；5—第二轴；
6—2挡；7—1、2挡同步器；8—差速器

3) 3挡动力传动路线

变速器操纵杆从空挡向前移动，实现：动力→输入轴→输入轴上3、4挡同步器→输入轴3挡齿轮→输出轴3挡齿轮→输出轴→动力输出（见图2-99）。

4) 4挡动力传动路线

变速器操纵杆从空挡向后移动，实现：动力→输入轴→输入轴上3、4挡同步器→输入轴4挡齿轮→输出轴4挡齿轮→输出轴→动力输出（见图2-100）。

5) 5挡动力传动路线

变速器操纵杆从空挡向右、向前移动，实现：动力→输入轴→输入轴上5挡同步器→输入轴5挡齿轮→输出轴5挡齿轮→输出轴→动力输出（见图2-101）。

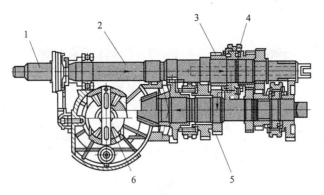

图 2-99　3 挡的动力传递路线

1—第一轴；2—中间轴；3—中间轴 3 挡齿轮；4—3、4 挡同步器；
5—3 挡；6—差速器

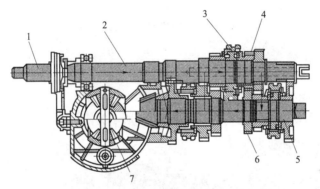

图 2-100　4 挡的动力传递路线

1—第一轴；2—中间轴；3—3、4 挡同步器；4—中间轴 4 挡齿轮
5—第二轴；6—4 挡；7—差速器

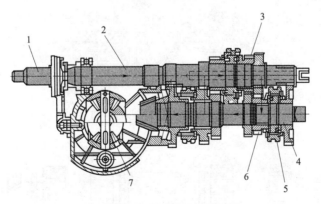

图 2-101　5 挡的动力传递路线

1—第一轴；2—中间轴；3—中间轴 5 挡齿轮；4—第二轴；
5—5、倒挡同步器；6—5 挡；7—差速器

6) 倒挡动力传动路线

变速器操纵杆从空挡向右、向后移动，实现：动力→输入轴→输入轴倒挡齿轮→输出轴倒挡齿轮→输出轴上倒挡同步器→输出轴→动力反向输出（见图 2-102）。

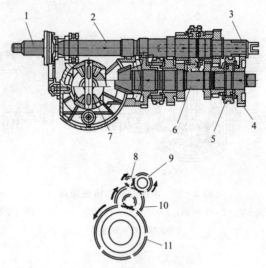

图 2-102 倒挡的动力传递路线

1—第一轴；2—中间轴；3—中间轴倒挡齿轮；4—倒挡；5—5、倒挡同步器；6—第二轴；
7—差速器；8—倒挡主动齿轮；9—倒挡惰轮；10—5、倒挡同步器；11—差速器齿圈

4. 变速器同步器

图 2-103 所示为惯性同步器构造；图 2-104 所示为闭锁式或锥式同步器工作过程；图 2-105 所示为锁环式同步器工作过程。

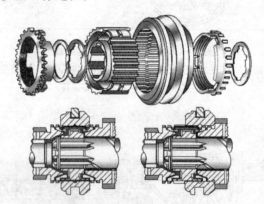

图 2-103 惯性同步器构造

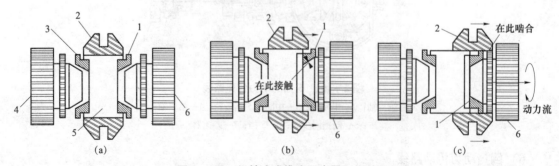

图 2-104 闭锁式或锥式同步器工作过程

(a) 空挡位置的同步器；(b) 锁环与齿轮台肩接触；(c) 同步器套锁住从动齿轮、毂、输出轴

1,3—锁环；2—同步器套；4,6—从动齿轮；5—毂

5. 变速操纵机构

变速器操纵机构按照变速操纵杆（变速杆）位置的不同，可分为直接操纵式和远距离操纵式两种类型。

1）直接操纵机构

直接操纵机构如图 2-106 所示。

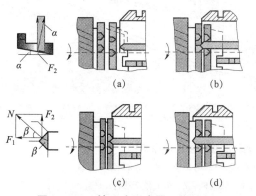

图 2-105 锁环式同步器工作过程

(a) 空挡位置；(b) 挂挡；(c) 锁止；(d) 同步啮合

图 2-106 直接操纵机构

2）远距离操纵机构

远距离操纵机构可分为地板式和柱式两种，如图 2-107、图 2-108 所示。远距离操纵机构多用于发动机前置前轮驱动的轿车，由于变速器安装在前驱动桥处，远离驾驶员座椅，因此要采用地板式操纵方式。另外，有些轿车和轻型货车的变速器，将变速杆安装在转向柱管上，即柱式换挡操纵机构。它具有变速杆占据驾驶室空间小、乘坐方便等优点。

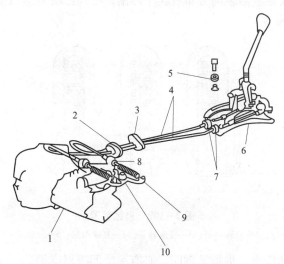

图 2-107 远距离地板式换挡操纵机构

1—变速器；2—固定架；3—护孔环；4—拉索；5—橡胶垫；
6—控制杆固定架；7，8，9，10—橡胶隔振器

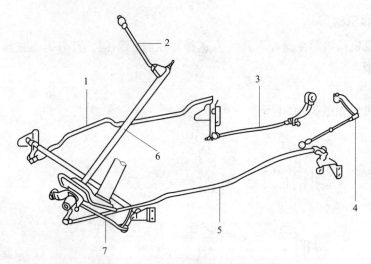

图 2-108 远距离柱式换挡操纵机构

1—第 2 号变速杆；2—换挡操纵机构；3—第 3 号变速杆；4—第 2 号选速杆；
5—第 1 号选速杆；6—转向柱；7—第 1 号变速杆

6. 换挡锁装置

为了保证变速器在任何情况下都能准确、安全、可靠地工作，变速器操纵机构一般都具有换挡锁装置，包括自锁装置、互锁装置和倒挡锁装置。

1）自锁装置

作用：防止变速器自动脱挡，并保证齿轮（或接合齿圈）以全齿宽啮合。

组成：钢球和弹簧。

结构：在每根拨叉轴上沿轴向分布有 3 个凹槽，中间凹槽对应为空挡位置，另两个则为工作挡位，如图 2-109 所示。

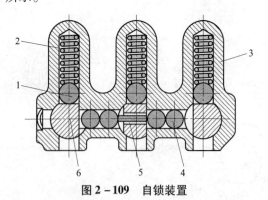

图 2-109 自锁装置

1—自锁钢球；2—自锁弹簧；3—变速器盖；4—互锁钢球；5—互锁销；6—拨叉轴

工作过程：当移动任意一根拨叉轴时，必有一个凹槽对准钢球，于是，钢球在弹簧作用力下，压入凹槽，拨叉轴被轴向锁定。当需要换挡时，驾驶员必须施加一定轴向力，克服弹簧力，将钢球从凹槽中挤出，推回孔中。凹槽之间的距离等于全齿啮合或完全退出啮合所需要的拨叉轴移动距离。

自锁装置分解图如图 2-110 所示。

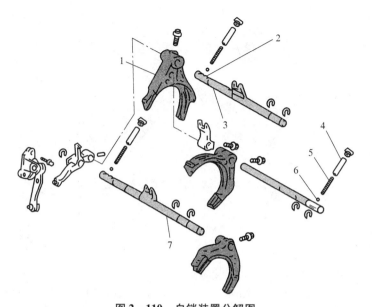

图 2-110 自锁装置分解图

1—换挡拨叉；2—自锁凹槽；3—互锁凹槽；4—锁销；
5—自锁弹簧；6—自锁钢球；7—拨叉轴

2) 互锁装置

作用：保证换挡拨叉轴到位并防止其他拨叉轴移动，即防止同时挂两个挡。

组成：主要由互锁钢球和互锁销组成。

(1) 钢球式互锁装置。

每根拨叉轴上朝向互锁钢球的一面都有 1 个深度相等的凹槽，中间拨叉轴上有相对应的两个凹槽，并且是通孔相通，在通孔中有一个互锁销，其长度正好等于拨叉轴直径减去一个凹槽深度。凹槽深度、钢球直径和拨叉轴直径的尺寸也是经过严格计算的。

工作过程：当变速器处于空挡时，由于 3 根拨叉轴的凹槽、互锁销和钢球都在同一直线上，正好有一个凹槽深度的富余空间。当需要挂挡时，任意移动一根拨叉轴，使该拨叉轴上钢球被挤出凹槽，挤占了空挡时富余的那个凹槽空间，使得另两根拨叉轴被锁定在空挡位置，互锁销的作用是帮助钢球移出凹槽，如图 2-111 所示。

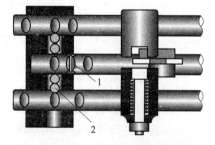

图 2-111 钢球式互锁装置

1—销；2—互锁球

(2) 转动钳口式互锁装置。

变速杆下端球头置于钳口中，钳口板只能绕 A 轴摆动，不能沿 A 轴轴向移动。

工作过程：换挡时，先通过变速杆球头拨动钳口板绕 A 轴转动，选择要挂挡位所用的拨叉轴，然后拉（推）变速杆，则变速杆球头带动所选择拨叉轴轴向移动，挂上相应挡位。另两根拨叉轴由于有钳口板挡住，而不能移动，如图 2-112 所示。

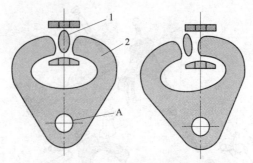

图 2-112　转动钳口式互锁装置
1—变速杆；2—钳口板

3）倒挡锁装置

倒挡锁的作用是驾驶员挂倒挡时，必须对变速杆施加较大的力，才可换上倒挡，起提醒作用，以防误挂倒挡。变速器上多采用弹簧锁销式倒挡锁，如图 2-113 所示。

倒挡锁一般由倒挡锁销和倒挡锁弹簧组成。倒挡锁销的杆部装有倒挡锁弹簧，其右端的螺母可调整弹簧的预紧力和倒挡锁销的长度。

驾驶员要挂倒挡时，必须用较大的力使变速杆的下端压缩倒挡弹簧，将倒挡锁销推向右方后，才能使变速杆下端进入倒挡拨块的凹槽内，以拨动1、倒挡拨叉轴而推入倒挡。

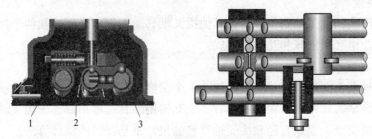

图 2-113　倒挡锁销式倒挡锁
1—倒挡锁销；2—倒挡导动块；3—拨叉轴

第二部分　技能训练

一、安全警示

在进行变速器的零部件产品维修和保养时，必须要保证各项工作的安全。

为了避免人身伤害和产品损坏，在进行产品维护和修理时，必须遵循安全操作的规定和合理的维修规程。在进行各项工作之前，相关技术人员必须要熟悉各项安全操作规程的要求。在对变速器的产品进行维护和修理时，相关工作人员必须事先接受适当的专业操作培训，同样对公司而言，有责任保证其员工都能够得到适当的培训。

一般维修手册中的安全提示如下：

注意：该标志是指特殊处理过程、技术要求、数据以及特殊的服务等。

当心：该标志是指不正确的、非专业的操作可能会对产品造成损坏。

危险：该标志用于不适当的操作可能会导致人员的安全，甚至是死亡的危险。

在开始测试和修理操作之前，应该仔细阅读以下信息：

图片、图示和零件不一定代表全体的原始零件，只是用来演示各种操作工作过程；图片、图示和零件并不代表具体规格和尺寸，也不能从这些图示上推断重量和尺寸大小（即使在一个完整的演示过程中，也不能这样做）。严格遵照手册中的说明来进行各项操作。

在完成各项修理和测试工作后，专业技术人员必须要确保产品的各项功能的正确无误。润滑剂以及清洗液严禁倒入土壤、水池以及下水道系统中，请按以下步骤处理：

（1）咨询当地的环保部门，了解相关的环保信息，并且遵照环保部门的要求来进行工作。
（2）用一个合适的大容器中来收集使用过后的润滑油。
（3）根据环境保护条例来处理使用过的润滑油、滤清器、润滑剂和清洁剂。
（4）在使用润滑剂以及清洁剂时，应该根据润滑剂、清洁剂的使用手册的要求来进行。

警告： 变速箱不可悬挂在输入轴或输出轴法兰盘上。

二、手动变速器异响故障诊断与排除

1. 空挡异响

1）现象

发动机怠速运转，变速器处于空挡时有异响，踩下离合器踏板异响消失。

2）原因

（1）发动机曲轴与变速器第一轴不同轴。
（2）第一轴后轴承、第二轴前轴承、中间轴轴承磨损过度、缺油。
（3）常啮合齿轮磨损过度、损伤或啮合不良。
（4）轴承松旷、损坏，齿轮轴向间隙大。
（5）拨叉与接合套间隙过大。

2. 挂挡后异响

1）现象

汽车行驶时，变速器发出不正常响声，且随着车速的增加而提高。

2）原因

（1）各轴弯曲变形。
（2）各轴承磨损过度、松旷或缺油。
（3）齿轮损伤等导致啮合不良。

图 2-114 所示为异响检查。

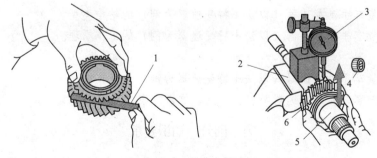

图 2-114 异响检查

1—塞尺；2—台钳；3—百分表；4—滚针轴承；5—轴；6—齿轮

3) 诊断流程

异响故障诊断流程如图 2-115 所示。

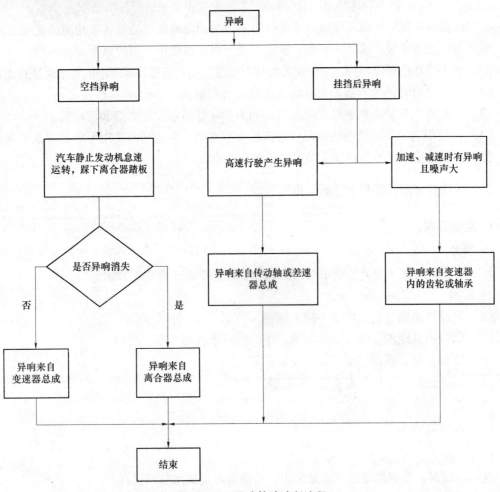

图 2-115　异响故障诊断流程

学习单元 2.5　汽车无高速挡故障的诊断与修复

学习目标

(1) 掌握货车手动变速器（以法士特变速器为例）的结构类型。

(2) 掌握货车手动变速器（以法士特变速器为例）的工作原理。

技能目标

(1) 掌握货车手动变速器（以法士特变速器为例）检修技能。

(2) 能够向客户介绍变速器类型、特点、维修方案，实现良好交流。

第一部分　知识要求

法士特双中间轴 RT-11509C 变速器在国产重型汽车上占 80% 的比例。法士特双中间轴变速器在斯太尔汽车上广泛使用。双中间轴变速器是陕西汽车齿轮总厂 1984 年从美国伊顿公司引进的世界主牌变速器。法士特双中间轴系列变速器总成的输入功率已涵盖从 191 kW 到 400 kW、输入扭矩从 900 N·m 到 2 400 N·m 的配套范围。

近年新开发的全同步器变速器总成，已经广泛配套于各主机厂并得到用户的认可。

用户：一汽、二汽、济汽、川汽、陕汽、欧曼重卡、北方奔驰、十通厂、柳汽厂、徐重、浦沅的吊车、宝工、襄樊轨道车、上海汇众、南汽、春兰汽车、三一重工、安徽星马、江淮格尔发重卡、洛阳富赛特、一汽青岛、一汽长春专用车厂、一汽柳特等。

一、双中间轴系列变速器特点

陕西法士特变速器总成的特点是：以双中间轴变速器总成为平台，不断研制开发出适合我国国情的新型变速器总成，这使得法士特双中间轴系列变速器总成具有了先天的优势。目前，在中国重型车市场中占有主导地位。

具有单杆双 H、双杆双 H 等多种操纵系统，可满足不同主机厂的需要。

主副箱组合设计，主箱手操纵，副箱气操纵，多个前进挡。主副箱均为双中间轴传动，主轴和主轴齿轮浮动，取消了所有主轴齿轮上的滚针轴承。双 H 或单 H 操纵，可单、双杆操纵或左、右操纵，双向远距离操纵。可配置前置全功率取力器、侧取力器、底取力器和后取力器。轴向尺寸小、质量小、承载力大，使用可靠、维修方便。重汽集团引进额定输出扭矩大于 1 000 N·m 的发动机配装 ZF5S111GP 变速器和富勒变速器（其中最常用的是 RT-11509C 变速器）。伊顿（EATON）公司生产变速器品种达 50 多种。重汽集团引进了 3 种伊顿公司的富勒（FULLER）变速器（其型号为 RT-11509C、RT-11609A 和 RT-11609B）。现由陕西齿轮厂即法士特生产 RT-11509C 变速器。

二、法士特双中间轴变速器主要性能参数

法士特 RT-11509C 型变速器的基本性能参数如表 2-5 所示，各型号变速器主要技术参数如表 2-6 所示。

表 2-5　法士特 RT-11509C 型变速器的基本性能参数

型号	RT-11509C	4 挡	3.36
额定输入扭矩/N·m	1 159	5 挡	2.47
质量/kg	302	6 挡	1.81
长度/mm	734	7 挡	1.35
润滑油容量/L	13	8 挡	1
		倒挡	12.99
主变速箱变速比		副变速箱变速比	
爬行挡	12.42	高挡	1
1 挡	8.26	低挡	3.35
2 挡	6.08	润滑油牌号：API. GL-4 SAE85W/90（18 号双曲线齿轮油）	
3 挡	4.53		

表 2-6　各型号变速器主要技术参数

型号	输入扭矩/(N·m)	传动比									
		爬行挡	1	2	3	4	5	6	7	8	倒挡
ZFAK6-90			9.01	5.24	3.22	2.2	1.5	1			8.3
ZFS6-90			7.03	4.09	2.45	1.5	1	0.18			6048
ZF5S111GP	1200~1250	13.04	8.48	6.04	4.39	3.43	2.47	1.76	1.28	1	11.77
RT-11509C	1159	12.42	8.26	6.08	4.35	3.36	2.47	1.81	1.35	1	12.99

三、法士特 RT-11509C 双中间轴变速器编号规则

法士特 RT-11509C 双中间轴变速器编号规则如图 2-116 所示。

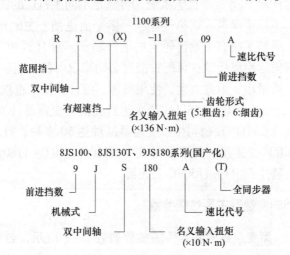

图 2-116　法士特 RT-11509C 双中间轴变速器编号规则

需要服务或购买配件时，首先根据安装在离合器壳体平面上或安装在变速器壳体左侧的产品标牌查明总成型号、用户编号、出厂编号等（见图 2-117）。

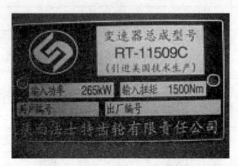

图 2-117　法士特变速器铭牌

四、法士特双中间轴变速器典型结构

法士特 RT-11509C 变速器由一个前置 5 个前进挡、1 个倒挡的主变速器和 1 个 2 挡

的副变速器组成。主、副变速器的壳体是一体的,如图2-118所示。动力从输入轴输入,分流于两根副轴,再汇集于主轴输出,主变速器的主轴（主变速器输出轴）就是副变速器的输入轴,此时副变速器再重复主变速器的动力传递过程,最终将动力由副变速器输出轴输出。

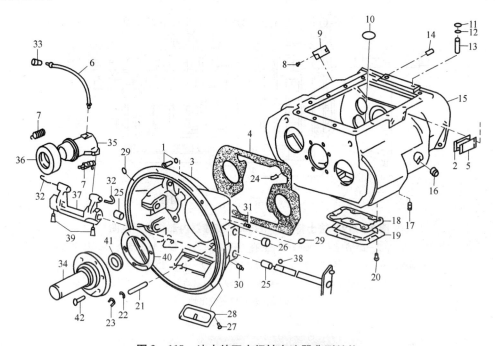

图2-118 法士特双中间轴变速器典型结构

1—螺栓螺母；2,4,40,41—衬垫；3—离合器壳体；5,9—盖板；6—软管；7—弹簧；8,27,42—螺栓；10—卡环；11,12—密封圈；13—油管；14—定位销；15—变速器壳体；16—注油口螺塞；17—放油螺塞；18—底取力窗口垫衬垫；19—底取力窗口垫；20—螺钉；21—销；22,23—卡环；24—螺丝口；25—轴套；26—堵头；28—检查孔盖；29—垫圈；30,31—黄油嘴；32—分离叉回位弹簧；33—润滑油杯；34—输入下凸缘；35—轴承支架；36—分离轴承；37—离合器分离叉；38—半圆键；39—定位球

这种传动方式由于每根副轴只传递1/2的扭矩,改善了齿轮的受力,使齿宽减薄了40%,缩短了变速器的长度,也给传动系统传递动力提供了方便,如图2-119、图2-120所示为法士特RT-11509C内部结构。

主变速器的输入轴总成如图2-121所示。副轴总成如图2-122所示。倒挡惰轮总成如图2-123所示。

为了使主轴齿轮与两个副轴齿轮正确啮合,均匀分配负荷,主轴齿轮在轴上径向浮动,取消了齿轮内孔与主轴的滚针轴承,使结构大为简化,如图2-124所示。

主轴采用了铰接式浮动结构,前端与输入轴齿轮内孔间有1.12 mm的间隙,可使接合套与齿轮套合时产生平面相对运动,顺利地套合。主轴采用浮动结构后,仅承受扭转力矩,不承受弯曲力矩,因而主轴较细,轴承与壳体的受力也得到改善。

副变速器与主减速器相类似,其驱动齿轮总成如图2-125所示。

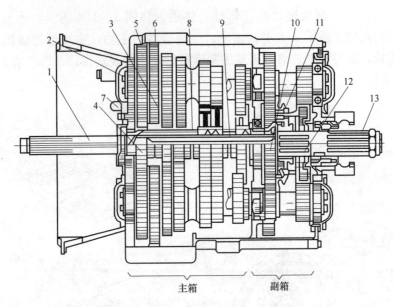

图 2-119 法士特 RT-11509C 变速器内部结构示意图

1—输入轴（第一轴）；2—副轴（中间轴）；3—主轴（第二轴）；4—输入轴驱动齿轮；5—副轴传动齿轮；6—副轴制动齿轮；7—3、4挡（7、8挡）滑动接合套；8—1、2挡（5、6挡）滑动接合套；9—倒挡、爬行挡滑动接合套；10—副变速器输入轴驱动齿轮；11—高低挡同步器；12—低挡齿轮；13—输出轴

图 2-120 法士特 RT-11509C 变速器内部结构

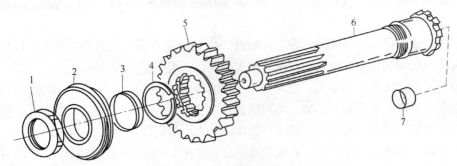

图 2-121 主变速器的输入轴总成

1—螺母；2—轴承；3—轴承隔垫；4—挡圈；5—驱动齿轮；6—驱动轴；7—衬套

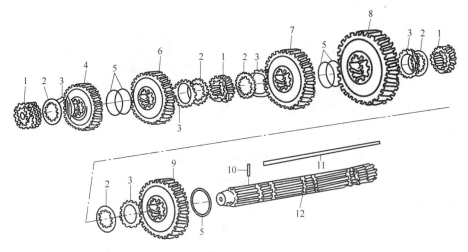

图 2-122 副轴总成

1—花键啮合套；2—调整垫片；3—浮动环；4—3挡齿轮；5—挡圈；6—2挡齿轮；7—1挡齿轮；
8—爬行挡齿轮；9—倒挡齿轮；11—长键；12—主轴

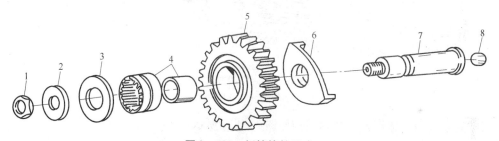

图 2-123 倒挡惰轮总成

1—螺母；2—轴端平垫；3—倒挡轴止推垫；4—滚针轴承；5—倒挡惰轮；
6—偏心支撑垫；7—倒挡惰轮轴；8—螺塞

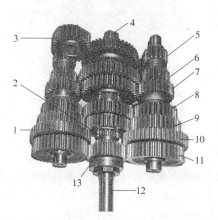

图 2-124 双中间轴多挡变速箱主箱基本结构

1—制动轮；2—滑套；3—倒挡介轮；4—输出轴；5—倒挡齿轮；6—爬挡齿轮；7—1、5挡齿轮；
8—2、6挡齿轮；9—3、7挡齿轮；10—取力器齿轮；11—啮合齿轮；12—输入轴；13—第一轴

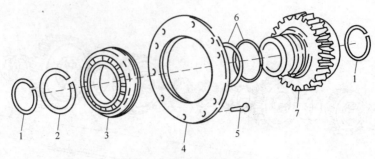

图2-125 驱动齿轮总成

1,2—挡圈；3—轴承；4—轴承挡板；5—螺钉；6—O形圈；7—副箱驱动齿轮

中间轴总成如图2-126所示。

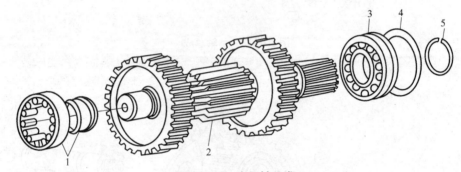

图2-126 中间轴总成

1,3—轴承；2—中间轴；4—隔环；5—挡圈

双中间轴多挡变速箱副箱基本结构如图2-127所示。

图2-127 双中间轴多挡变速箱副箱基本结构

1—副箱中间轴；2—高低挡拨叉；3—空气滤清调节器
4—换挡气缸；5—里程表输出接头；6—输出轴

后盖总成如图2-128所示。

输出轴总成如图2-129所示。

由于采用了双副轴结构，所有齿轮受力较小，因此均采用直齿轮传动，加工比较简单。

法士特RT-11509C主变速器采用滑动接合套换挡，接合套齿设计简单而又坚固，两端各有一大倒角，相应的齿轮内孔设计有倒锥角，换挡过程中，两锥角之间的摩擦能起到一定的同步作用。

副变速器采用惯性锁销式同步器，如图 2-130 所示。

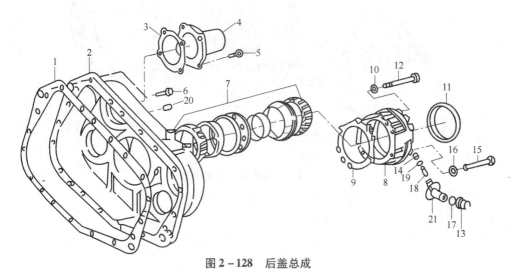

图 2-128 后盖总成

1，3，9，14—衬垫；2—后盖；4—中间轴后轴承盖；5，6，12，13，15—螺栓；7—轴承；
8—输出轴后轴承盖；10，16，17—垫圈；11—油封；18—里程表接头；19—密封垫；
20—螺塞；21—里程表接头座

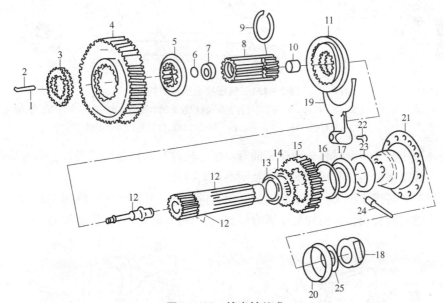

图 2-129 输出轴总成

1—键；2—销；3—带齿调整垫片；4，15—齿轮；5—接合套；6，9，16—挡圈；7—球轴承；8—主轴；
10—衬套；11—啮合套；12—输出轴；13，25—垫片；14—浮动环；17—隔垫；19—换挡拨叉；
20—隔环；21—法兰盘；23—里程表主动齿轮；24—里程表被动齿轮

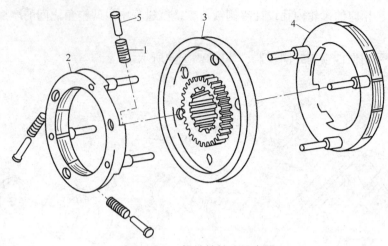

图 2-130 惯性锁销式同步器

1—弹簧；2—高挡同步环；3—啮合套；4—低挡同步环；5—弹簧导向座

气压换挡操纵机构，如图 2-131 所示。

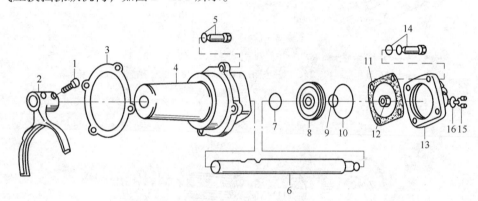

图 2-131 气压换挡操纵机构

1—螺栓；2—换挡拨叉；3—衬垫；4—换挡气缸；6—换挡拨叉轴；7, 9, 10—O 形密封圈；8—活塞；
11—密封垫；13—气缸垫；15—高低挡指示灯开关；16—垫圈

同步环采用粉末冶金材料，摩擦表面有一层盖伦材料，它是以聚四氟乙烯为基体、搪瓷为填料的合成摩擦材料，有很高的强度及耐磨性。

由于齿轮运转惯性较大，而主减速器又没有同步器，必然会使车辆起步时踩下离合器踏板等待挂挡的时间较长，因而加装了离合器制动装置，即起步同步器，如图 2-132 所示。

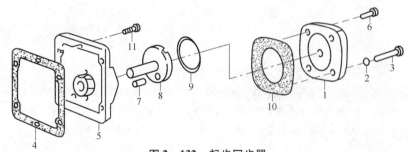

图 2-132 起步同步器

1—盖；2—弹簧垫圈；3, 6, 11—螺栓；4—衬垫；5—壳体；7—弹簧销；8—活塞；9—O 形密封圈；10—衬垫法士特 RT-11509C 主变速器操纵机构如图 2-133 所示。

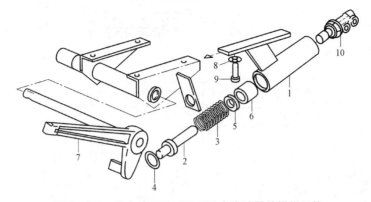

图 2-133　法士特 RT-11509C 主变速器的操纵机构
1—壳体；2—推杆；3—弹簧；4—挡圈；5—垫片；6—隔套；7—离合器踏板；8—垫圈；9，10—阀

当将离合器踏板踩到底时，踏板臂将离合器制动控制阀打开，压缩空气进入离合器制动阀口，将活塞推向副轴制动齿轮，活塞制动面即靠在了该齿轮牙齿的端面上发生摩擦，此时齿轮和轴都是惯性运转，被制动后很快静止，缩短了驾驶员等待挂挡的时间，达到了起步挂挡迅速的目的。换挡过程工作示意图如图 2-134 所示。

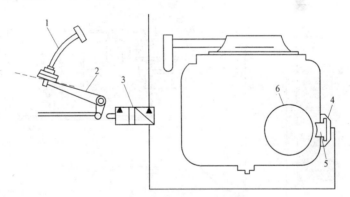

图 2-134　换挡过程工作示意图
1—变速器；2—减压滤清阀；3—双 H 换挡机构；4—高低换挡气缸；
5—活塞；6—换挡叉轴

法士特 RT-11509C 变速器用一根变速杆同时操纵控制主、副变速器的换挡机构，换挡控制连接机构指的是从整车驾驶室的手球一直到变速器内部同步器啮合齿轮的所有换挡连接部件，所以优良的换挡轻便性及清晰性既与整车的换挡杆系密不可分，又是与变速器的换挡操纵机构和同步器的同步性能紧密相连。副变速器操纵系统工作原理如图 2-135、图 2-136、图 2-137 所示。

操纵系统主要由减压滤清阀，双 H 换挡阀，高、低挡换挡气缸等组成。该系统的作用，是根据变速杆的横向位置，自动将副变速器换入所需的挡位。变速器上盖及换挡机构如图 2-138 所示。

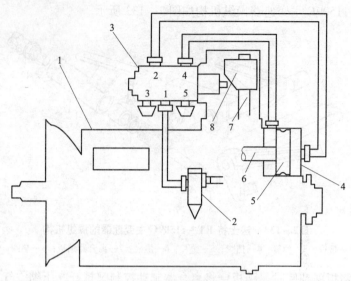

图 2-135 副变速器操纵系统工作原理图 1

1—变速箱；2—减压滤清阀；3—双 H 换挡机构；4—高低换挡气缸；5—活塞；
6—换挡叉轴；7—换挡轴；8—换挡拨块

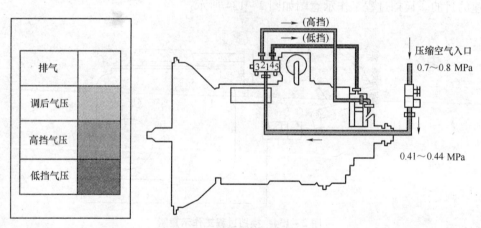

图 2-136 操纵系统工作原理图 2

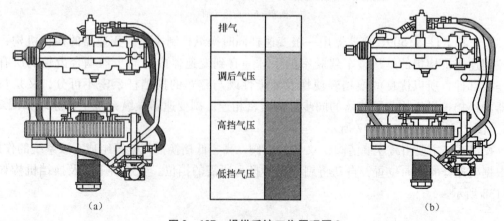

(a)   (b)

图 2-137 操纵系统工作原理图 3

(a) 低速挡区；(b) 高速挡区

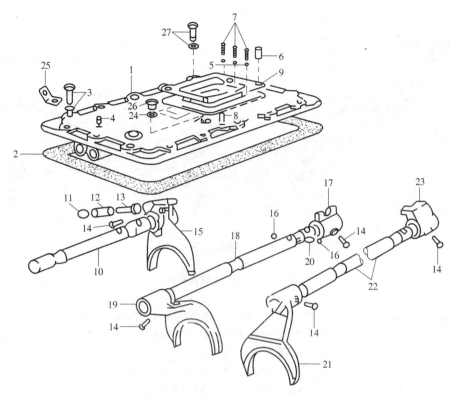

图 2-138 变速器上盖及换挡机构

1—上盖；2, 9—衬垫；3, 27—螺钉垫圈；4—定位销；5, 16—钢球；6, 14—定位销；7, 12—弹簧；8—通气塞；10, 18, 22—换挡拨叉轴；11—丝堵；13—倒挡销顶销；15, 19, 21—换挡拨叉；17, 23—换挡导块；20—互锁销；21—拨叉；24—卡环；25—起动吊环；26—螺塞

双 H 换挡机构如图 2-139 所示。

当变速器处于低挡时，由辅助气路来的压缩空气经减压阀减为 410～440 kPa 后，即进入双 H 换向阀的 1 口，此时 1 口与 4 口是相通的，压缩空气从 4 口输出，通过低挡管路进入低速换挡气缸，气体将活塞向后推动，活塞带动换挡轴、换挡叉、滑动齿轮向后移动，通过同步器同步后与低挡齿轮啮合，此时，副箱传动速比为 3.35，输出轴转速较慢。

当变速杆横向右移处于高挡段时，换挡轴带动换挡拨块轴向移动，拨块将双 H 换向阀阀杆顶进，此时，压缩空气从 2 口输出，通过高挡管路进入换挡气缸，气体将活塞向前推，活塞带动换挡叉轴、换挡叉、滑动齿轮向前移动，通过同步器同步后与主箱输出轴（主轴）输出齿轮啮合，活塞前方的气体经双 H 换向阀的气口 5 排出，此时副箱传动速比为 1。由于主箱机械操纵机构的拨块是一块特殊结构，变速杆在高挡区挂入 5、6 和 7、8 挡时，变速杆所拨动的还是 1、2 挡和 3、4 挡换挡轴，所以，副箱的高挡使变速器在原有的基础上又增加了 4 个挡，即 5、6、7、8 挡。

当变速杆横向左移处于低挡段时，气路操纵系统又重复先前的工作过程，高挡气缸的气体从排气口 3 排出。由此可见，驾驶员在变速挡位过程中，只要横向拨动变速杆，气路操纵系统即自动换入合适的挡位段。

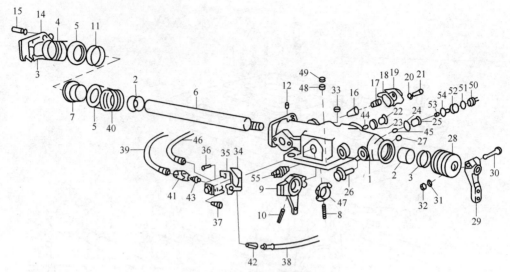

图 2-139 双 H 换挡机构

1—壳体；2—接合套；3—衬套；4，18，40—弹簧；5—弹簧导套；6—换挡轴；7—导向环；8—换挡拨销；9—拨叉；10—加油嘴；11—隔垫；12，15，16，17，22，23，26，44，49，53—螺钉；13，34—衬垫；14—端盖；18—盖板；19，24，25—密封垫；20，31，48，51，54—垫圈；21—弹簧垫圈；26—螺堵；27，37—通气塞；28—防尘罩；29—摇背；30，32—螺栓；33，45—密封圈；35—控制阀；38，39，46—软管；41—T 形接头；42—弯管接头；43—管接头；47—齿轮；50—空挡开关；52—连接导管；55—倒车灯开关

五、动力传递路线

动力传递路线如图 2-140~图 2-142 所示。

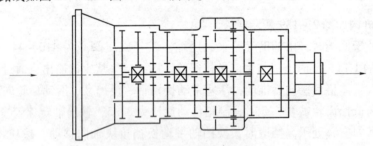

图 2-140 动力传递路线 1

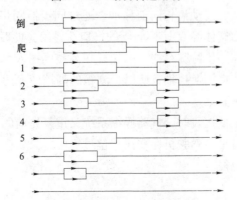

图 2-141 动力传递路线 2

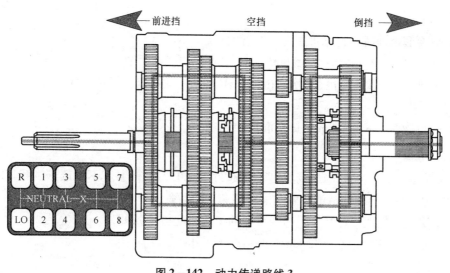

图 2-142 动力传递路线 3

六、法士特双中间轴变速器的使用要求

正确合理地操作使用变速器，定期进行维护保养，对于保证汽车安全可靠的行驶和延长变速器的使用寿命十分重要。变速器应遵循下面使用要求。

1. 润滑油牌号

变速器内须加注优质齿轮润滑油，其性能不得低于 85W/90GL-5 车辆齿轮油。

2. 油面位置

油面高度（见图 2-143）由变速器壳体侧面的锥形油面观察孔进行检查，油面高度应与油面观察孔下沿平齐，最低不得低于油面观察孔下沿 5 mm。过多的加油量将会导致变速器温度升高和漏油；过少的加油量将会导致零件润滑不良，严重者将会发生烧箱事故。

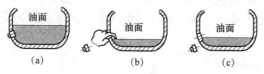

图 2-143 变速器油位
（a）不正确；（b）不正确；（c）正确

3. 油面的检查

油面高度应定期进行检查。检查油面高度时汽车应停在水平的路面上。由于热油的体积膨胀，为了防止测量不准，行驶后的车辆不能立刻检查，只有在油面稳定和稍微冷一些时才可进行。

4. 补充润滑油

为了防止不同型号的润滑油发生化学反应，在补充润滑油时应保证与原来的润滑油型号相同。

5. 换油周期

（1）更换润滑油时，首先将原有的润滑油排放干净。

（2）新变速器在行驶 2 000 ~ 5 000 km 时，必须更换润滑油。

（3）每行驶 1 万 km 应检查润滑油的油面高度和泄漏情况，随时进行补充。如齿轮油变质则应及时更换。

（4）每行驶 5 万 ~ 8 万 km 应更换润滑油。

6. 工作温度

变速器在连续工作期间的最高温度不得超过 120 ℃，最低温度不得低于 -40 ℃。工作温度超过 120℃ 时，会使润滑油分解并缩短变速器的寿命。

下列情况中的任何一种都能引起变速器的工作温度超过 120℃：

（1）行驶速度连续地在 < 32 km/h 的情况下工作。

（2）发动机转速高。

（3）环境温度高。

（4）涡流环绕着变速器。

（5）排气系统太靠近变速器。

（6）大功率超速运转。

7. 工作倾斜角

变速器工作倾斜角超过 12° 时，润滑可能不充分。工作倾斜角等于变速器在底盘上的安装角加上坡度角。如果长时间超过 12° 工作时，变速器应安装润滑油泵或冷却装置，以保证良好的润滑。

8. 拖行或滑行

变速器在工作时，变速器的轴和齿轮不停地转动，可以为变速器提供充分的润滑。但当车辆在后轮着地、传动系统连接的情况下被拖行时，主箱的中间轴齿轮和主轴齿轮并不旋转，而主轴却被后轮带动着高速旋转，这样将会因缺乏润滑而引起变速器的严重损坏。

为了防止这类现象发生，应注意以下几点：

（1）切勿踩下离合器踏板使车辆空挡滑行。

（2）当车辆需要拖行时，可抽出半轴或脱开传动轴，也可使驱动轮离地拖行。

挂挡后不能起步（同时挂上两个挡）或不能退回空挡。

第二部分　技能训练

一、维修指导

在对变速箱进行各项操作时，必须要求由专业人员在干净、整洁的环境下来完成。必须使用专用的变速箱拆卸和安装工具。

从汽车上把变速箱拆卸下来后，在打开变速箱之前，必须要对变速箱进行彻底清洗。清洗时，必须注意变速箱在汽车上的安装角度。安装在一些位置上的变速箱零部件可以通过空气吹风机来加热，再小心地检查分离开。

清洁零件：除去所有旧垫圈上的残留物。使用一种专用的油石小心地除去变速箱上的毛刺以及其他类似的粗糙块。润滑孔和润滑槽不得有异物、腐蚀物，检查并确保可以顺利且无障碍滑动。小心地盖上变速箱的盖，防止异物进入。

可以重新使用的零件：一些零件，如圆珠或者圆柱轴承、垫片和弹性垫圈等，必须由专业人员来检查，决定是否可以继续使用，对于磨损过大或者已经损坏的零件必须要予以更换。

纸垫、锁片：在拆卸时必然要损坏的，也必须要更换成新的。

油封：仔细检查油封是否有磨损、开裂、硬化等缺陷，密封接触面必须要彻底地清扫并且安装在合适的位置。

返修：返修必须在密封接触面磨碾后进行，不可使用金刚砂进行磨碾。必须保证磨碾后，切口处没有磨碾痕迹。维修时需要垫圈、调整垫片，由于间隙的预先设置，必须要保证安装面不可以有错位出现，同时要保证同样的表面质量。

变速箱安装：在一个干净整洁的地方组装变速箱。安装纸垫时不得使用密封胶和油脂。在测量包有硅层纸垫时，注意要把硅层的厚度除去。在安装的过程中，要对照所有的调整数据，根据修理手册来检查数据和坚固力矩。

轴承：如果轴承是通过预热法安装，应该根据要求来进行预热（如在热箱中进行预热），预热的温度在85℃~120℃。安装后，所有的轴承必须涂上变速箱油。

密封：在使用密封剂进行密封时，应该严格根据使用手册的要求来进行密封。在密封面上均匀涂上一薄层密封剂。记住不可把油杂质和灰尘加入到密封层中。切记要在密封过程中清除密封油中的污质，保证整个过程的准确，并且不得把密封剂渗入到机油中。

油封：

（1）铁外圈的油封，在外圈上均匀地涂密封胶。

（2）橡胶外圈的油封，切记不要涂密封胶，在外圈中涂上一层凡士林8420或者用润滑剂湿润，比如水溶性或者浓缩的清洗液等。

（3）在对带有钢质的橡胶外圈进行密封时，在橡胶外圈的外部边沿涂一层凡士林8420式用润滑剂湿润处理。

（4）复合型轴封有两个密封唇，其中防尘圈必须要面向外面。

（5）在密封唇之间填充60%的油脂（可以是Aral生产的Aralub HL2型油脂，或者是DEA生产的Spectron FO 20型油脂）。

（6）如果可能，将油封安装孔加热至40℃~50℃（方便安装）。用油封安放工具把油封安装到相应的位置和深度。

紧固剂：紧固剂只能用在零件目录中指定的位置。紧固剂使用要参考生产商的要求来进行。在安装的过程中，参考使用手册的要求来进行调整数据，检查数据和紧固力矩的要求。

变速箱油：在完成变速箱的修理后，在变速箱内注入变速箱油。其中的操作程序和变速箱油的规格，可以参考使用手册中的规定来进行，可以在售后服务维修站中找到相关的资料。在变速箱中注入变速箱油之后，在注油口处，根据使用手册中规定的力矩紧固螺塞。

二、拆检与装配

1. 拆检

变速器在拆检中要注意以下几点。

(1) 轴承:轴承的拆装应用轴承拆装器。拆下的轴承应放在干净的溶液中清洗;检查钢球滚柱及轴承圈是否有麻坑或剥落,不应有明显的轴向及径向间隙,轴承外径在壳体孔内应配合紧密。否则予以更换。

(2) 齿轮:检查齿轮的齿面是否有点蚀;齿轮的啮合间隙不应过大,以不发生明显的撞击声为好。对法士特变速器而言,齿轮的轴向间隙标准如下:二轴前进挡齿轮为 0.13 ~ 0.30 mm,倒挡齿轮为 0.30 ~ 0.90 mm。若间隙过大应检查齿轮开口环、垫圈、调整垫和齿轮凸缘等处是否有过量的磨损。

(3) 花键:所有轴上的花键部分和啮合法兰盘不能有明显磨损台阶,否则应更换新轴。

(4) 润滑油加注油孔螺塞的扭紧力矩为 50 N·m。

2. 装配

由于法士特变速器的主、副箱采用了双副轴结构,因此拆卸之后装配时,必须保证两个副轴上所有的齿轮与相配的主轴齿轮同时啮合,并使主轴齿轮位于主轴中心线上。为达到这一目的,装配时在主变速器和副变速器中都必须进行对齿,对齿包括装配前在适当的齿上做记号和装配时使有记号的齿相啮合,具体操作步骤如下:

(1) 装配前,先在输入轴驱动齿轮的任意两个相邻齿上做记号,然后在与其相对称的另一侧的两个相邻齿上做记号,两记号间的齿数应相等,如图 2 – 144 所示左上齿轮。

(2) 在每个副轴传动齿轮上与齿轮键槽正对的齿上做记号。如图 2 – 144 所示的右上齿轮,同时参照图 2 – 145 和图 2 – 146。

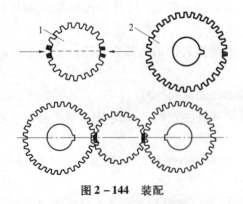

图 2 – 144 装配
1—输入轴驱动齿轮;2—副轴传动齿轮

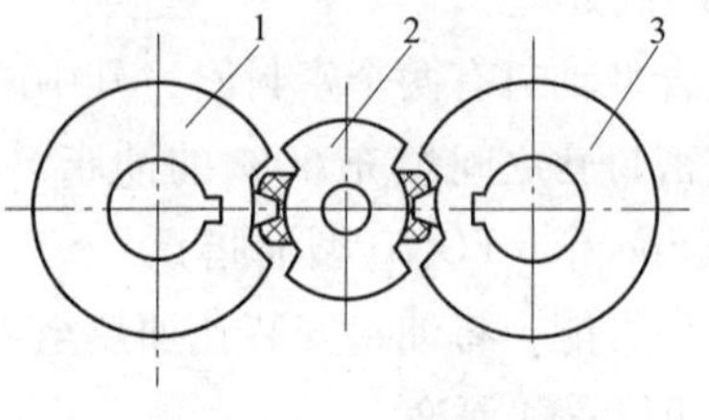

图 2 – 145 组装变速器对齿示意图
1—左中间轴齿轮;2—轴齿轮;3—右中间轴齿轮

(3) 装配时,使做有记号的齿相啮合,如图 2 – 144 所示下啮合齿轮,这样就保证了主轴齿轮与两端副轴齿轮同时啮合,且使主轴齿轮在轴上居中,从而正确传递动力。

副变速器内需要进行对齿的齿轮副因其型号不同而异,通常是选用副变速器后面的一对齿轮进行对齿,对齿方法与主变速器相同。

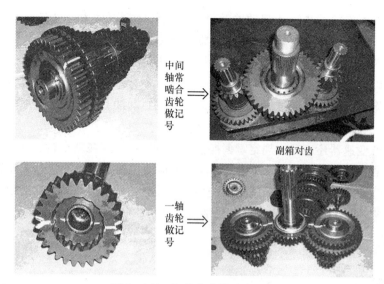

图 2-146 组装变速器对齿程序

三、变速器工作情况的检查与使用注意事项

（1）法士特 RT-11509C 变速器，其副变速器的高低变换是用气操纵换挡气缸，再通过活塞、换挡叉轴、换挡叉、同步器等机件使齿轮同步后相互啮合的，因此，每次变换时同步器即工作一次，每次工作必然磨损一次，这是不可避免的，但同步器有一个使用寿命问题，正确的操作能延长同步器寿命。正确操作主要指车辆在运行中驾驶员应尽量减少不必要的高低挡互换，或者说，不要随意将变速杆横向拨动，4 挡加 5 挡或 5 挡减 4 挡时也不要强行拍击变速杆。

（2）法士特变速器的润滑是飞溅式的，要求运行中主轴和副轴齿轮不停地转动，但当车辆被拖行时，上述齿轮并不旋转或转速很慢，仅是主轴被后轮带动高速旋转，极大的转速差使主轴上花键垫片与轴向限位卡簧在润滑不充分的情况下加速磨损，严重时，主轴齿轮轴向窜动，造成乱挡故障，甚至打坏齿轮牙齿。所以，车辆被拖行时，应拆下传动轴。行驶中也应尽量避免长时间空挡滑行。

（3）正确使用离合器不仅可以缩短起步时等待挂挡时间，还可以延长离合器制动装置的寿命。离合器制动行程是在踏板工作行程以下、接近驾驶室底板的最后一个行程，要求起步时，应将踏板踩到底，使离合器制动控制阀打开，制动装置工作，但运行中变换挡位踩离合器时，决不允许将踏板踩至离合器制动行程，否则活塞与副轴制动齿轮间会产生不必要的摩擦，加速磨损，还会引起动力损耗。为解决这一问题，离合器制动阀里装有一个较硬的回位弹簧，当踏板踩到离合器制动行程时，驾驶员便可感觉到此点的硬点。正确的操作要领是：起步时有意识地将踏板踩到底，克服弹簧弹力，争取尽快挂挡起步，运行中换挡踩离合器踏板时，踩到硬点处就不要继续踩了。这一操作要领许多驾驶员并未真正掌握，有的驾驶员在起步时并未将踏板踩到底，却误认为离合器分离不开，有的驾驶员在车辆运行时换挡将踏板踩到离合器制动行程以下，造成离合器制动装置早期磨损失效，这是操作不得要领所致，应引起足够重视。

（4）为防止驾驶员在挂挡的状态下起动发动机，引起车辆前冲造成事故，法士特变速箱盖上安装一个空挡开关，该开关是挂挡的情况下切断起动线路，有效地限制了驾驶员的误操作。值得注意的是：当在某种状态停车后摘不下挡来而又起动不了车时，驾驶员应将空挡开关的两个线头拆下连接起来,待起动发动机后再接到空挡开关上,这是一种应急的解决办法,平时停车后驾驶员最好还是养成好的习惯,将变速杆放在空挡。

(5)正确的润滑是延长变速器寿命的关键。法士特变速器应选择极压性、抗蚀性和抗氧化性能较好的齿轮油。油面过低会导致运动件的润滑不良,加速磨损,甚至直接发生机件损坏,油面过高将会引起变速器过热,并会造成各处油封漏油,因此,正确地加油及检查油面是十分重要的,加油至油液从加油孔溢出为好。

使用法士特变速器还应严格规定掌握换油期,首次换油应在新车行驶 5 000 ~ 80 000 km 进行,以后换油在每行驶 80 000 km 进行。放油前应使变速器在热油状态下放出废油。然后用洗涤剂或汽油清洗变速器,注入适量的洗涤液之后,使发动机在离合器接合、变速器挂空挡的情况下怠速运转 1 min,放出洗涤剂,加入新油。

四、故障诊断

1. 变速器乱挡

故障现象:换挡时不能挂入所需要的挡位,挂上挡后不能起步(同时挂上两个挡)或不能退回空挡。

故障原因:

(1)变速器上盖螺栓松动、折断;变速杆定位锁松动拆断;变速杆下端工作面与换挡叉导块凹槽过度磨损,使变速杆乱窜或从导块中脱出,引起乱挡。

(2)互锁装置各机件磨损严重失效。在互锁装置中换挡叉轴上的互锁凹槽、互锁钢球和锁销等严重磨损,均会使互锁装置失效,换挡时导致两根叉轴同时移动而挂入两个挡位。

(3)变速器气压操纵系统出现故障,将出现只有低挡没有高挡或只有高挡没有低挡的现象。高低挡位不能互换或换挡滞缓。

2. 变速器发响

故障现象:变速器发响是指在工作过程中发出的不正常响声。这种响声主要是由轴承磨损松旷和齿轮啮合失常所致。

变速器内部运动机件较多,发出的声响比较复杂,在判断变速器声响故障时,既要根据声响特征,又要根据声响出现的时机来正确地判断分析声响发出的部位及造成发响的原因,并加以排除。

1)轴承发响

变速器轴承经常处于高转速、重负荷条件下工作,轴承滚动使之与滚道容易产生严重的磨损、疲劳剥落、烧蚀或破碎等,致使轴承的轴向和径向间隙增大。当转速变化、负荷增加或润滑不良时,就会因滚动体与滚道间的相互撞击而产生噪声。这种响声逐渐增大,严重时将破坏轴与轴之间的平行,使齿轮啮合失常,加速磨损,随后造成变速器脱挡、齿轮发响等一系列故障。因此,对轴承出现的响声应判断故障所在,及时修复。

2)齿轮发响

变速器内工作的齿轮在传递扭矩时,发生不正常响声,其声响特点是尖锐、清脆的金属撞击声或挤压声。

齿轮正常啮合间隙或啮合印痕受到破坏就会引起不正常响声,其主要是由于齿轮严重磨损、两齿轮中心线的相对位置发生变化以及轴承松旷等原因所致。

齿轮在传递动力过程中，啮合面处于滚动与滑动摩擦状态，由于齿面间压力的作用，磨损是不可避免的，在齿面上出现轻微的疲劳剥落也是允许的。但若使用时间过长，齿面严重磨损、齿面烧蚀或疲劳剥落成片状撕裂，以及出现个别牙齿打坏等，则会使齿轮啮合间隙增大，啮合印痕不良，失去传动的平稳性，导致变速器齿轮产生响声。

齿轮中心位置的变化，会使齿轮在啮合过程中间隙时大时小：间隙大时，齿面间冲击载荷增大，齿轮啮合时产生噪声；间隙小时，齿面间的挤压力增大，也产生噪声。

3. 变速器换挡困难

故障现象：变速器不能顺利地挂入挡位或很难脱离挡位。

故障原因：

（1）换挡叉轴弯曲、端头磨损严重，叉轴与叉轴孔配合过紧造成叉轴移动困难。
（2）换挡叉弯扭变形与叉轴不垂直。
（3）同步器损坏。
（4）互锁装置弹簧弹力过大。
（5）车辆长期不用叉轴缺油严重锈蚀。

4. 变速器过热

故障现象：变速器工作温度长期超过120℃，温度过高会引起润滑油变稀影响润滑效果，从而降低变速器使用寿命。

故障原因：

（1）齿轮啮合间隙、轴向间隙过小。
（2）轴承过紧或损坏。
（3）齿轮在轴上扭转、离开正常啮合位置。
（4）油面过高或过低。
（5）润滑油质量差或不同牌号的润滑油混用。
（6）车辆超速、超载行驶或长时间低速（小于32 km/h）行驶。
（7）变速器密封不良，漏油。

学习单元2.6　汽车高速行驶振颤故障的诊断与修复

学习目标

（1）掌握传动轴构造、类型及功能。
（2）掌握万向节的类型及工作原理。
（3）认识传动轴、万向节等主要零件的结构及相互装配关系。

技能目标

（1）具备传动轴、万向传动装置等检测与维修的技能。
（2）具备传动轴、万向传动装置等故障的诊断技能。

第一部分　知识要求

一、万向传动装置的功用、组成和应用

1. 功用

万向传动装置在汽车上有很多应用,结构稍有不同,但其功用都是一样的,即在轴线相交且相互位置经常发生变化的转轴间传递动力。

图 2-147 所示为在汽车中最常见的应用——变速器与驱动桥之间的万向传动装置。由于变速器输出轴和驱动桥的输入轴因汽车布置、设计等原因不可能在同一轴向上,并且变速器虽然是安装在车架(车身)上,可以认为位置不动,但驱动桥会由于悬架的变形而引起其位置经常发生变化,所以在变速器和驱动桥之间装有万向传动装置正好可以满足这些使用、设计的要求。

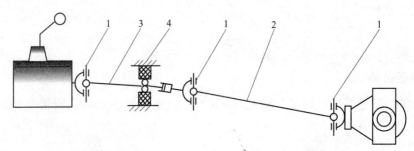

图 2-147　变速器与驱动桥之间的万向传动装置

1—万向节；2—传动轴；3—前传动轴；4—中间支承

2. 组成

万向传动装置主要包括万向节和传动轴组件；对于传动距离较远的分段式传动轴,为了提高传动轴的刚度,还设置有中间支承,如图 2-147 所示。

3. 万向传动装置的应用

万向传动装置在汽车上的应用主要有以下几个方面。

(1) 变速器(或分动器)与驱动桥之间:一般汽车的变速器、离合器与发动机三者合为一体装在车架上,驱动桥通过悬架与车架相连,如图 2-147 所示。在负荷变化及汽车在不平路面行驶时引起的跳动,会使驱动桥输入轴与变速器输出轴之间的夹角和距离发生变化。

(2) 多桥驱动汽车变速器与分动器之间:为消除车架变形及制造、装配误差等引起的其轴线同轴度误差对动力传递的影响,须装有万向传动装置。

(3) 汽车转向驱动桥的内、外半轴之间:汽车转向驱动桥的半轴是分段的、转向时两段半轴轴线相交且交角变化,因此要用万向节。

(4) 断开式驱动桥的半轴:主减速器壳在车架上是固定的,两端桥壳上下摆动,半轴是分段的,须用万向节。

(5) 转向机构的转向轴和转向器之间:有利于转向机构的总体布置。

二、十字轴式刚性万向节

1. 构造

十字轴式刚性万向节主要由十字轴、万向节叉、滚动轴承、油封和油嘴等组成。万向节叉上的孔分别套在十字轴的4个轴颈上。在十字轴轴颈与万向节叉孔之间装有滚针和套筒，用带有锁片的螺钉和轴承盖来使之轴向定位。为了润滑轴承，十字轴内钻有油道，且与油嘴、安全阀相通，如图2-148所示。为避免润滑油流出及尘垢进入轴承，十字轴轴颈的内端套装着油封。安全阀的作用是当十字轴内腔润滑脂压力超过允许值时，阀打开润滑脂外溢，使油封不会因油压过高而损坏。现代汽车多采用橡胶油封，多余的润滑油从油封内圆表面与十字轴轴颈接触处溢出，故无须安装安全阀。

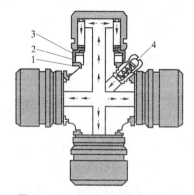

图2-148 润滑油道及密封装置

1—油封挡盘；2—油封；3—油封座；4—油嘴

万向节轴承的常见定位方式，除了用盖板定位外，还有用内、外弹性卡环进行定位的。

2. 十字轴式刚性万向节的速度特性

单个十字轴式刚性万向节在主动轴和从动轴之间有夹角的情况下，当主动叉以等角速度旋转时，从动叉轴的旋转是不等速的，这称为十字轴式刚性万向节的不等速特性。如由图2-149（a）的位置旋转到2-149（b）的位置，从动叉轴的角速度由最大值变化到最小值。主动叉轴再转90°，从动叉轴的角速度则由最小值变化至最大值。可见从动叉轴角速度变化周期为180°。从动叉轴不等速程度随轴间夹角α的变大而变大，而主、从动轴的平均转速是相等的，主动轴转一周从动轴也相应旋转一周。所谓不等速是指在旋转的瞬时角速度是不同的。当两转轴之间的夹角α越大，不等速性就越大。

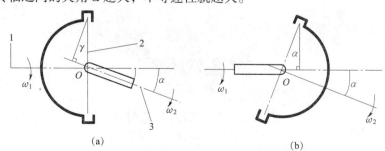

图2-149 十字轴式刚性万向节的不等速特性

1—主动万向节；2—十字轴；3—从动万向节

十字轴式刚性万向节的不等速特性,将使从动轴及其相连的传动部件产生扭转振动,从而产生附加的交变载荷,影响部件寿命。

所以,可以采用如图 2-150 所示的双十字轴刚性万向节的传动方式,则第一万向节的不等速特性可以被第二万向节的不等速特性所抵消,从而实现两轴间的等角速传动。具体条件是:

(1) 第一万向节两轴间夹角 α_1 与第二万向节两轴间夹角 α_2 相等。

(2) 第一万向节的从动叉与第二万向节的主动叉处于同一平面。

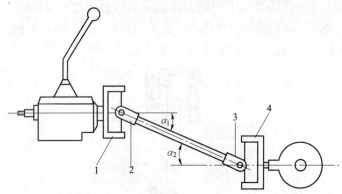

图 2-150　双十字轴刚性万向节等速传动布置图

1,3—主动叉;2,4—从动叉

由于悬架的振动,不可能在任何时候都保证 $\alpha_1 = \alpha_2$,因此这种双十字轴刚性万向节的传动只能近似地解决等速传动问题,且由于两轴夹角最大只能是 20°,因此,使用上受到限制。

三、等速万向节

等速万向节的基本原理是传力点永远位于两轴交点的平分面上。图 2-151 所示为等速万向节的工作原理图。一对大小相同锥齿轮的接触点 P 位于两齿轮轴线交角的平分面上,由 P 点到两轴的垂直距离都等于 r。P 点处两齿轮的圆周速度相等,两齿轮的角速度也相等。可见,若万向节的传力点在其交角上变化时,始终位于两轴夹角的平分面上,就能保证等速传动。

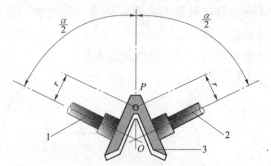

图 2-151　等速万向节的工作原理

1—输入轴;2—输出轴;3—双联叉

等速万向节的常见结构形式有球笼式和球叉式。

1. 球笼式万向节

如图 2-152 所示，球笼式万向节由 6 个钢球、星形套、球形壳和保持架等组成。万向节星形套与主动轴用花键连接在一起，星形套外表面有 6 条弧形凹槽滚道，球形壳的内表面有相应的 6 条凹槽，6 个钢球分别装在各条凹槽中，由球笼使其保持在同一平面内。动力由主动轴、钢球、球形壳输出。

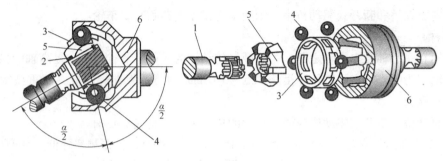

图 2-152　球笼式万向节

1—主动轴；2—卡环；3—保持架（球笼）；4—钢球；
5—星形套（内滚道）；6—球形壳（外滚道）

球笼式万向节工作时 6 个钢球都参与传力，故承载能力强、磨损小、寿命长，被广泛应用于各种型号的转向驱动桥和独立悬架的驱动桥。

2. 球叉式万向节

球叉式万向节如图 2-153 所示，由主动叉、从动叉、4 个传动钢球、中心钢球、定位销、锁止销组成。主动叉与从动叉分别与内、外半轴制成一体。在主、从动叉上，分别有 4 个曲面凹槽，装配后，则形成两个相交的环形槽，作为钢球滚道。4 个传动钢球放在槽中，中心钢球放在两叉中心的凹槽内，以定中心。

球叉式万向节在工作时，只有两个钢球传力，磨损快，影响使用寿命，现在应用越来越少。

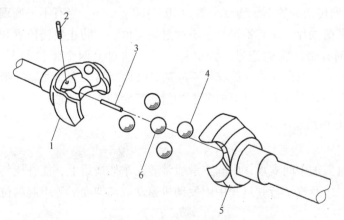

图 2-153　球叉式万向节

1—从动叉；2—锁止销；3—定位销；4—传动钢球；5—主动叉；6—中心钢球

说明：除上述万向节外，还有其他一些型式的万向节，可参考其他书籍。

四、传动轴和中间支承

1. 传动轴的功用及构造

1）功用

传动轴是万向传动装置中的主要传力部件。通常用来连接变速器（或分动器）和驱动桥，在转向驱动桥和断开式驱动桥中，则用来连接差速器和驱动车轮。

2）结构

传动轴有实心轴和空心轴之分。为了减轻传动轴的质量，节省材料，提高轴的强度、刚度，传动轴多为空心轴，一般用厚度为 1.5~3.0 mm 的薄钢板卷焊而成，超重型货车则直接采用无缝钢管。

转向驱动桥、断开式驱动桥或微型汽车的传动轴通常制成实心轴。

图 2-154 所示为典型的万向传动装置，因传动轴过长时，自振频率降低，易产生共振，故将其分成两段并加中间支承，中间传动轴前端焊有万向节叉，后端焊有花键轴，其上套装带内花键的凸缘盘；主传动轴前端焊有花键轴，其上套装滑动叉并在花键轴上可轴向滑动，适应变速器与驱动桥相对位置的变化，滑动部位用润滑脂润滑，并用油封（即橡胶伸缩套）防漏、防水、防尘，滑动叉前端装有带小孔的堵盖，保证花键部位伸缩自由。

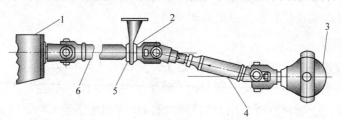

图 2-154 典型的万向传动装置

1—变速器；2—中间支承；3—驱动桥；4，6—传动轴；5—球轴承

传动轴两端的连接件装好后，应进行动平衡试验。

斯太尔 91 系列传动轴的不平衡度一般为 10~100 g·cm。当有不平衡现象时，应在传动轴相应位置上焊平衡铁片，使其不平衡量不超过规定值。为防止装错位置和破坏平衡，滑动叉、轴管上都应刻有带箭头的记号。为保持平衡，油封上两个带箍的开口销应装在间隔 180°位置上，万向节的螺钉、垫片等零件不应随意改换规格。为加注润滑脂方便，万向传动装置的滑脂嘴应在一条直线上，且万向节上的滑脂嘴应朝向传动轴。

2. 中间支承的功用及结构

1）功用

传动轴分段时需加中间支承，中间支承通常装在车架横梁上，能补偿传动轴轴向和角度方向的安装误差，以及汽车行驶过程中因发动机窜动或车架变形等引起的位移。

2）结构

中间支承常用弹性元件来满足上述功用，中间支承是由支架和轴承等组成的，双列锥轴承固定在中间传动轴后部的轴颈上。带油封的支承盖之间装有弹性元件橡胶垫环，用 3 个螺栓紧固。紧固时，橡胶垫环会径向扩张，其外圆被挤紧于支架的内孔。

轴承可在轴承座内轴向滑动，轴承座装在蜂窝形橡胶垫内，通过U形支架固定在车架横梁上。

第二部分　技能训练

一、万向节的拆卸、装配与检修

1. 拆卸

打开锁片的锁爪，拆下轴承盖固定螺栓，取下锁片和轴承盖，用手推出轴承套筒及滚针，如图2-155（a）所示。

对于较紧的轴承，可用手握住传动轴或伸缩套，用锤子敲击万向节叉，使十字轴撞击轴承套筒，震出滚针，如图2-155（b）所示。

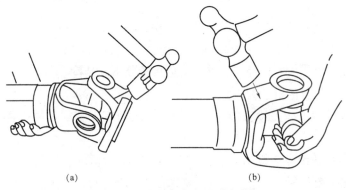

图2-155　锤击拆卸万向节示意图
（a）锤击万向节；（b）取下十字轴

2. 装配

装配按与拆卸相反的顺序进行，如图2-156所示。

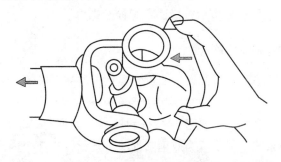

图2-156　万向节装配示意图

3. 检修

万向节分解完成后，需要用汽油清洗各零件，以便暴露出零件的损伤、磨损情况，而且应按以下要求检查和修复：

（1）检查滚针轴承，如果滚针断裂、油封失效，应更换新件。

（2）检查十字轴轴颈磨损、压痕剥落等情况。十字轴轴颈轻微磨损、轻微压痕或剥落，仍可继续使用；如果轴颈磨损过甚、压痕严重（深度超过0.1 mm）或剥落严重时，应予以更换（见图2-157）。

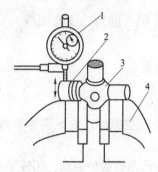

图2-157　检查万向节轴承与十字轴的配合间隙
1—百分表；2—十字轴轴颈；3—十字轴；4—台钳

（3）检查万向节叉不得有裂纹或其他严重损伤，否则更换新件。

（4）万向节装配完毕后，可用手扳动十字轴进行检验，以转动自如没有松旷感觉为合适。若装配过紧或过松，应查明原因，必要时应拆检及重新装配。

斯太尔万向传动装置的拆装要点如下：

（1）拆卸传动轴以前应先检查传动轴与伸缩节之间有无装配记号；若没有，应做相应标记。

（2）检查伸缩节花键齿与键槽的磨损程度不大于0.25 mm。装复时应在花键部位涂些润滑脂，并按装配标记装复。

（3）万向节十字轴滚柱如有缺损应配齐。十字轴不应有明显的轴向和径向间隙，装复时，应将各滚柱轴承内涂满润滑脂，且保证传动轴总成上的所有滑嘴在同一方向。

（4）传动轴中间支承螺栓应以195 N·m的扭矩拧紧；传动轴法兰螺栓的拧紧力矩如下：M16×1.5的螺栓为295 N·m；M12×1.5的螺栓为115 N·m。

（5）在汽车行驶一定里程后应检查紧固各螺栓及螺母。

二、传动轴与中间支承的检修

检查中间支承的橡胶垫环是否开裂、油封磨损是否过甚而失效、轴承松旷或内孔磨损是否严重，如图2-158所示；如果是，均应更换新的中间支承。

中间支承轴承经使用磨损后，需及时检查和调整，以恢复其良好的技术状况（图2-159）。斯太尔汽车传动系统中间支承为双列圆锥滚子轴承，有2个内圈和1个外圈，2个内圈中间有1个隔套，供调整轴向间隙用。

磨损使中间支承轴向间隙超过0.30 mm时，将引起中间支承发响和传动轴严重振动，导致各传力部件早期损坏。

调整方法：拆下凸缘和中间轴承，将调整隔板适当磨薄，传动轴承在不受轴向力的自由状态下，轴向间隙在0.15~0.25 mm，装配好后用195~245 N·m的扭矩拧紧凸缘螺母，保证轴承轴向间隙在0.05 mm左右，即以转动轴承外圈无明显的轴向游隙为宜，最后从滑脂嘴注入足够的润滑脂，以减小磨损。

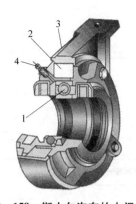 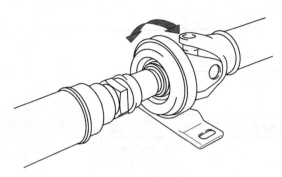

图 2-158　斯太尔汽车的中间支承　　　　图 2-159　检查中间支承

1—车架横梁；2—轴承座；3—轴承；4—注油嘴

三、典型故障——斯太尔万向传动装置的故障诊断

斯太尔 91 系列重型汽车采用德国 GWB 公司的 587 系列产品，其基本性能参数如表 2-7 所示。

表 2-7　斯太尔 91 系列万向传动装置参数

形式	管状开式 带滚针轴承的十字轴万向节 有中间滑动花键	
允许最大瞬时扭矩/（N·m）	6 200（凸缘外径 150 mm） 7 000～15 000（凸缘外径 165 mm） 17 000（凸缘外径 180 mm）	
万向节夹角/（°）	可达 35	
花键模数	2.5	
轴管尺寸/mm	直径	壁厚
	80	3.5
	85	5
	92	6.5
	100	6
	104	8
	110	6
	140	6

万向传动系统异响故障诊断流程如图 2-160 所示。

万向传动装置由于受汽车在很杂道路上行驶的影响，传动轴经常在其角度和长度不断变化情况下传递力矩，因此，常出现传动轴动不平衡，万向节与中间轴承松旷、发响等故障。

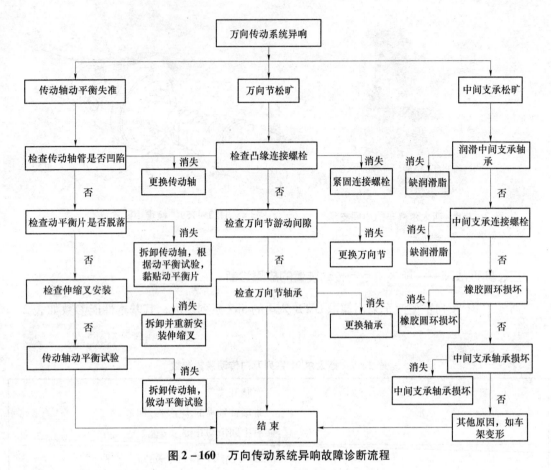

图 2-160 万向传动系统异响故障诊断流程

1. 传动轴动不平衡

1)现象

在万向节和伸缩叉技术状况良好时,汽车行驶中发出周期性的响声;速度越高响声越大,甚至伴随有车身振动,握转向盘的手感觉麻木。

2)原因

(1)传动轴上的平衡块脱落。

(2)传动轴弯曲或传动轴管凹陷。

(3)传动轴管与万向节叉焊接不正或传动轴未进行过动平衡试验和校准。

(4)伸缩叉安装错位,造成传动轴两端的万向节叉不在同一平面内,不满足等速传动条件。

3)故障诊断与排除方法

(1)检查传动轴管是否凹陷:有凹陷,则故障由此引起;无凹陷,则继续检查。

(2)检查传动轴管上的平衡片是否脱落,如脱落,则故障由此引起;否则继续检查。

(3)检查伸缩叉安装是否正确,不正确,则故障由此引起;否则继续检查。

(4)拆下传动轴进行动平衡试验,动不平衡,则应校准以消除故障。弯曲应校直。

2. 万向节松旷

1)现象

在汽车起步或突然改变车速时,传动轴发出"吭"的响声;在汽车缓行时,发出"咣当、咣当"的响声。

2）原因

（1）凸缘盘连接螺栓松动。

（2）万向节主、从动部分游动角度太大。

（3）万向节十字轴磨损严重。

3）故障诊断与排除方法

（1）用榔头轻轻敲击各万向节凸缘盘连接处，检查其松紧度。太松旷则故障由连接螺栓松动引起，否则继续检查。

（2）用双手分别握住万向节主、从动部分转动，检查游动角度。游动角度太大，则故障由此引起。

（3）除"传动轴动不平衡"诊断方法外，再检查中间支承吊架固定螺栓和万向节凸缘盘连接螺栓是否松动，若有松动，则异响由此引起。

3. 中间支承松旷

1）现象

汽车运行中出现一种连续的"呜呜"响声，车速越高响声越大。

2）原因

（1）滚动轴承缺油烧蚀或磨损严重。

（2）中间支承安装方法不当，造成附加载荷而产生异常磨损。

（3）橡胶圆环损坏。

（4）车架变形，造成前后连接部分的轴线在水平面内的投影不同线而产生异常磨损。

3）故障诊断与排除方法

（1）给中间支承轴承加注润滑脂，响声消失，则故障由缺油引起；否则继续检查。

（2）松开夹紧橡胶圆环的所有螺钉，待传动轴转动数圈后再拧紧，若响声消失，则故障由中间支承安装方法不当引起。否则故障可能是：橡胶圆环损坏或滚动轴承技术状况不佳或车架变形等引起。

（3）除"传动轴动不平衡"诊断方法外，再检查中间支承吊架固定螺栓是否松动，若有松动，则异响由此引起。

4. 传动轴异响

1）现象

汽车行驶中传动装置发出周期性的响声，车速越高响声越大，严重时伴随有车身抖动。

2）原因

主要原因是传动轴动不平衡、传动轴变形或平衡块脱落等；其次是中间支承吊架固定螺栓松动或万向节凸缘盘连接螺栓松动，使传动轴偏斜。

学习情境 3

搭载自动变速器汽车传动系统的拆装、调整、故障诊断与修复

学习单元 3.1　自动变速器锁止离合器无锁止故障的诊断与修复

知识目标
(1) 理解并掌握 4T65E 自动变速器的结构和工作原理。
(2) 熟悉液力变矩器的结构和工作原理。
(3) 熟悉液力变矩器的锁止条件。

技能目标
分析变矩器不能锁止的可能原因。

第一部分　知识要求

一、4T65E 自动变速器的特点

4T65E 自动变速器是前轮驱动电子控制 4 挡自动变速器，有 4 个前进挡（4 挡为超速挡）和 1 个倒挡。动力控制模块（PCM）能同时控制发动机和自动变速器，换挡时刻、换挡时间和换挡时变速器油压完全由 PCM 通过换挡电磁阀和油压控制电磁阀精确控制，使换挡快速、平稳。变矩器中锁止离合器为脉宽调节（PWM）电子控制方式，压力盘没有完全压死在变矩器壳体上，而是通过精确控制来维持发动机与涡轮很小的滑动，使接合更加平稳，改善了行驶平顺性。

1. 4T65E 自动变速器内部的机械和电气部件

1）机械部件
(1) 带有电子控制锁止离合器的变矩器。
(2) 叶片式油泵及其链条、链轮传动机构。
(3) 3 个多片式离合器。
(4) 3 个摩擦式带式制动器。
(5) 1 个多片式制动器。
(6) 1 个滚柱式单向离合器和两个楔块式单向离合器。
(7) 辛普森式行星齿轮机构变速装置。

(8) 主减速器和差速器。

(9) 控制阀体。

2) 电气部件

(1) 两个换挡电磁阀。

(2) 油压控制电磁阀（PC阀）。

(3) 自动变速器油液温度（TFT）传感器。

(4) 输入轴转速传感器（ISS）。

(5) 输出轴转速传感器（VSS）。

(6) 油液压力手动阀位置开关。

(7) 多功能开关（P/N开关）。

2. 4T65E自动变速器的简单操作

4T65E自动变速器有以下7个挡位：

(1) "P"位：驻车位置，阻止车辆向前或向后滚动，由于安全性的原因，除驻车定位外还使用驻车制动器。

(2) "R"位：倒车挡，可以向后方开动车辆。

(3) "N"位：空挡，允许在车辆驱动时起动和操作发动机。如在行驶过程中发动机熄火，可以选择这个挡位以便在车辆行驶时重新起动发动机。

(4) "D"位：超速挡，用于所有正常驱动情况，根据工况不同，变速器挡位在1~4挡自动变化。

(5) "3"位：驱动器位置：由于城市交通或多坡地形情况，驱动最高挡位是3挡，在3挡时有发动机制动。因自动变速器不会升入4挡，可避免变速器挡位在4挡和3挡频繁跳动。

(6) "2"位：手动2挡，变速器只在1、2挡工作，手动2挡提供加速和发动机制动。如在高速时挂入2位，只有车速降到大约100 km/h时，2挡齿轮才能啮合。

(7) "1"位：手动低挡，提供最大的发动机制动，如果在高速时挂入1位，只有车速降到约600 km/h时，1挡齿轮才能啮合。

二、液力变矩器

首先看一下液力偶合器。液力偶合器示意图如图3-1所示。其工作过程相当于2个风扇，为便于理解液力偶合器的工作原理，以图3-2所示2个风扇举例说明，图3-2中2个风扇A和B保持合适的距离，接通风扇A的电源，虽然风扇B处于断电状态，但从A吹出的空气推动B的叶片，使风扇B随之旋转。液力偶合器由泵轮、涡轮和壳体（与泵轮是一体）组成，泵轮相当于风扇A，涡轮相当于风扇B，其介质是自动变速器油（ATF），相当于空气。

1940年生产的奥兹莫比尔轿车采用液力偶合器，1948年别克轿车采用液力变矩器。液力偶合器自在早期少数几种车型自动变速器上使用过，它采用液力传递动力，在泵轮与涡轮转速差较大时，涡流速度加快，传动效率很低，且不能起到传递转矩的作用。液力变矩器克服了这种缺点，它与液力偶合器最大的不同是增加了一个导轮（只能单向转动），从而改变了低转速时变矩器内油液的流向,增加了输出转矩,如图3-3所示。在涡轮转速为0时(车辆从静止到起步时),转矩比最大,达到1.7~2.5。随着涡轮转速升高,转矩比减小,这一段称为变矩区;当涡轮转速接近泵轮转速时,转矩比为1,液力变矩器进入耦合区,和普通耦合器工作一样。假定涡轮与泵轮转速相同,则变矩器效率为100%,但此变矩器中环流停止也就无法传递动力,因此液力变矩器效率无法达到100%,最高时约95%。正因为液力变矩器的效率受到限制,加之自动变速器内其他部件也存在一定能耗,因此,装用自动变速器的车辆比装用手动变速器的车辆油耗要略高一些。

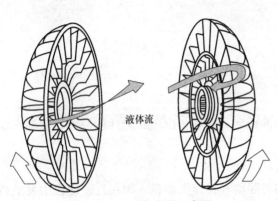

图3-1 液力偶合器示意图

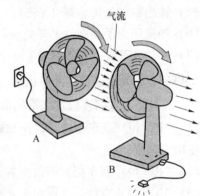

图3-2 液力偶合器工作原理

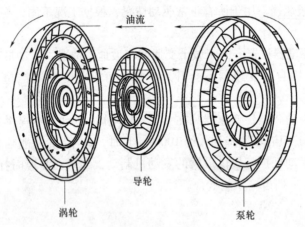

图3-3 液力变矩器结构

液力变矩器位于变速器最前端,其作用相当于手动变速器中的离合器,并能在一定范围内减速增扭。图3-4所示为4T65E变矩器内部分解图,主要由泵轮、导轮、涡轮、锁止离合器和壳体等组成。

1)泵轮与涡轮

泵轮与壳体焊接为一体,由发动机飞轮驱动,旋转时会使变速器油液从中心沿叶片向外甩出,甩出的油液推动涡轮叶片,使涡轮被动旋转。

2)导轮

导轮位于泵轮与涡轮之间,只能单向转动,可改变油液流的方向,从而增大低转速时涡轮的输出转矩。

3）锁止离合器

涡轮与泵轮之间是靠液压油传递动力的，工作时其内部充满自动变速器油，其动力传递路线是发动机飞轮→变矩器壳体→泵轮→涡轮→变速器输入轴。这种传动方式使涡轮和泵轮之间有一定的转速差，最高效率时滑差也有4%~5%，这不但使油温升高，而且降低了传动效率。锁止离合器由电控单元控制，其作用就是在合适的时候把涡轮与泵轮连接为一体，形成刚性连接。4T65E电控自动变速器锁止离合器的控制采用电子控制，有关电路见后述。

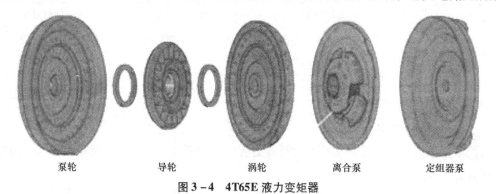

图3-4 4T65E液力变矩器

三、机械部件

4T65E自动变速器机械部件包括主减速器和差速器、行星齿轮机构、各换挡执行元件等，下面分别介绍。

1. 行星齿轮机构

4T65E自动变速器采用改进型的辛普森行星齿轮机构，其结构如图3-5所示，实物图如图3-6所示。

图3-5 行星齿轮结构示意图　　图3-6 行星齿轮结构实物图

1）特点

由图3-5可知，行星齿轮前、后行星排的行星架和后行星排的齿圈为一体，前行星排的齿圈与后行星排的行星架为一体，是动力输出端，这样，行星齿轮机构共有4个部件，分别为：

（1）前排太阳轮，也称输入太阳轮。

（2）前排行星架/后排内齿圈，也称输入行星架。

（3）后排太阳轮，也称被动太阳轮。

（4）后排行星架/前排内齿圈，也称被动行星架或动力输出端。

在上述4个部件中,后排行星架/前排内齿圈是动力输出端,所以它既不能驱动,也不能固定。这样,可以驱动或固定的部件只有3个,不同挡位时各部件的状态如表3-1所示。

表3-1 不同挡位时各部件的状态

挡位	输入部件	固定部件	输出部件
1	输入太阳轮	被动太阳轮	被动行星架
2	输入行星架	被动太阳轮	被动行星架
3	输入太阳轮+行星架	无固定部件	被动行星架
4	输入行星架	输入太阳轮	被动行星架
R	输入太阳轮	输入行星架	被动行星架

2)不同挡位的传动比

根据单排单级行星齿轮机构传动比计算方程式,分别代入前、后排行星齿轮系,得出如下方程组:

$$(n_{11} - n_{1H}) / (n_{13} - n_{1H}) = -Z_{13}/Z_{11}$$
$$(n_{21} - n_{2H}) / (n_{23} - n_{2H}) = -Z_{23}/Z_{21}$$

式中 n_{11} 为前排太阳轮转速;Z_{23} 为后排内齿圈齿数;n_{1H} 为前排行星架转速;n_{13} 为前排内齿圈转速;n_{21} 为后排太阳轮转;n_{2H} 为后排行星架转速;n_{23} 为后内齿圈转速;Z_{11} 为前排太阳轮齿数;Z_{13} 为前排内齿圈齿数;Z_{21} 为后排太阳轮齿数。

因前行星排的行星架与后行星排的齿圈为一体,故有:$n_{1H} = n_{23}$。

同时,前行星排的齿圈与后行星排的行星架为一体,故有:$n_{13} = n_{2H}$。

各部件的齿数为:

前排太阳轮:$Z_{11} = 26$;后排太阳轮:$Z_{21} = 42$;

前排内齿圈:$Z_{13} = 62$;后排内齿圈:$Z_{23} = 74$。

根据表3-1部件状态及齿数,解上述方程,可求得不同挡位的传动比。

(1)1挡。

驱动前排太阳轮,前排内齿圈/后排行星架输出,后排太阳轮固定,即 $n_{21} = 0$ 则传动比为

$$i = n_{11}/n_{13} = n_{11}/n_{2H} = (Z_{11}Z_{21} + Z_{13}Z_{21} + Z_{23} + Z_{11})/Z_{11}Z_{23} = 2.920\,997$$

(2)2挡。

前排行星架(即后排内齿圈)驱动,后排太阳轮固定,传动比为

$$i = n_{1H}/n_{13} = n_{23}/n_{2H} = (Z_{21} + Z_{23})/Z_{23} = 1.567\,568$$

(3)3挡。

前排太阳轮和前排行星架两个输入部件同时驱动,整个行星齿轮机构整体转动,传动比为1。

(4)4挡。

驱动前排行星架,前排太阳轮固定,传动比为

$$i = n_{1H}/n_{2H} = n_{1H}/n_{13} = Z_{13}/Z_{1H} = Z_{13}/(Z_{11} + Z_{13}) = 0.704\,545$$

(5)R挡。

驱动前排太阳轮,前排行星架固定,传动比为

$$i = n_{11}/n_{2H} = n_{11}/n_{13} = -Z_{13}/Z_{11} = -2.384\,615$$

2. 主减速器

4T65E 自动变速器主减速器位于双排行星齿轮机构的后面，为单级行星排式主减速器，如图 3-7 所示。由图 3-7 可知，主减速器是一个单排单级行星齿轮机构，太阳轮是主动件，齿圈与壳体固定在一起，行星架与差速器壳是一体，是动力输出件，所以，这是一个减速传动。

太阳轮齿数：$Z_1 = 34$；

齿圈：$Z_3 = 78$；

行星架的当量齿数为：$Z_H = Z_1 + Z_3 = 112$；

主减速器的传动比为：$Z_H/Z_1 = 3.294\,117\,6$。

3. 传动链条

在 4T65E 自动变速器中，输入离合器壳是整个自动变速器的动力输入端，它与涡轮轴之间采用链条传动。主动链轮与变矩器的连接如图 3-8 所示，图中涡轮轴一端与变矩器涡轮相连，另一端与主动链轮相连。

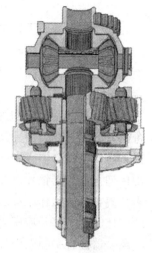

图 3-7 主减速器

图 3-8 传动链条

4. 换挡执行元件

换挡执行元件用于约束（固定并使其转速为零或连接某部件使其按某一规定转速旋转）行星齿轮机构的某些部件，通过适当选择被约束的基本元件和约束方式，就可以得到不同的传动比，形成不同的挡位。换挡执行元件包括离合器、制动器和单向离合器 3 种不同元件。在 4T65E 自动变速器的换挡执行元件中，有 3 个离合器、4 个制动器（包括 1 个片式制动器和 3 个带式制动器）和 3 个单向离合器，分别为 2 挡离合器 C1、3 挡离合器 C2、输入离合器 C3、4 挡（超速挡）制动器 B1、倒挡制动器 B2、低速挡制动器 B3、前进挡制动器 B4、3 挡单向离合器 F1、输入单向离合器 F2、低速挡单向离合器 F3。下面分别介绍其结构、原理与作用。

1）离合器

离合器的作用是驱动或连接，当离合器工作时，将主动部件与被动部件连接在一起，以实现动力传递；也可以将行星齿轮机构中的两个基本元件连接为一体，以实现直接传动

（传动比为1）。

一般情况下，离合器的进油和泄油只有一个油道。为保证油压迅速泄放，在离合器活塞或壳体的液压腔壁上装有一个单向球阀，当油压建立时，钢球顶住锥形阀座，液压腔成封闭的油腔；当油压消失时，随着液压力的下降，钢球与阀座脱开，油液从阀座中排出，使离合器完全迅速脱开。图3-9（a）所示为4T65E自动变速器2挡离合器上的单向阀，它位于离合器的壳体上。

离合器的常见结构为湿式多片式离合器，图3-10所示为4T65E自动变速器中的2挡离合器分解图。离合器壳又称离合器鼓，是主动件，在其内装有活塞，无液压时，活塞被回位弹簧压回至离合器壳底部。在离合器壳体内表面有轴向内花键，与钢片的外花键嵌合，将动力传递至离合器钢片。在从动花键毂的外表面有外花键，与纤维摩擦片的内花键嵌合。湿式多片离合器的工作原理示意图如图3-9（b）、图3-9（c）所示，当液压油流入活塞前端的腔体时，活塞受液压力后移，使离合器钢片与摩擦片接合，动力得以传递。波纹片是为了使离合器接合平稳而设计的，有的离合器装用，有的不装。如果用普通钢片代替波纹板，会造成换挡冲击。

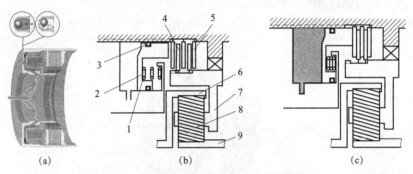

图3-9　湿式多片离合器的工作原理示意图
（a）单向阀；（b）接合状态；（c）分离状态
1—回位弹簧；2—活塞；3—密封圈；4—摩擦片；5—钢片；6—齿圈；7—行星架；8—行星齿轮；9—太阳轮

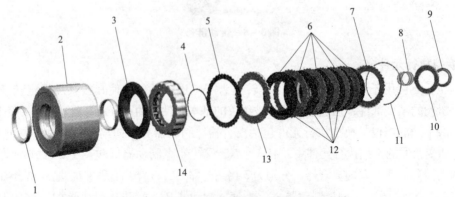

图3-10　4T65E自动变速器2挡离合器分解图
1—外径衬套；2—2挡离合器壳；3—2挡离合器密封圈模制密封活塞；4—锁止挡圈；5—2挡离合器波纹盘；6—2挡离合器摩擦片；7—背衬支架盘；8—输入轴密封圈；9—上推垫圈；10—上推轴承；11—2挡离合器挡圈；12—2挡离合器压盘；13—2挡离合器钢制锥形工作片；14—2挡离合器接合和脱开弹簧

2）制动器

制动器的作用是固定行星齿轮机构中的某基本元件，它工作时将被制动元件与变速器壳体连接在一起，使其固定不能转动，可分为带式制动器和湿式多片制动器两种。

（1）带式制动器。

带式制动器由制动带及其伺服器组成，制动带内敷摩擦材料，包绕在制动鼓的外面，制动带一端固定在制动器壳体上，另一端与伺服器的活塞相连。图3－11所示为4T65E自动变速器前进挡带式制动器。带式制动器的工作原理如图3－12所示，当液压施加于活塞时，活塞受力左移，克服回位弹簧的阻力，推动活塞移动，活塞通过压缩缓冲弹簧，缓冲弹簧与推杆相连，使推杆左移，推动制动带的一端，制动带夹紧制动鼓，使制动鼓不能转动。解体伺服器后发现里面有两个弹簧，其中内弹簧起缓冲作用，可以防止换挡冲击；外弹簧是回位弹簧，在制动解除后，使活塞回位。

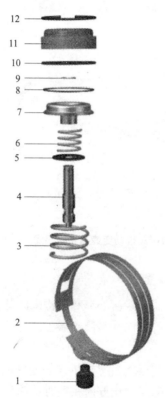

图3－11 4T65E自动变速器前进挡带式制动器

1—定位销；2—倒挡制动带组件；3—回位弹簧；4—动作杆；5—弹簧挡圈；6—倒挡伺服弹簧；7—倒挡伺服器活塞；8—活塞密封圈；9—卡簧；10—O形密封圈；11—伺服器盖；12—挡圈

（2）湿式多片制动器。

湿式多片制动器的结构和原理与离合器相似。图3－13所示为4T65E自动变速器4挡湿式多片制动器分解图。制动器壳与变速器壳体相连，固定不动，在其内装有活塞及钢片、摩擦片。在制动器壳体内表面装有轴向内花键，与钢片的外花键嵌合，在4挡轴花键的外表面有外花键，与纤维摩擦片的内花键嵌合。制动器工作时，钢片与摩擦片接合，使4挡轴不能转动。

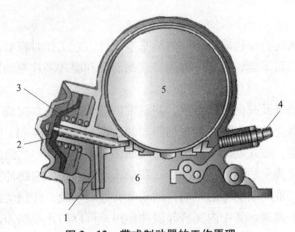

图 3-12 带式制动器的工作原理

1—工作油路；2—活塞杆；3—活塞；4—调整螺钉；5—制动鼓；6—制动带

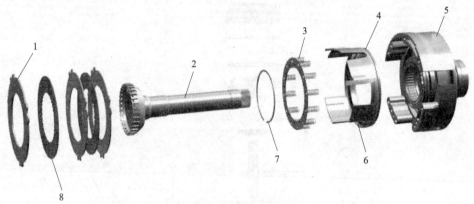

图 3-13 4T65E 自动变速器 4 挡湿式多片制动器分解图

1—钢片；2—轴/毂；3—回位弹簧；4—活塞密封圈；5—从动链轮座；
6—活塞；7—挡圈；8—摩擦片

由上述可知，离合器和制动器不能从外形和结构来区分，如果它工作时是驱动某原件则是离合器；如果其工作时是制动某原件则是制动器，这也是业界所公认的。

3) 单向离合器

单向离合器具有单向锁止的特点。当与之相连的零件的受力方向与其锁止方向相同时，该零件被制动或驱动；当受力方向与锁止方向相反时，该零件被释放。由此可见，单向离合器在不同的状态下与离合器、制动器具有相同的作用。常见的单向离合器有楔块式和滚柱式两种。

(1) 楔块式单向离合器。

楔块式单向离合器由内圈、楔块、保持架和外圈组成，工作原理如图 3-14 所示。楔块长端的长度大于内圈和外圈之间的距离，而短端的长度小于内、外圈之间的距离。如果内圈固定，外圈沿图中逆时针方向旋转，摩擦力使楔块向倒下的方向转动，楔块对外圈没有阻力，外圈可以转动，单向离合器的这种状态为自由状态；如果外圈沿顺时针方向旋转，摩擦块使楔块向起立的方向转动，使内圈和外圈卡死连为一体，外圈不能转动，单向离合器处于锁止状态。

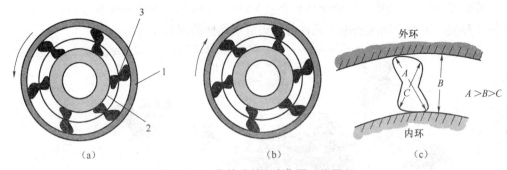

图 3-14 楔块式单向离合器工作原理

(a) 自由状态；(b) 锁止状态；(c) 结构特点

1—外圈；2—内圈；3—楔块

（2）滚柱式单向离合器。

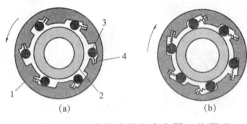

图 3-15 滚柱式单向离合器工作原理

(a) 自由状态；(b) 锁止状态

1—外圈；2—内圈；3—滚柱；4—弹簧

滚柱式单向离合器由内圈、滚柱、弹簧和外圈组成，工作原理如图 3-15 所示。在外圈中有楔形槽，如果内圈固定，当外圈沿图逆时针方向旋转时，摩擦力使滚柱向楔形槽的宽端移动，内圈与外圈脱开，外圈可以转动，单向离合器的这种状态为自由状态；如果外圈沿图中顺时针方向旋转，摩擦力和弹簧力使滚柱向楔形槽的窄端移动，滚柱将内圈与外圈连为一体，外圈不能转动，单向离合器处于锁止状态。

图 3-16 所示为 4T65E 自动变速器低速单向离合器，其楔形槽是开在内圈上的，二者的效果是一样的。

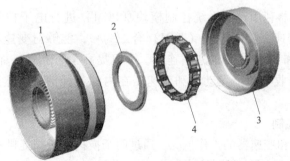

图 3-16 4T65E 自动变速器低速单向离合器

1—后排太阳轮/毂；2—止推轴承；3—支座和毂；4—滚柱单向离合器

四、电子控制系统

4T65E 自动变速器是电子控制式自动变速器，电控自动变速器的特点就是采用电子元件控制液压元件的动作，除动力系统控制模块（PCM）外，4T65E 自动变速器电子元件（布置见图 3-17）包括换挡电磁阀（1-2/3-4 换挡阀和 2-3 换挡阀）、锁止离合器（TCC）脉冲宽度调整（PWM）电磁阀、压力控制（PC）电磁阀、油液温度（TFT）传感器、输入轴转速传感器（ISS）和输出轴转速传感器（VSS）、油液压力手动阀位置（TFP）开关、变速杆位置开关。下面介绍这些电子元件与相关液压元件的控制原理。

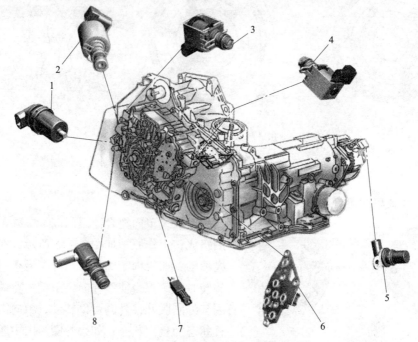

图 3-17　电子元件位置图

1—输入速度传感器 ATISS；2—压力电磁阀；3—1-2/3-4 换挡电磁阀（SS）；4—2-3 换挡电磁阀（SS）；
5—车辆速度传感器 VSS；6—变速器油液压力手动阀位置（TFP）开关；
7—变速器油液温度（TFT）传感器；8—TCC PWM 电磁阀

1. 动力系统控制模块（PCM）

4T65E 自动变速器利用动力系统控制模块（PCM）进行电子控制，PCM 将发动机控制模块（ECM）和变速器控制模块（TCM）合二为一，能够对变速器和发动机进行统一控制，取消了 ECM 和 TCM 之间的通信连线，不但提高了可靠性，而且使控制更加精确。PCM 通过各种传感器收集包括发动机和变速器在内的各种信息，然后处理这些信息，进行如下控制：

1）变速器挡位控制

PCM 根据发动机和变速器的工作情况，通过两个换挡电磁阀提供稳定而准确的换挡点，控制变速器在合适的时刻换入不同的挡位。

2）换挡进程控制

PCM 通过压力控制（PC）电磁阀调节主油路压力，从而控制换挡时间，以防止因换挡时间过短造成换挡冲击或因换挡时间过长造成换挡执行元件过度打滑而烧坏。

3）变矩器锁止离合器控制

PCM 根据发动机和变速器的工作情况，确定变矩器锁止离合器（TCC）是否工作。4T65E 自动变速器的 TCC 电磁阀是一个脉宽调制电磁阀，PCM 通过调节 TCC 的工作脉宽，控制锁止离合器的滑转在规定范围内，既能防止 TCC 接合过快而产生冲击，又能防止 TCC 打滑而烧坏。

4）安全模式

当部分电控系统失效时，变速器仅有部分功能。如线束脱开时，动力系统模块控制进入安全模式，使变速器内部分元件"OFF"。

（1）压力控制电磁阀断电（OFF）。

压力控制电磁阀断电（OFF）后，主油压升至最高，以防止离合器和制动器打滑，保证变速器的基本操作。

（2）变矩器锁止离合器（TCC）断电（OFF）。

变矩器锁止离合器（TCC）断电（OFF）后，TCC不再接合。

（3）换挡电磁阀断电（OFF）。

两个换挡电磁阀断电（OFF）时，变速器处于3挡时，无论变速杆是处于D、3、2、1挡中哪一档，变速器均以3挡起步、行驶；变速杆位于P、N、R挡时仍有效。

2. 油压控制（PC）与换挡匹配

自动变速器的主油压也称管路压力或管线压力，是自动变速器中最基本和最重要的油压，其作用有二：一是作为变速器内各离合器和制动器的油压力；二是进一步调节成为变速器内其他压力。主油压要保持一定的工作范围，并且满足不同工况的需要，具体如下：

（1）在节气门开度较小时，变速器所传递的力矩较小，离合器和制动器不易打滑，主油压可以降低；当节气门开度较大时，因所传递的力矩较大，为防止离合器、制动器打滑，主油压要升高。

（2）车辆在低速挡行驶时，变速器所传递的力矩较大，主油压要升高；在高速挡行驶时，所传递的力矩较小，主油压可以降低。

（3）因变速器倒挡使用的时间较少，为减小变速器尺寸，倒挡执行器的离合器和制动器的尺寸都做得较小，为避免出现打滑，在倒挡时需提高操纵油压。

由此可见，为正确调节主油压，动力系统控制模块（PCM）需根据节气门开度及车速信号与变速杆位置来调节主油压。在4T65E自动变速器中，PCM通过油压控制电磁阀控制主油压的高低。PC阀是一个由PCM控制的精密油压调节器，是一个脉宽调制（PWM）电磁阀，也称渐进阀。PCM以固定频率292.5 Hz的方波信号驱动PC阀，占空比增大时，通过PC阀线圈的平均电流增大，主油压降低；反之，主油压升高。主油压与PC阀平均电流的关系如图3-18所示。当PCM检测到PC阀故障时，将记忆故障码"DTC P0748 压力控制电磁阀电路"故障，一旦有故障记忆，PCM给PC阀断电，此时PC阀电流为0，主油压最高，以保证变速器应急使用。

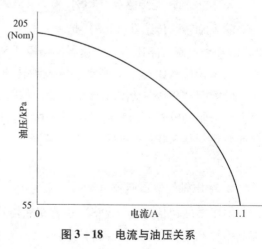

图3-18 电流与油压关系

PC阀的结构如图3-19所示，它输出的是VBS（压力控制）信号，VBS信号油压控制转矩信号调节阀的位置，转矩信号调节阀输出的就是转矩油压信号，此信号再控制机械调压阀的位置，机械调压阀输出的就是变排量叶片泵的油压控制反馈信号，此反馈信号改变了变量叶片泵滑片与转子的偏心距，所以它能调节油泵的排量及输出压力。控制压力可简述为：PCM＞PC 阀＞VBS 信号＞转矩油压信号＞油泵反馈信号＞主油压调节。在20℃时，PC 阀电阻测量值应该在3.5~4.6 Ω。

动力系统控制模块（PCM）通过监控自动变速器输入转速传感器（ISS）和车速传感器（VSS）信号来判断升高挡的时间，如果换挡时间大于标准标定时间，则 PCM 减小 PC 阀的电流，增加管路主油压和转矩信号压力，以使换挡时间缩短；如果换挡时间小于标准标定值，则 PCM 增加 PC 阀的电流，以增加换挡时间。这个适应过程可以补偿离合器片或制动带磨损而造成的换挡时间变化，正常的换挡时间在 0.25~0.65 s。

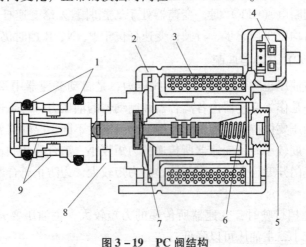

图 3-19 PC 阀结构

1—O 形密封圈；2—外壳；3—线圈；4—电线插座；5—调整螺钉；
6—弹簧；7—膜片；8—排泄口；9—滤清器

3. 输入轴转速传感器（ISS）

输入轴转速传感器（ISS）是一个电磁感应式传感器，动力系统控制模块（PCM）利用 ISS 信号来控制管路压力、变速器换挡模式和变矩器离合器 TCC 的释放，ISS 也被用来计算实际的齿轮传动比及 TCC 滑动。输入轴转速传感器也安装在阀体上，磁性传感器头部与变磁阻转轮间有 0.08~2.12 mm 的间隙，如图 3-20 所示。变磁阻转轮通过凸舌固定在驱动链轮上，与驱动链轮一起转动，在 ISS 中感应出交变信号，信号频率和电压随输入轴转速的变化而变化，从 300 r/min 时的 0.5 V 到 6 000 r/min 时的 200 V。在 20℃时，ISS 的电阻值应该在 820~1 020 Ω。

4. 输出轴转速传感器（VSS）

输出轴转速传感器（VSS）也称车速传感器，它也是一个电磁感应式传感器，动力系统控制模块利用 VSS 信号来控制管路压力、变速器换挡模式和变矩器离合器 TCC 的释放。车速传感器安装在变速器壳体上，其信号盘是安装在差速器上的齿圈，磁性传感器头部与变磁阻间有 0.27~1.57 mm 的间隙，如图 3-21 所示。变速器壳体旋转时，在 VSS 中感应出交流信号，信号频率和电压随车速的变化而变化，从 100 r/min 时的 0.5 V 到 6 000 r/min 时的 200 V。在 20℃，VSS 电阻值应该在 1 650~2 200 Ω。

5. 多功能开关（P/N 开关）

驻车/空挡开关（P/N 开关）和倒车灯开关是一体的，安装在变速器手动杆的外部，称为多功能开关或 P/N 开关。动力系统控制模块（PCM）根据 P/N 开关信号来确定换挡杆所处的位置，并在仪表上有相应的显示。

动力系统控制模块（PCM）向 A、B、C、P 这 4 根线提供 12 V 电压，换挡杆位于不同的位置时，开关内部各信号的搭铁状态发生改变，从而使信号线路搭铁或断开。如果某信号线路闭合搭铁，PCM 相应端子收到一个低压信号（LOW）；如果某信号线路断开，PCM 相应端子收到一个 12 V 的高压（HI），PCM 通过对 A、B、C 的电压信号和奇偶位 P 的有效组合，与存储在存储器中的挡位开关组合表进行比较解码，从而判断出变速杆的实际挡位。变速杆挡位开关逻辑如表 3 – 2 所示。

图 3 – 20　输入轴转速传感器
1—转速传感器齿圈；2—转速传感器

图 3 – 21　输出轴转速传感器
1—车速传感器；2—车速传感器齿圈

此外，多功能开关还在倒车时接通倒车灯电路；控制起动机在 P/N 以外的挡位不能起动等功能；控制换挡锁死电磁阀（BTSI）的工作；控制后箱锁开启执行器的工作；控制中控门锁的开锁与上锁；控制 DVD 主机在变速杆移出 P 位置后停止工作等功能，如表 3 – 3 所示。

表 3 – 2　多功能开关（P/N 开关）逻辑关系

换挡杆位置	信号 A	信号 B	信号 C	信号 P
P	LOW	HI	HI	LOW
R	LOW	LOW	HI	HI
N	HI	HI	HI	LOW
D	HI	LOW	LOW	HI
3	LOW	LOW	LOW	LOW
2	LOW	HI	LOW	HI
1	HI	HI	LOW	LOW
无效	所有其他组合			

表 3 – 3　手动阀位置开关逻辑关系

挡位	信号 A	信号 B	信号 C
P	HI	LOW	HI
R	LOW	LOW	HI
N	HI	HI	HI
D	HI	LOW	LOW
3	HI	HI	LOW
2	LOW	HI	HI
1	LOW	HI	HI
无效	其他		

6. 液压手动阀位置（TFP）开关

自动变速器液压手动阀位置（TFP）开关安装在阀体上，包括6个油液压力开关，其中3个油液压力开关（D4、抵挡、倒挡）常开，而另外3个（D3、D2和变矩器离合器TCC释放开关）常闭，这6个开关指示手动阀的位置。动力系统控制模块使用该信息来控制管路压力、变矩器离合器TCC接合和释放以及换挡电磁阀的工作。TCC释放压力开关是常闭压力开关，该开关被用作诊断工具，来确认在动力系统控制模块发出指令TCC关闭（OFF），TCC是否确实关闭（OFF）。TFP开关如图3-22所示。

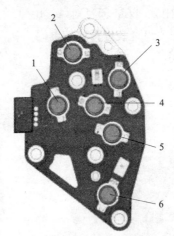

图3-22 TFP开关

1—2挡；2—倒挡；3—低挡（LOW）油路；4—4挡；5—3挡；6—TCC控制阀

7. 换挡电磁阀

4T65E自动变速器有两个换挡电磁阀，分别为1-2/3-4换挡电磁阀和2-3换挡电磁阀，这两个电磁阀结构相同，只有ON或OFF两种状态，所以又称开关阀。换挡电磁阀结构如图3-23所示，它们都是常开电磁阀，在电磁阀断电（OFF）时，球阀开启，与此相通的油道处于泄压状态；而在电磁通电（ON）时，球阀关闭与此相通的油道，油道建立油压，以控制机械换挡阀的动作。动力系统控制模块通过控制电磁阀的接地方式决定电磁阀的工作（ON或OFF），不同的组合决定了不同的挡位。在20℃时换挡电磁阀的电阻值应是19～24Ω。

8. 油液温度（TFT）传感器

变速器油液温度（TFT）传感器是一个负温度系数热敏电阻，向动力系统控制模块（PCM）提供变速器油温信息。PCM利用TFT来调整油压、控制换挡时刻及控制锁止离合器（TCC）的工作。TFT传感器与变速器内部线束一同安装在阀体上，如图3-24所示。TFT传感器的电阻值随自动变速器油液温度的变化而变化，当油温较低时，TFT传感器电阻值较高；油温升高后，TFT传感器电阻较小。PCM输出5V参考电压给TFT传感器的同时检测电路中的电压降。如果检测到变速器油温达到130℃，则系统进入热模式，在热模式，TCC在3挡和4挡时总处于接合状态，并且将换挡时间提前，以降低变速器温度。当PCM检测到变速器油温低于120℃时，热模式解除。

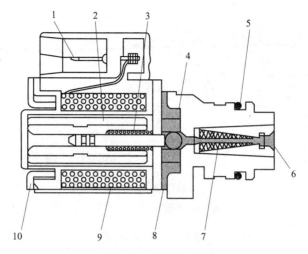

图 3 - 23　换挡电磁阀

1—连接器；2—柱塞；3—弹簧；4—球阀；5—O 形密封圈；6—信号油路；
7—滤清器；8—回油口；9—线圈；10—壳体

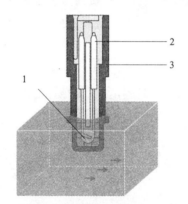

图 3 - 24　变速器油液温度传感器

1—探测器；2—连接器；3—传感器外壳

9. 变矩器锁止离合器（TCC）电磁阀

变矩器锁止离合器（TCC）电磁阀是一个常闭渐进式（PWM）电磁阀，结构原理如图 3 - 25 所示。TCC 在动力系统控制模块的驱动下，控制变矩器锁止离合器的接合和分离。当 PCM 判断 TCC 需要工作时，以 32 Hz 的频率驱动电磁阀，通过改变不同的占空比来控制 TCC 接合和分离的速率，从而使 TCC 工作平稳。当 PCM 判断 TCC 需要接合时，PCM 立即将 TCC 占空比增加到某较低的 PWM 值（见图 3 - 25 中 A 点），然后 PWM 快速上升（见图 3 - 25 中 AB 段），直到 PCM 认为 TCC 滑转在合适的范围内，PWM 停止增加（见图 3 - 25 中 CD 段）。由此可见，锁止离合器接合是受控的，并且不是完全锁死变矩器壳。同样，PCM 以一定的斜率减少 TCC 电磁阀的占空比，（见图 3 - 25 中 EF 段）。PCM 通过控制 TCC 电磁阀的工作脉宽，来控制 TCC 的接合和分离速度，使 TCC 工作平稳。当 PCM 从制动器开关接收到一个高电压时，表明制动踏板已经踩下，PCM 控制 TCC 脱开。在 20℃时 TCC 电磁阀的电阻值应是 10 ~ 12 Ω。

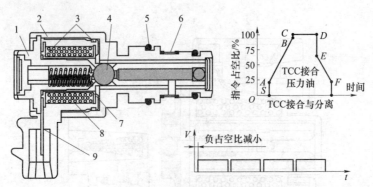

图 3-25　TCC 电磁阀结构原理图

1—磁芯；2—外壳；3，5—O 形圈；4—限油球；6—滤清油；7—弹簧；8—线圈；9—连接器

10. 变速杆锁止电磁阀（BTSI）与驻车锁止电磁阀

变速杆锁止电磁阀（BTSI）用来防止在没有踩下制动踏板时，变速杆换离驻车挡。接通点火且未踩下制动踏板时，BTSI 供电，变速杆锁死。当踩下制动踏板时 BTSI 断电，变速杆释放。驻车锁止电磁阀与 BTSI 相反，它在接通点火开关时供电，释放变速杆，驻车锁定电磁阀断电后（关闭点火或蓄电池断开）变速杆锁死。

11. 其他信号

1）节气门位置信号

节气门位置信号的作用有二：一是确定换挡时刻和换挡曲线，一般情况是，当急踩踏板时换挡延迟，以确保发动机动力性；二是调节主油压力。

2）发动机转速信号

发动机转速信号与变速器输入轴信号进行比较以判断锁止离合器的打滑状态，从而调整合适的 TCC 电磁阀的调制脉宽。

3）输出轴转速信号

输出轴转速信号也称车速信号，其主要作用是确定哪个换挡时刻；同时也用于定速巡航和帮助判断锁止离合器的打滑状态。

4）发动机温度信号

发动机温度信号的作用有二：一是确定换挡曲线，当发动机温度较低时，换挡延迟，使发动机以高速运转，以保证其动力性并尽快暖机；二是控制锁止离合器的接合，一般情况下，在发动机温度低于 70℃ 时，锁止离合器不接合。

12. 自诊断

动力系统控制模块（PCM）在工作过程中，不停地检测各传感器和执行元件的工作状态，一旦发现故障，将相关的故障信息存储在控制模块内部的存储器中，在记忆故障的同时，还能通过仪表盘上的故障指示灯闪亮来提醒驾驶员来尽快检修。维修人员可以用 TECH2 通过车辆的故障诊断插座读取故障码和有关数据，帮助分析判断故障所在。

五、结构与装配图

1. 换挡执行元件分解图

4T65E 自动变速器换挡执行元件分解图如图 3-26、图 3-27 所示。

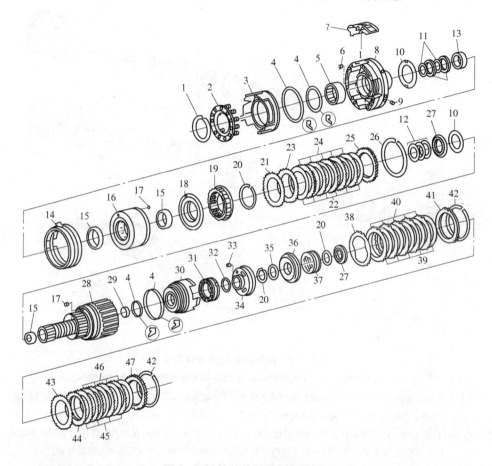

图 3-26 换挡执行元件分解图 1

1—弹簧挡圈；2—回位弹簧总成；3—4 挡制动器活塞；4—活塞密封圈；5—轴承；6—量孔杯形塞；
7—传动链润滑油收集器；8—从动链轮支架总成；9—杯形塞；10—止推垫圈；11—密封圈；12—油封；
13—从动链轮支架衬套；14—倒挡制动带；15—衬套；16—2 挡离合器壳体；17—单向阀座和球；
18—2 挡离合器活塞；19—弹簧总成；20—挡圈；21—2 挡离合器波形片；22—2 挡离合器摩擦片；
23—接合反作用片；24—2 挡离合器钢片；25—衬片；26—外挡圈；27—推力轴承；28—3 挡离合器壳体；
29—4 挡制动器对输入壳体的轴承；30—输入离合器壳体；31—输入离合器弹簧总成；32—O 形圈；
33—3 挡离合器活塞单向阀；34—3 挡离合器活塞壳体；35—内活塞密封圈；36—活塞和密封圈总成；
37—弹簧座圈和单向阀；38—3 挡离合器波形片；39—3 挡离合器片总成（内花键）；40—3 挡离合器片总成；
41—3 挡离合器衬片；42—衬片挡圈；43—输入离合器挡圈；44—输入离合器波形片；45—输入离合器钢片；
46—输入离合器摩擦片；47—输入离合器衬片

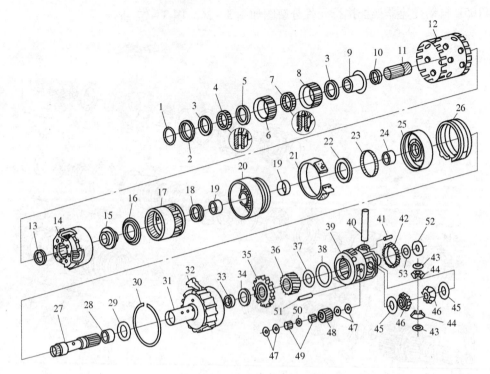

图 3-27 换挡执行元件分解图 2

1—锁环；2—3 挡单向离合器楔块外滚道护圈；3，5—输入和 3 挡单向离合器楔块中心轴承；
4—3 挡单向离合器楔块；6—3 挡单向离合器楔块外座圈；7—输入离合器楔块；8—输入离合器楔块外座圈；
9—输入和 3 挡离合器外座圈；10—输入太阳轮轴套；11—输入太阳轮；12—传动套；13—输入太阳轮推力轴承；
14—输入行星架总成；15—输入行星架/反作用行星架润滑油挡板；16—输入行星架和反作用行星架推力轴承；
17—反作用行星架总成；18—反作用行星架和太阳轮推力轴承；19—反作用太阳轮衬套；
20—反作用太阳轮；21—1/2 挡手动制动带；22—推力轴承；23—1/2 挡支承滚子单向离合器；
24—1/2 挡支承轴承；25—1/2 挡支承鼓；26—前进挡制动带；27—主传动太阳轮轴；
28—主传动内齿轮衬套；29—止推垫圈；30—内齿轮挡圈；31—主传动内齿轮；32—驻车棘爪；
33—内齿轮衬套；34—内齿轮推力轴承；35—驻车齿轮；36—主传动太阳轮；37—行星架和太阳轮推力轴承；
38—螺旋小齿轮销挡圈；39—差速器和主传动行星架；40—小齿轮轴；41—小齿轮定位销；42—车速传感器信号轮；
43—小齿轮止推垫圈；44—小齿轮；45—青铜止推垫圈；46—差速器半轴齿轮；47—小齿轮止推垫圈；
48—行星齿轮；49—滚针轴承；50—滚针轴承锁圈；51—行星齿轮销；
52—差速器行星架和壳体轴承；53—行星架止推垫圈

2. 壳体和相关部件分解图

4T65E 自动变速器壳体和相关部件分解图如图 3-28～图 3-32 所示。

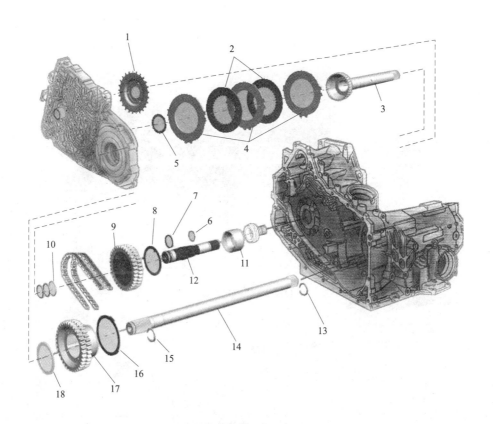

图 3-28　壳体分解图 1

1—输入速度传感器磁性转轮；2—4 挡离合器摩擦片；3—4 挡离合器轴；
4—4 挡离合器从动钢片；5—4 挡离合器轴止推垫圈；6—涡轮轴 O 形密封圈；
7—涡轮轴密封圈；8—驱动链轮止推垫圈；9—驱动链轮；
10—驱动链轮锁止圈；11—驱动链轮轴承；12—涡轮轴；
13—驱动轴内端卡簧；14—输出轴；15—驱动轴外端卡簧；
16—从动链轮止推垫圈；17—从动链轮；
18—4 挡离合器轴止推垫圈

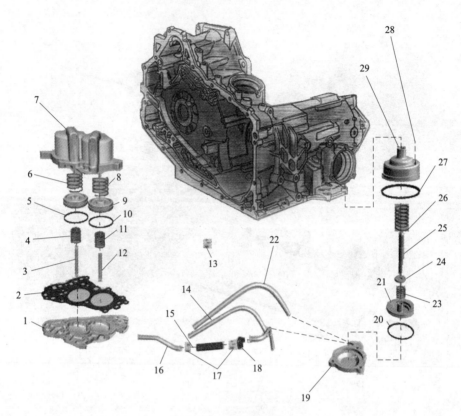

图 3-29 壳体分解图 2

1—蓄能器盖；2—蓄能器盖垫片；3—2-3 挡蓄能器活塞杆；4—2-3 挡蓄能器外圈活塞弹簧；
5—2-3 挡蓄能器活塞密封圈；6—2-3 挡蓄能器活塞弹簧；7—1-2 和 2-3 挡蓄能器壳；
8—1-2 挡蓄能器活塞缓冲弹簧；9—1-2 挡蓄能器活塞；10—1-2 挡蓄能器活塞密封圈；
11—1-2 挡蓄能器活塞外圈弹簧；12—1-2 挡蓄能器活塞杆；13—温控器；
14—手动 2-1 挡制动带伺服器油管；15—润滑油软管；16—润滑油管；
17—润滑软管卡箍；18—润滑油管挡座；19—手动 2-1 挡制动带伺服器盖；
20—手动 2-1 挡制动带伺服器活塞密封圈；21—手动 2-1 挡制动带伺服器活塞；
22—前进挡制动带伺服器油管；23—手动 2-1 挡制动带伺服器活塞缓冲弹簧；
24—手动 2-1 挡制动带伺服器活塞弹簧挡圈；25—手动 2-1 挡制动带伺服器活塞杆；
26—手动 2-1 挡制动带伺服器活塞弹簧；27—手动 2-1 挡制动带伺服器活塞油缸 O 形密封圈；
28—手动 2-1 挡制动带伺服器排气滤网；29—手动 2-1 挡制动带伺服器活塞油缸；
30—垫圈式润滑油管

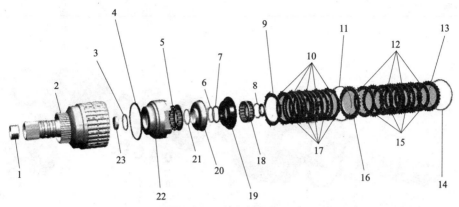

图 3-30 输入轴分解图

1—输入轴轴套；2—输入轴；3—输入离合器活塞密封内圈；4—输入离合器活塞密封外圈；
5—输入离合器弹簧和锁止圈；6—锁止圈；7—3挡离合器活塞密封圈；8—3挡离合器片；
9—3挡离合器波纹盘；10—3挡离合器片；11—3挡离合器支承盘挡圈；12—输入离合器钢片；
13—输入离合器支承盘；14—输入离合器支承盘挡圈；15—输入离合器摩擦片；
16—输入离合器工作片；17—3挡离合器摩擦片；18—3挡离合器弹簧支持架；
19—3挡离合器活塞的密封圈；20—3挡离合器活塞壳；21—O形密封圈；
22—输入离合器活塞；23—4挡离合器轴与输入轴轴承

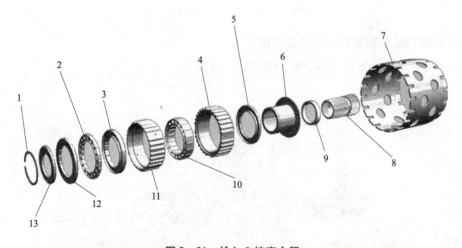

图 3-31 输入3挡离合器

1—螺旋锁止圈；2—3挡支柱单向离合器组件；3—输入和第3挡中间轴承；
4—输入支柱单向离合器外圈；5,12—输入和第3挡单向离合器侧轴承；
6—输入和第3挡支柱单向离合器内圈；7—倒挡制动鼓；
8—前排太阳轮；9—前排太阳轮衬套；10—输入支柱单向离合器弹簧架；
11—第3挡支柱单向离合器外圈；13—3挡离合器单向离合器外圈锁止阀

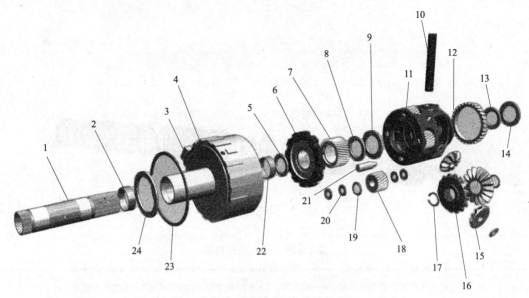

图 3-32 主减速器差速器分解图

1—主减速器太阳轮轴；2—主减速器内齿圈轴承；3—驻车棘爪；4—主减速器内齿圈；5，14—止推轴承；
6—驻车齿轮；7—主减速器太阳轮；8—行星架止推轴承；9—行星轮销锁止圈；10—差速器行星轮轴；
11—差速器；12—输出车速传感器齿轮；13—差速器行星架垫圈；15—差速器行星轮；
16—差速器输出轴行星轮；17—青铜止推垫圈；18—主减速器行星轮；19—行星轮滚针轴承垫圈；
20—行星轮止推垫圈；21—行星轮销；22—主减速器内齿圈轴承；
23—锁止圈主减速器内齿圈；24—止推垫圈

3. 手动轴和驻车制动系统部件分解图

手动轴和驻车制动系统部件分解图如图 3-33 所示。

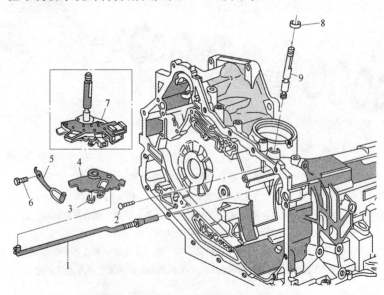

图 3-33 手动轴和驻车制动系统部件分解图

1—停车锁止执行器；2，6—螺钉；3—锁止垫片；4—换挡定位盘；
5—定位弹簧夹；7—多功能开关；8—卡环；9—换挡轴

第二部分 技能要求

一、变速器故障诊断仪数据定义

1-2 换挡故障：显示 -3.20~+3.18s。该参数是理想的 1-2 换挡时间与实际 1-2 换挡时间之间的差值。负数相当于换挡时间较长。

1-2 换挡时间：显示 0.00~6.38s。该参数是最后一次 1-2 换挡的实际换挡时间。该换挡时间是基于指令 1-2 换挡之后齿轮箱传动比的变化。

1-2 电磁阀：显示接通或关闭。该参数是 1-2 换挡电磁阀的指令状态。接通表示指令的通电电磁阀状态，而关闭表示指令的未通电电磁阀状态。

1-2 电磁阀断开/至接地短路：显示是或否。该参数表示在到 PCM 的 1-2 换挡电磁阀反馈信号中是开路，还是对接地短路。若想使该参数有效，必须指令 1-2 换挡电磁阀关闭。

1-2 电磁阀至电压短路：显示是或否。该参数表示在到 PCM 的 1-2 换挡电磁阀反馈信号中是否存在对蓄电池 B+ 短路。若想使该参数有效，必须指令 1-2 换挡电磁阀为接通。

1-2 TAP 单元 4-16：显示 -207~+207 kPa。压力适配量，在 1-2 挂高挡的过程中，以每单元发动机扭矩 17 N·m 的增量为基准，加到或从换挡压力中减去。很大的正数表示 PCM 已经检测到几个长换挡，并已增加 PC 电磁阀压力，以降低换挡时间；很大的负数表示 PCM 已经检测到几个短换挡，并已减少 PC 电磁阀压力，以增加换挡时间。

2-3 换挡故障：显示 -3.20~+3.18s。该参数是理想的 2-3 换挡时间与实际 2-3 换挡时间之间的差值。负数表示较长的换挡时间。

2-3 换挡时间：显示 0.00~6.38s。该参数是最后一次 2-3 换挡的实际换挡时间。该换挡时间以指令 2-3 换挡后齿轮箱传动比的变化为基准。

2-3 电磁阀：显示接通或关闭。该参数是 2-3 换挡电磁阀的指令状态，接通表示指令的通电状态，关闭表示指令的未通电状态。

2-3 电磁阀断开/至接地短路：显示是或否。该参数表示，在到 PCM 的 2-3 换挡电磁阀反馈信号是开路，还是对接地短路。若想使该参数有效，2-3 换挡电磁阀必须指令为关闭。

2-3 电磁阀至电压短路：显示是或否。该参数表示，在到 PCM 的 2-3 换挡电磁阀反馈信号中是否存在对蓄电池 B+ 短路。若想使该参数有效，2-3 换挡电磁阀必须指令为接通。

2-3 TAP 单元 4-16：显示 -207~+207 kPa。压力适配量，在 2-3 挂高挡的过程中以每单元发动机扭矩 17 N·m 增量为基准，加到或从换挡压力中减去。较大的正数表示 PCM 已经检测到几个长换挡，并已增加 PC 电磁阀压力，以降低换挡时间；很大的负数表示 PCM 已经检测到几个短换挡，并已减少 PC 电磁阀压力，以增加换挡时间。

3-4 换挡故障显示：-3.20~+3.18s。该参数是理想的 3-4 换挡时间与实际 3-4 换挡时间之间的差值。负数表示较长的换挡时间。

3-4 换挡时间：显示 0.00~6.38s。该参数是最后一次 3-4 换挡的实际换挡时间。换挡时间是以指令 3-4 换挡后的齿轮箱传动比为基准的。

3-4 TAP 单元 4-16：显示 -207~+207 kPa。压力适配量，在 3-4 挂高挡的过程中，以每单元发动机扭矩 17 N·m 增量为基准，加到或从换挡压力中减去。较大的正数表示

PCM已经检测到几个长换挡，并已增加PC电磁阀压力，以降低换挡时间。很大的负数表示PCM已经检测到几个短换挡，并已减少PC电磁阀压力，以增加换挡时间。

空调离合器：显示接通或关闭。这表示空调压缩机离合器继电器驱动器电路的PCM指令状态。当显示接通时，空调压缩机离合器应接合。当显示器表示接通时，在有额外的发动机负载时，管路压力和换挡时间将调节。

制动器开关：显示打开/关闭。当使用制动踏板时，变矩器离合器制动器开关向PCM发出一个信号以释放变矩器离合器并中止巡航控制。

巡航控制：显示启用或中止。当显示器显示启用时，PCM允许巡航控制装置操作。当显示器显示中止时，PCM则已经中止了巡航控制装置的操作。在一定条件下，PCM可以中止巡航控制。当巡航控制装置接通时，对于2-3和3-4挂高挡或4-3和3-2挂低挡，换挡方式可更改。

当前齿轮：显示1、2、3或4。这个参数表示换挡电磁阀当前指令状态。

稳态TAP 3GR/TC：显示0~621 kPa。采用TCC时，施加到PC电磁阀压力以保持第3挡齿轮传动比的压力适配量（消除离合器或制动带滑动）。较大的数字表示PCM已经检测到元件滑动，并且正在用适配压力进行补偿。

稳态TAP 4GR：显示0~621 kPa。施加到PC电磁阀压力以保持第4挡齿轮传动比的压力适配量（消除离合器或制动带滑动）。较大的数字表示PCM已经检测到元件滑动，并且正在用适配压力进行补偿。

稳态TAP 4GR/TC：显示0~621 kPa。采用TCC时，施加到PC电磁阀压力以保持第4挡齿轮传动比的压力适配量（消除离合器或制动带滑动）。较大的数字表示PCM已经检测到元件滑动，并且正在用适配压力进行补偿。

稳态TAP倒挡：显示0~621 kPa。施加到PC电磁阀压力以保持倒挡齿轮传动比的压力适配量（消除离合器或制动带滑动）。较大的数字表示PCM已经检测到元件滑动，并且正在用适配压力进行补偿。

TCC变矩器离合器负载周期：显示0~100%。该显示数据表示TCC PWM电磁阀接通时间的指令百分比。数值20%表示通电指令状态，数值0表示未通电指令状态。用于约高出16 km/h的车辆速度。

TCC变矩器离合器负载周期开路/对接地短路：显示是或否。该参数表示，在到PCM的TCC PWM电磁阀反馈信号中是否存在对接地的开路或短路。若想使该参数有效，TCC PWM电磁阀必须指令为关闭。只有当TCC PWM电磁阀关闭时，故障诊断仪才显示是，显示将脉动。

TCC变矩器离合器负载周期对电压短路：显示是或否。该参数表示在到PCM的TCC PWM电磁阀反馈信号中是否存在对蓄电池B+的短路。若想使该参数有效，TCC PWM电磁阀必须指令为接通。只有当TCC PWM电磁阀接通时，故障诊断仪才显示是，显示将脉动。

TCC变矩器离合器释放压力：显示是或否。该参数是TCC释放开关正常关闭的状态。显示是表示开关接通，存在TCC释放油液压力，并且TCC释放。显示否表示开关关闭，不存在TCC释放油液压力，并且TCC启用。

TCC变矩器离合器滑动速度：显示-4 080~+4 079 r/min。该显示数据是变速器输入轴转速与发动机转速之间的差值。负值表示减速。数值接近零时表示启用了TCC。

TFP Sw（自动变速器油液压力开关）：显示驻车挡、倒挡、空挡、驱动4挡、驱动3挡、驱动2挡、驱动1挡或无效。变速器油压开关显示，表示从变速器油压手动阀位置开关输入到 PCM 的3个输入值 A/B/C 处于解码状态。

TFP 开关（自动变速器油液压力开关）A/B/C：显示高/低。这个参数表示从变速器油液压力开关到动力系统控制模块3个输入的状态。高表示点火电压输入到动力系统控制模块，低表示零电压输入到动力系统控制模块。

TR 开关（变速器挡位开关）：显示驻车挡/空挡、倒挡、驱动4挡、驱动3挡、驱动2挡或驱动1挡或无效。这个参数表示从变速器挡位开关4个 A/B/C/P 输入的解码状态。动力系统控制模块不认可有效的输入组合时显示无效。

TR 开关（变速器挡位开关）A/B/C/P：显示高或低以表示从变速器挡位开关到动力系统控制模块4个输入的状态。高表示点火电压输入到动力系统控制模块，低表示零电压输入到动力系统控制模块。

变速器油液温度：显示 -40～+151℃。该显示数据是 TFT 到 PCM 的电压输入信号的温度转换值。当 TFT 较高时（151℃），信号电压则较低（0.00 V）。当 TFT 较低时（-40℃），信号电压则较高（5.00 V）。

TFT（自动变速器油液温度）传感器：显示 0.00～5.00 V，该显示数据表示经过 TFT 传感器的压降。PCM 施加 5 V 电压到 TFT 传感器电路。传感器是热敏电阻，会随着温度的变化而改变内部电阻。当传感器较冷时（内部电阻较高），PCM 监视到高信号电压。PCM 将该电压解释为变速器较冷。当传感器较热时（内部电阻减弱），电压信号将减弱。PCM 将该较低的电压解释为变速器较热。

TP（节气门位置）传感器：显示 0.00～5.00 V，该参数表示在 TP 传感器信号电路中 PCM 所监控到的电压。

TP（节气门位置）角度：显示 0～100%。TP 角度是 PCM 从 TP 传感器电压计算而来的。在怠速时，TP 角度应显示 0%，而在节气门大开时（WOT）应显示 100%。

牵引力控制：显示起动或未起动，当 PCM 从电子制动器牵引力控制模块（EBTCM）接到降低扭矩的请求时，显示起动。

变速器 ISS（输入轴速度）：显示 0～8 191 r/min，该参数是变速器输入轴的转速。

变速器 OSS（输出轴速度）：显示 0～8 191 r/min，该参数表示变速器输出轴的转速。

车辆速度：显示 0～255 km/h。该参数是由 PCM 转换的车辆速度传感器（VSS）输入信号，将以公制和英制单位显示车辆速度。

二、故障分析说明

1. 故障说明

TCC 系统的锁止控制示意图如图 3-34 所示。PCM 控制 TCC PWM 电磁阀，该电磁阀控制液压油以使 TCC 接合和释放。当 TCC 被完全接合时，发动机通过 TCC 与变速器直接相连。TCC 使用的是电控容量离合器（ECCC：Electronically Controlled Capacity Clutch）。ECCC 允许 TCC 有较小的打滑，但不会产生过度的磨损并能使 TCC 接合和释放平稳。当 TCC PWM SOL 阀激活 TCC 时，TCC 打滑速度大约被保持在 20 r/min。当在 TCC 被命令"ON"时，

PCM 检测到 TCC 打滑速度过高（大于 180 r/min，2 次，每次 8 s），PCM 便设置 DTC P0741。PCM 以历史代码存储 DTC P0741 的同时 PCM 抑制 TCC，若自动变速器处于热模式（HPT MODE），PCM 阻止 4 挡，PCM 冻结换挡，但 PCM 不让故障指示灯（MIL）点亮。

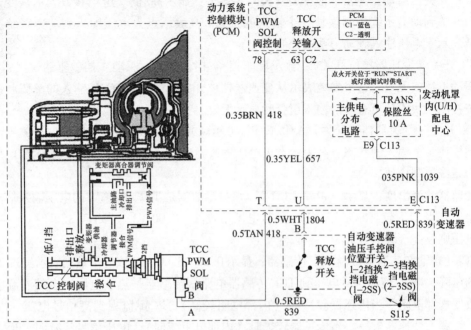

图 3-34 TCC 系统的锁止控制示意图

2. 故障分析

针对锁止离合器不能锁止的故障，可对可能出现的故障原因做如图 3-35 所示的分析。

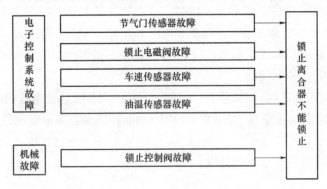

图 3-35 故障分析

第三部分　知识拓展

现代车辆上使用的变速器形式多种多样，下面以 LEXUS430 车用 A761 型自动变速器为例，简要介绍 6 前进挡自动变速器。

一、立体结构图

A761 型自动变速器内部结构如图 3-36 所示。

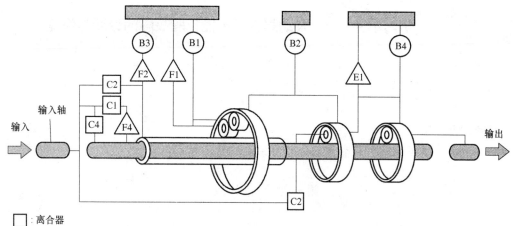

图 3-36 A761 型自动变速器内部结构

二、换挡执行元件

共 12 个执行元件，如表 3-4 所示。

表 3-4 换挡执行元件作用

C1：将动力传递给中后太阳轮	B1：制动前排行星架	F1：单向制动前行星架
C2：将动力传递给中架后圈	B2：制动前中排齿圈	F2：单向制动前太阳轮
C3：将动力传递给前太阳轮	B3：制动前排太阳轮	F3：单向制动中架后圈
C4：将动力传递给中后太阳轮	B4：制动中架后圈	F4：将动力传给中后太阳轮

三、各挡位执行元件工作情况

各挡位执行元件工作情况如表 3-5 所示。

表 3-5 各挡位执行元件工作情况

挡位	C1	C2	C3	C4	B1	B2	B3	B4	F1	F2	F3	F4
P												
R			√		△			√	√			
N												
1	√			△				△			√	√
2	√			△	△	√			√	√		
3	√		√	△	△		(√)		√	√		
4	√	√	(√)	△			(√)					√
5	(√)	√	√		√		(√)					
6	(√)	√			(√)	√	(√)					

√：工作；(√) 充油，但无负载；△ 发动机制动时工作。

学习单元 3.2 自动挡汽车不能行驶故障的诊断与修复

知识目标
（1）掌握 4T65E 自动变速器换挡执行元件工作原理。
（2）理解 4T65E 自动变速器各挡位动力传动过程。
技能目标
分析造成车辆不能行驶的变速器故障的原因。

第一部分 知识要点

一、4T65E 自动变速器的基本特点

4T65E 自动变速器的基本特点如表 3-6 所示。

表 3-8 4T65E 自动变速器的基本特点

参数	4				T	65	E
含义	4 个前进挡				横向装配	产品序列	电子控制
	1 挡传动比	2 挡传动比	3 挡传动比	4 挡传动比			
	2.921	1.568	1.000	0.705			

注：倒挡传动比 2.385，主减速比 3.294。

二、机械结构

1. 自动变速器

1）外形
图 3-37 所示为 4T65E 自动变速器外形（为观察方便，已拆掉阀体侧盖、油底壳和部分装置）。

图 3-37 4T65E 自动变速器外形

2）结构解剖图
4T65E 型自动变速器是前轮驱动电子控制 4 挡自动变速器，有 4 个前进挡和 1 个倒挡，4 挡为超速挡。动力控制模块（PCM）能同时控制发动机和自动变速器，换挡时刻、换挡时

间和换挡时的油压完全由 PCM 通过换挡电磁阀和油压控制电磁阀精确控制，使换挡快速、平稳。变矩器中锁止离合器为脉宽调节（PWM）电子控制方式，压力盘没有完全压死在变矩器壳体上，而是通过精确控制来维持发动机与涡轮间很小的滑动，使接合平稳，改善了行驶平顺性。机械部件有带锁止离合器的液力变矩器、叶片式油泵、链条链轮传动机构、3 个湿式多片式离合器、1 个湿式多片式制动器、3 个带式制动器、2 个楔块式单向离合器、1 个滚柱式单向离合器、辛普森式行星齿轮变速机构、主减速器、差速器和控制阀体。电气部件有 2 个换挡电磁阀、1 个油压控制电磁阀（PC 阀）、1 个自动变速器油温度传感器（ATFT）、1 个输入轴转速传感器（ISS）、1 个输出轴（车速）传感器（VSS）、1 个油液压力手动阀位置开关（TFP）、1 个多功能开关（P/N 开关）。换挡手柄有 7 个挡位：P、R、N、D、3、2、1。其中"D"位在 1-4 挡间自动变化，"3"位在 1-3 挡间自动变化，"2"位在 1-2 挡间自动变化，"1"位只有 1 挡。内部结构如图 3-38 所示。

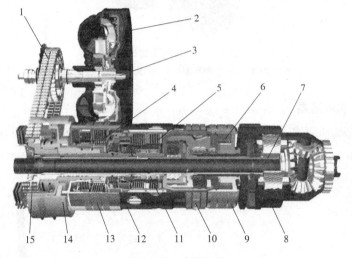

图 3-38 内部结构

1—传动链；2—液力变矩器；3—主动轮；4—2 挡离合器；5—1、3 挡离合器；6—行星齿轮总成；7—输出轴；8—差速器总成；9—右制动带；10—左制动带；11—单向离合器；12—制动毂；13—2 挡制动带；14—4 挡离合器；15—从动轮

2. 液力变矩器

液力变矩器由泵轮、涡轮、导轮、单向离合器、锁止离合器组成，如图 3-39 所示。

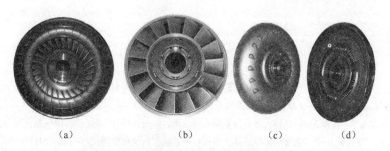

图 3-39 液力变矩器分解图

(a) 泵轮；(b) 导轮及单向离合器；(c) 涡轮；(d) 锁止离合器压盘

3. 齿轮变速机构

该自动变速器的行星齿轮机构为辛普森式双行星排齿轮变速机构，如图 3-40 所示。

该行星齿轮机构由 6 个元件复合成 4 个元件。前行星架和后齿圈一体，可作为动力输入元件，前齿圈和后行星架一体为动力输出；两个太阳轮。其中 $Z_{11}=26$，$Z_{12}=62$，$Z_{21}=42$，$Z_{22}=74$。

图 3-40 齿轮变速机构
1—前太阳轮；2—前架后圈；3—前圈后架；4—后太阳轮

4. 主减速器和差速器

该自动变速器为前驱式，采用行星齿轮式主减速器。太阳轮主动，齿圈制动，行星架输出，结构如图 3-41 所示。其中：$Z_1=34$，$Z_2=78$，则主减速比为 $i_主 = (34+78)/34 = 3.294$。

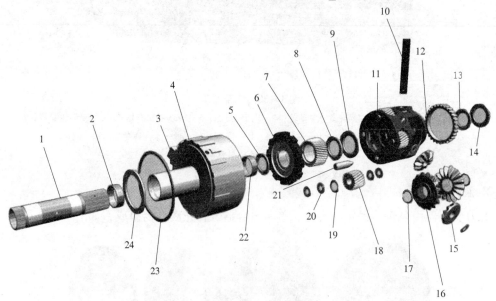

图 3-41 主减速器和差速器结构分解
1—主减速器太阳轮轴；2—主减速器内齿圈轴承；3—驻车棘爪；4—主减速器内齿圈；5, 14—止推轴承；
6—驻车齿轮；7—主减速器太阳轮；8—行星架止推轴承；9—行星轮销锁止圈；10—差速器行星轮轴；
11—差速器；12—输出车速传感器齿轮；13—差速器行星架垫圈；15—差速器行星轮；
16—差速器输出轴行星轮；17—青铜止推垫圈；18—主减速器行星轮；19—行星轮滚针轴承垫圈；
20—行星轮止推垫圈；21—行星轮销；22—主减速器内齿圈轴承；
23—锁止圈主减速器内齿圈；24—止推垫圈

5. 换挡执行元件

该自动变速器共 10 个换挡执行元件：B1、B2、B3、B4、C1、C2、C3、F1、F2、F3。

1）B1：4 挡制动器（湿式多片式）

4 挡轴通过花键与前排太阳轮相连，故 B1 的作用为制动前排太阳轮，如图 3-42 所示。

2）B2：倒挡制动器（带式）

B2 的制动鼓也为 C1 的壳，C1 的壳通过驱动套与行星齿轮机构的前架（后圈）相连，故 B2 的作用是制动前架（后圈），如图 3-43 所示。

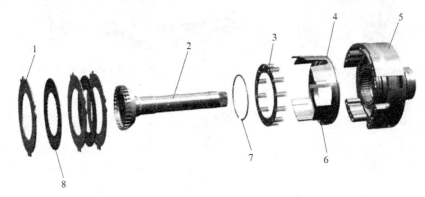

图 3-42　B1 制动器

1—铜片；2—轴/毂；3—回位弹簧；4—活塞密封圈；5—从动链轮座；6—活塞；7—挡圈；8—摩擦片

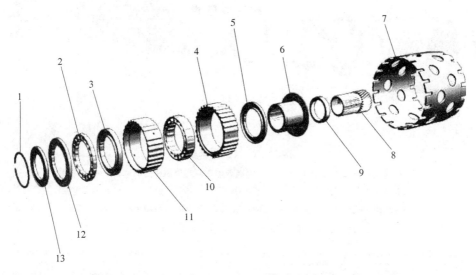

图 3-43　B2 制动器

1—螺旋锁止圈；2—3 挡支柱单向离合器组件；3—输入和第 3 挡单中间轴承；4—输入支柱单向离合器外圈；5，12—输入和第 3 挡单向离合器侧轴承；6—输入和第 3 挡支柱单向离合器内圈；7—倒挡制动鼓；8—前排太阳轮；9—前排太阳轮衬套；10—输入支柱单向离合器弹簧架；11—第 3 挡支柱单向离器外圈；13—3 挡离合器单向离合器外圈锁止圈

3）B4：前进挡制动器（带式）

其制动鼓也为低速挡单向离合器 F3 的内座圈，而 F3 的外座圈即后排太阳轮，故 B4 的

作用是与 F3 共同单向制动后排太阳轮，如图 3-44 所示。

4）B3：低速挡制动器（带式）

B3 的制动鼓与后排太阳轮是一整体，故 B3 的作用是制动后排太阳轮，如图 3-45 所示。

图 3-44　B4 制动器

图 3-45　B3 制动器

5）C1：2 挡离合器

其壳也为倒挡制动器 B2 的鼓，其鼓为输入离合器壳，其工作时，可将来自于输入链轮的动力经其鼓到达其壳，再经 2 挡驱动套到达前架（后圈），如图 3-46 所示。

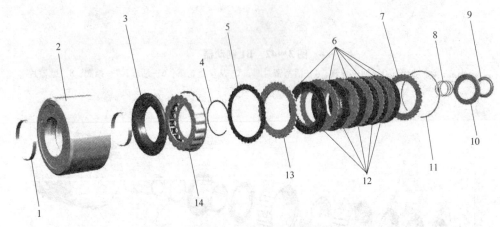

图 3-46　C1 离合器

1—外径衬套；2—2 挡离合器壳；3—2 挡离合器密封圈模制密封活塞；4—锁止挡圈；
5—2 挡离合器波纹盘；6—2 挡离合器摩擦片；7—背衬支架盘；8—输入轴密封圈；
9—止推垫圈；10—止推轴承；11—2 挡离合器挡圈；12—2 挡离合器压盘；
13—2 挡离合器钢制锥形工作片；14—2 挡离合器接合和脱开弹簧

6）C2：3 挡离合器，C3：输入离合器

C2 与 C3 共用壳体，壳体内有两组离合器片，里侧的是 3 挡离合器 C2 的离合器片，外侧的是输入离合器 C3 的离合器片。共用壳体前端又与被动链轮连接，故壳是动力输入端。离合器摩擦片与单向离合器 F1 和 F2 的外座圈相连，F1 和 F2 的内座圈通过花键与前排太阳轮连接，如图 3-47 所示。

7）F1：3 挡单向离合器

居于 3 挡离合器和前排太阳轮之间，属楔块式，如图 3-48 所示。

8）F2：输入单向离合器

居于输入离合器和前排太阳轮之间，属楔块式，如图 3-49 所示。

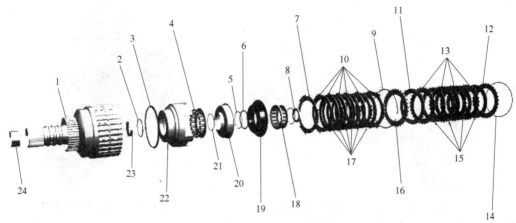

图 3-47　C2 离合器和 C3 离合器

1—输入轴；2—输入离合器活塞密封内圈；3—输入离合器活塞密封外圈；4—输入离合器弹簧和锁止器；
5—锁止圈；6—3 挡离合器活塞密封圈；7—3 挡离合器波纹盘；8—止推轴承；9—3 挡离合器支承盘挡圈；
10—3 挡离合器片；11—输入离合器波纹板；12—输入离合器支承盘；13—输入离合器钢片；
14—输入离合器支承盘挡圈；15—输入离合器摩擦片；16—输入离合器工作片；17—3 挡离合器摩擦片；
18—3 挡离合器弹簧支持架；19—3 挡离合器活塞和密封圈；20—3 挡离合器活塞壳；21—O 形密封圈；
22—输入离合器活塞；23—4 挡离合器轴与输入轴轴承；24—输入轴轴套

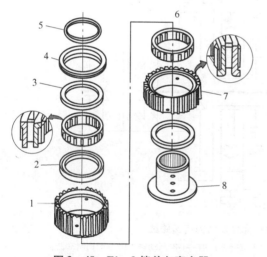

图 3-48　F1：3 挡单向离合器

1—F1 外圈；2—中轴承；3—端轴承；4—外圈夹持器；
5—固定环；6—F2 楔块及保持器；7—F2 外圈；
8—共用内圈

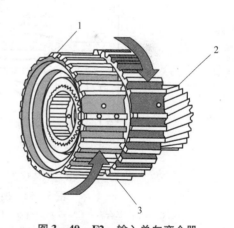

图 3-49　F2：输入单向离合器

1—F1 外圈；2—前排太阳轮；3—F2 外圈

9）F3：低速挡单向离合器

居于前进挡制动器 B4 和后排太阳轮之间，属滚柱式，如图 3-50 所示。

6. 传动链条

在 4T65E 自动变速器中，输入离合器壳是整个自动变速器的动力输入端，它与蜗轮轴之间采用链条传动，如图 3-51 所示。

动力传递路线为：蜗轮→蜗轮轴→主动链轮→传动链条→被动链轮→输入离合器壳。

图3-50 F3：低速挡单向离合器

图3-51 链条传动机构

三、动力传动分析

1. 内部结构

4T65E自动变速器各换挡执行元件及动力传递路线图如图3-52所示。

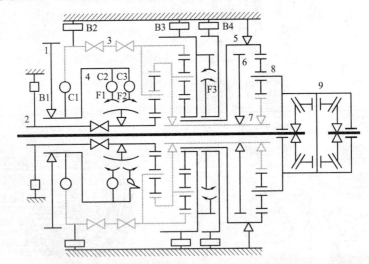

图3-52 换挡执行元件及动力传递路线

C1—2挡离合器；C2—3挡离合器；C3—输入离合器；B1—4挡制动器；B2—倒挡制动器；
B3—低速挡制动器；B4—前进挡制动器；F1—3挡单向离合器；F2—输入单向离合器；F3—低速挡单向离合器

2. 挡位表

4T65E自动变速器不同挡位各部件状态如表3-7所示。

表3-7 4T65E自动变速器不同挡位各部件状态

变速杆位置	挡位	换挡执行元件								
		C1	C2	C3	B1	B2	B3	B4	F1	F2	F3
D	1			A				A		H	H
	2	A		A*				A		O	H

续表

变速杆位置	挡位	换挡执行元件									
		C1	C2	C3	B1	B2	B3	B4	F1	F2	F3
D	3	A	A					A*		H	O
	4	A	A*		A			A*		O	O
3	3	A	A	A				A*	H	H	O
	2	A	A*					A		O	H
	1			A				A		H	H
2	2	A	A*				A	A		O	H
	1			A			A	A		H	H
1	1	A		A			A	A	H	H	H
R	R		A			A				H	
P、N	P、N			A*						H*	

注：A = 作用；H = 保持；O = 超越；A * = 作用或保持，但没有负载，不传递动力。

3. 动力分析

1) P/N 位

P 或 N 位时，输入离合器 C3 接合，驱动输入单向离合器 F2 外圈，输入单向离合器 F2 锁止，动力传至前排输入太阳轮。但此时前排太阳轮、前排行星架/后排齿圈、后排太阳轮三个部件中没有固定部件，都在空转，所以没有动力传递。

2) D1 位

在 D1 位，输入离合器 C3 接合，驱动输入单向离合器 F2 外圈，输入单向离合器 F2 锁止，动力传递至前排输入太阳轮。因前排齿圈/后排行星架与车体相连，可视为固定或限定转速，则前排太阳轮驱动前排行星架/后排齿圈同向旋转；后排太阳轮有反向旋转的趋势。此时，前进挡制动器 B4 工作，低速挡单向离合器 F3 锁止，后排太阳轮被固定，则前排行星架/后排齿圈被同向减速驱动，车辆前行。

当分析某挡位是否有发动机制动时，可以根据该挡动力传递过程中是否有单向离合器来完成判断。如果单向离合器锁止是唯一的动力传递方式，则该挡没有发动机制动；否则该挡有发动机制动。由以上对 D1 为动力传递路线的分析可知，输入单向离合器 F2 和低速挡单向离合器 F3 的锁止是动力传递不可缺少的环节，当转矩来自车轮时，前排太阳轮有同向增速旋转趋势，则 F2、F3 滑转，动力不能反向传递。因此，D1 位没有发动机制动。

3) D2 位

在 D2 位，2 挡离合器 C1 接合，通过 2 挡驱动套驱动前排行星架/后排齿圈旋转，对后行星排而言，后排齿圈驱动，后排行星架与车体相连，可视为固定或限速，则后排太阳轮有反向旋转的趋势。此时，前进挡制动器 B4 工作，低速挡单向离合器 F3 锁止，后排太阳轮固定，则后排行星架/前排齿圈被同向减速驱动，车辆前行。2 挡时，输入离合器 C3 仍处于接合状态，但输入单向离合器 F2 处于滑转状态。这是因为，对于前排行星架而言，前排齿圈/后排行星架与车体相连，可视为固定或限速，则前排太阳轮有同向增速旋转的趋势，所以输入单向离合器F2超越滑转。同时该挡位没有发动机制动。

4）D3位

在D3位时，2挡离合器C1接合，通过2挡驱动套将动力传给前排行星架/后排齿圈；同时3挡离合器C2接合。对于前行星排而言，2挡离合器C1接合，驱动前排行星架旋转，因前排齿圈/后排行星架与车体相连，可视为固定或限速，则前排太阳轮有同向增速旋转趋势；此时，3挡离合器C2接合，3挡单向离合器F1锁止，使前排太阳轮不能超速旋转，转速被限定在3挡离合器的转速。这相当于同时驱动了前排行星架和前排太阳轮，则整个行星齿轮机构整体旋转，传动比为1。同时该挡位没有发动机制动。

5）D4位

在D4位时，2挡离合器C1接合，通过2挡驱动套将动力传给前排行星架/后排齿圈；4挡制动器B1工作，将前排太阳轮固定，则前排齿圈/后排行星架为同向增速输出。在D4挡中，动力传递没有采用单行离合器，故没有发动机制动。

6）R位

在R位，输入离合器C3接合，输入单向离合器F2锁止，驱动前排太阳轮旋转。倒挡制动器B2工作，将前排行星架固定，则前排齿圈/后排行星架为反向减速输出。

7）手动3位

变速杆位于3挡位置时，变速器的实际挡位只在1、2和3挡之间变化，不能升入4挡。在3位中，1、2挡与D1、D2完全相同，没有发动机制动，这里所分析的3位特指其中的实际3挡状态。

前面讲过，在D3位时，2挡离合器C1接合，通过2挡驱动套将动力传给前排行星架/后排齿圈；同时3挡离合器C2接合。将前排太阳轮转速限定在3挡离合器的转速。这相当于同时驱动了前排行星架和前排太阳轮，则整个行星齿轮机构整体旋转，传动比为1。在3位时，除了C1和C2工作外，输入离合器也接合，它不传递动力，只是为了获得发动机制动。

当转矩来自车轮时，对前行星排而言，因前行星排被驱动，可视为固定或限定转速，则前排太阳轮有减速旋转的趋势，此时3挡单向离合器F1超越，它不能起到发动机制动作用。而此时输入离合器工作，输入单向离合器F2锁止，F2和F1的锁止方向相反，F2阻止了前排太阳轮的减速趋势，起到了发动机制动作用。

8）手动2位

变速杆位于2挡位置时，变速器的实际位置只在1挡和2挡之间变化，不能升入3挡。在2位中，1位与D1位相同，没有发动机制动，这里所分析的2位特指其中的实际2挡状态。

2位与D2位的不同之处就是低速挡制动器B3工作，将后排太阳轮抱死固定。当转矩来自车轮时，对后行星排而言，后太阳轮固定，后齿圈有一个同向增速的趋势，这个转矩通过2挡驱动套传递给2挡离合器，2挡离合器此时接合，将转矩传给输入轴，起到了发动机制动的作用。

9）手动1位

在手动1位，输入离合器C3接合，驱动输入单向离合器F2外圈，输入单向离合器F2锁止，动力传递至前排输入太阳轮。同时3挡离合器C2接合，因前排太阳轮转速为输入轴转速，故 3 挡单向离合器 F1 不传递动力。在手动 1 挡时，低速挡制动器 B3 工作，将后排太阳轮抱死双向固定。当转矩来自车轮时，对后行星排而言，后太阳轮固定，后排齿圈/前排行星架有一个同向增速趋势，前排行星架给前太阳轮一个同向增速趋势，因 3 挡离合器 C2 接合，3 挡单向离合器 F1 锁止，强迫前排太阳轮转速与输入转速相同，起到了发动机制动的作用。输入单向离合器 F2 与 3 挡单向离合器 F1 的锁止方向相反，F2 处于滑转状态。

第二部分　技能训练

一、动力系统车载诊断（OBD）系统检查步骤

动力系统车载诊断（OBD）系统检查是识别自动变速器所产生状况的系统化方法，是自动变速器的诊断起始点。动力系统车载诊断（OBD）系统检查引导你进入诊断变速器故障的下一逻辑步骤。只有在有关驱动性能的投诉或是在其他维修信息部分的引导下才进行这一检查。

1. 诊断帮助

（1）不要清除任何诊断故障码（DTC），除非有诊断程序的指示。清除诊断故障码会消去动力系统控制模块（PCM）存储器中所有的冻结故障状态和故障记录。

（2）发动机性能不佳有时会被诊断为变速器驱动性能方面的故障。为避免对自动变速器的误诊，务必进行"发动机控制系统"中"动力系统车载诊断（OBD）系统检查。

（3）使用工作正常的故障诊断仪。如有必要，在另外的汽车上测试故障诊断仪。

（4）确保扫描工具包含了最新可用文件。

（5）扫描工具在以下状况时将显示通信中断错误信息：

①动力系统控制模块电源受到干扰。

②点火开关关闭。

③蓄电池电压过低。

④诊断连接接头（数据连接插头）接触不良。

2. OBD 系统检查步骤（见表 3-8）

OBD 系统检查步骤如表 3-8 所示。

表 3-8　OBD 系统检查步骤

步骤	操作	数值	是	否
1	1. 安装故障诊断仪。 重要注意事项： 　（1）在开始这项测试前，请先检查适用的维修通信。只有在有关驱动性能的投诉或是在其他维修信息部分的引导下才进行这一检查。 　（2）在进行这项诊断程序时不要将点火装置旋到 OFF（关闭）位置。不要清除诊断故障码（DTC），除非有这项诊断程序的指示。 2. 发动机关闭情况下将点火装置旋到 ON（开）位置。故障诊断仪是否接通	—	至步骤 2	至"数据连接通信"中"故障诊断仪未通电"

续表

步骤	操作	数值	是	否
2	故障指示灯是否点亮	—	至步骤3	至"发动机控制系统"中"故障指示灯（MIL）有故障不能工作"
3	尝试建立与动力系统控制模块的通信。故障诊断仪是否与动力系统控制模块通信	—	至步骤4	至"数据连接通信"中"故障诊断仪不和2级数据线通信"
4	使用故障诊断仪获取信息功能以便保存或是获取（储存信息）所有诊断故障码信息。 重要注意事项：诊断故障码，发动机性能和变速器默认操作都对变速器性能有很大的影响。确定这些不是变速器故障原因。 是否有诊断故障码	—	至诊断故障码列表/类型	至"症状诊断"

二、诊断故障码类型定义

1. 诊断故障码类型定义

诊断故障码类型定义包括了所有诊断故障码类型的特征。不是每个诊断故障码类型都一定在这个部分中。诊断故障码类型是基于动力系统控制模块在存储诊断故障码信息时所采取的操作，并基于动力系统控制模块是否打开维修灯或在驾驶员信息中心（DIC）上显示的信息诊断故障码列表/类型以数字顺序列出诊断故障码说明并表示国内或出口汽车的诊断故障码类型。诊断故障码分为以下类型：

1）类型A

该诊断故障码与废气排放有关。在诊断故障码设置条件满足的第一次行驶过程中，动力系统控制模块将诊断故障码存储在历史记录、冻结故障状态和故障记录中。在诊断故障码设置条件满足的第二次行驶过程中，动力系统控制模块同时也点亮故障指示灯。

2）类型B

该诊断故障码与废气排放有关。在诊断故障码设置条件满足的第一次行驶过程中，动力系统控制模块将诊断故障码存储在故障记录中。在诊断故障码设置条件满足的连续第二次行驶过程中，动力系统控制模块将诊断故障码存储在历史记录和冻结故障状态中。在诊断故障码设置条件满足的连续第三次行驶过程中，动力系统控制模块同时也点亮故障指示灯。

3）类型C

该诊断故障码与非废气排放有关。在诊断故障码设置条件满足的第一次行驶过程中，动力系统控制模块将诊断故障码存储在历史记录和故障记录中。动力系统控制模块不会将诊断故障码存储在冻结故障状态中。也不会点亮故障指示灯。对于某些类型 C 诊断故障码，信息可能在驾驶员信息中心（如果已安装）上显示。对于其他类型 C 诊断故障码，一个单独的维修灯（不是故障指示灯）可能点亮。不在驾驶员信息中心或单独维修灯上显示的类型 C 诊断故障码原来都归在类型 D 中。

4）类型 X

该诊断故障码在动力系统控制模块软件中，但已被设置为失效或是关闭。在该事件中，诊断不运行。诊断故障码没有存储，故障指示灯也不亮。类型 X 诊断故障码主要用于不需要故障指示灯或诊断故障码存储的出口汽车。

3. 诊断故障码列表/类型

故障码如表 3-9 所示。

表 3-9　故障码

故障码	故障码说明
DTC P0218	变速器液过热
DTC P0502	车速传感器 VSS 电路输入过低
DTC P0503	车速传感器 VSS 电路间断
DTC P0711	变速器油液温度（TFT）传感器电路范围/性能
DTC P0712	变速器油液温度（TFT）传感器电路输入过低
DTC P0713	变速器液温度（TFT）传感器电路输入过高
DTC P0716	输入速度传感器电路间断
DTC P0717	输入速度传感器电路输入过低
DTC P0719	制动器开关电路输入过低
DTC P0724	制动器开关电路输入过高
DTC P0730	变速比不正确
DTC P0741	变矩器离合器系统卡滞关闭
DTC P0742	变矩器离合器系统卡滞接通
DTC P0748	压力控制电磁阀电气电路
DTC P0751	1-2 换挡电磁阀性能-无第 1 挡或第 4 挡
DTC P0752	1-2 换挡电磁阀性能-无第 2 挡或第 3 挡
DTC P0753	1-2 换挡电磁阀电气电路
DTC P0756	2-3 换挡电磁阀性能-无第 1 挡或第 2 挡
DTC P0757	2-3 换挡电磁阀性能-无 3 挡或第 4 挡
DTC P0758	2-3 换挡电磁阀电气电路
DTC P1810	变速器油压阀位置开关电路
DTC P1811	最大适配和长换挡

续表

故障码	故障码说明
DTC P1814	变矩器过载
DTC P1860	变矩器离合器脉冲宽度调制电磁阀电气电路
DTC P1887	变矩器离合器释放开关电路

三、故障分析

针对车辆不能行驶的故障，可对可能出现的故障原因做如图 3-53 所示的分析：

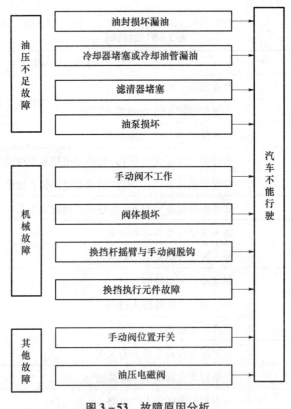

图 3-53 故障原因分析

第三部分 知识拓展

多数变速器的变速机构采用行星齿轮式，但由少数采用直齿轮式，本田雅阁就是其中一类。下面以本田 98 款本田雅阁 MAXA（B7XA）自动变速器为例简要介绍直齿齿轮式变速机构。

一、概述

本田 98 款本田雅阁 MAXA 自动变速器由三相综合式液力变矩器（B+W+D+F+TCC）、三轴式齿轮变速机构、电控系统、液控系统等组成，提供 4 个前进挡和 1 个倒挡。换挡手柄有 7 个位置：P、R、N、D4、D3、2、1。其中 P 为驻车挡，锁定输出轴，所有离合器都释放，可以起动运转；R 为倒挡，车停稳后方可挂入；N 为空挡，所有离合器都释放，可以起动运转；D4 为正常行驶，可以在 1~4 挡自动变换；D3 用于路面稍差或上下坡时，只能在 1~3 挡自动变换；2 位置用于滑路起步、坏路或上下坡时，或利用发动机制动，固定于 2 挡；1 位置用于坏路或上下坡时，或利用发动机制动，固定于 1 挡。

二、自动变速器立体结构图

本田雅阁自动变速器内部结构如图 3-54 所示。

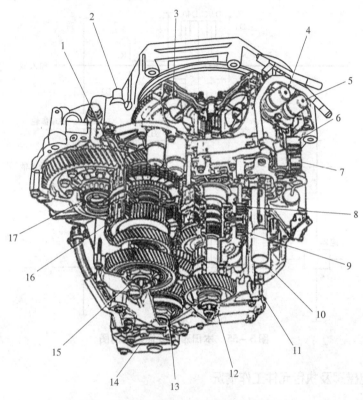

图 3-54 本田雅阁自动变速器内部结构
1—C1；2—C2 压力开关；3—液力变矩器总成；4—锁止电磁阀；5—换挡电磁阀 A；
6—换挡电磁阀 B；7—换挡电磁阀 C；8—C3；9—C4；10—离合器压力控制电磁阀；
11—输入轴转速传感器；12—输入轴；13—输出轴；14—挡位位置开关；
15—中间轴；16—C2；17—差速器

三、齿轮系统特点

（1）为定轴斜齿轮系统。由输入轴、中间轴、输出轴和常啮合斜齿轮组成，并和曲轴平行排列。

（2）采用前轮驱动，发动机是横置逆时针旋转，简化了自动变速器的齿轮系统，形成了本田发动机的特色。

（3）除倒挡齿轮组外，4 个前进挡都是常啮合斜齿轮传动，用 4 个离合器和 1 个移动套圈，改变齿轮的组合，组成 4 个前进挡和 1 个倒挡。

（4）输入轴上有 D3、D4 挡离合器，3 挡、4 挡齿轮，R 挡齿轮及惰轮 Z1。

（5）输出轴上有 3 挡、4 挡齿轮。套圈、R3、D2 及惰轮 Z2 和 P 挡齿轮。

（6）中间轴上有 D1、D2 挡离合器、1、2 挡齿轮及惰轮 Z3。

（7）其最大的特点是由传统定轴式齿轮系统发展进化而来，结构简单、使用可靠、维修方便、故障率低，使用寿命长。（例如：换挡电磁阀和锁止电磁阀都是体外测换式）

四、结构简图

本田雅阁变速机构简图如图 3-55 所示。

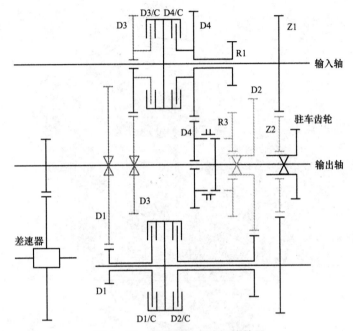

图 3-55 本田雅阁变速机构简图

五、各挡电磁阀及执行元件工作情况

各挡电磁阀（常开式）及执行元件的工作情况如表 3-10 所示。

表 3-10 各挡电磁阀及执行元件工作情况

挡位	执行元件	D1/C与1挡齿轮	D2/C与2挡齿轮	D3/C与3挡齿轮	4挡齿轮	D4/C	倒挡齿轮	驻车挡齿轮	电磁阀（A常闭）		
									A	B	C
P								√	off	on	off
R						√	√		off	on	off
N									off	on	off
D4	1	√							off	on	on
	2		√						on	on	off
	3			√					on	off	on
	4				√	√			off	off	off

续表

挡位	执行元件	D1/C 与1挡齿轮	D2/C 与2挡齿轮	D3/C 与3挡齿轮	4挡齿轮	D4/C	倒挡齿轮	驻车挡齿轮	电磁阀（A 常闭）		
									A	B	C
D3	1	√							off	on	on
	2		√						on	on	off
	3			√					on	off	on
2			√						on	on	off
1		√							off	on	on

六、油路图

本田雅阁油路控制示意图如图 3-56 所示。

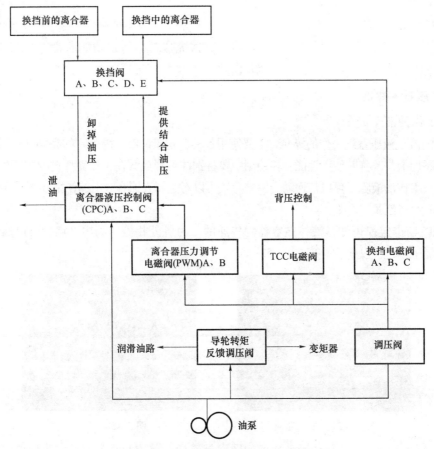

图 3-56 本田雅阁油路控制示意图

学习单元 3.3　自动变速器换挡冲击大故障的诊断与修复

第一部分　知识要点

知识目标

（1）掌握液压控制原理。
（2）理解 4T65E 自动变速器换挡控制阀和压力控制阀的作用、类型、结构和工作原理。
（3）正确识读 4T65E 自动变速器各挡控制油路。

技能目标

掌握自动变速器换挡冲击故障的诊断与检测方法。

一、液压基础知识

1. 液压基本回路

液压基本回路是指由有关液压元件组成，并能完成某一特定功能的典型（简单）油路。液压基本回路按功用不同可分为压力控制回路、速度控制回路和方向控制回路。

2. 液压基本知识

1）工作油液

工作油液是液压系统工作的媒介，主要使用各种矿物质油液，因为它的黏稠度不当，需另外添加各种添加剂，改善其使用性能。在使用中要特别注意释放其在工作循环过程中产生的热量和一些杂质。工作油液除了可以传递动力以外，还可以对金属表面有润滑的作用（见图 3-57）。

2）压力与流量

根据帕斯卡定律可知，液体在容器内传递的压力各处相等，利用这点，可以通过改变液体作用的表面来改变压力（见图 3-58）。

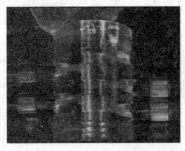
图 3-57　工作油液

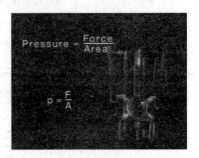
图 3-58　压力

同时，决定液压传动部件运动速度的因素是流量，单位时间内流量的改变可以改变传动的速度（见图 3-59）。

3）输出力和位移传递

输出力与位移传递之间的关系可以通过一个千斤顶的例子来研究。人操作的把柄位移大，力量小；另一侧输出力大，位移小，顶起车辆（见图 3-60）。

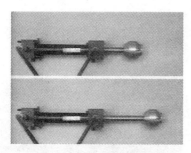

图 3-59 流量改变速度

图 3-60 输出力与位移

4）压力传递

在液压设备中，力是可以转换的，可以利用这一特性来设计某些设备为我们服务（见图 3-61）。

5）流动状态

在液压设备里很多位置设计的截面积不同，同样的流量下，狭窄的地方液体流速快，容易产生气泡，在压力升高的地方，气泡破灭，对金属表面产生冲击，这就是气蚀（见图 3-62）。

图 3-61 压力传递

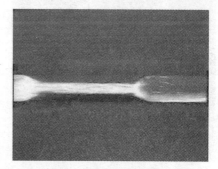

图 3-62 流动状态

图 3-63 所示为一个被气蚀的金属零件。

6）液压系统结构

液压系统主要由能量部分、能量控制部分、执行部分组成。图 3-64 中亮的部分是提供液压系统的能量部分。图 3-65 中亮的部分是能量控制部分，主要是各种控制阀体。图 3-66 中亮的部分是液压系统的执行部分。

图 3-63 被气蚀的金属零件

图 3-64 能量部分

7）液压源

在液压系统中必须要有一个液压源（见图 3-67），通常可以采用各种泵来起到这个作用，当然在汽车上泵是靠发动机的能量来运转的。

在使用中，为了避免管路中的压力达到最大后出现事故，通常设计保护装置——安全阀（见图3-68）。当管路中出现大的压力时，安全阀打开，使液压油回到油箱中。

图3-65　能量控制部分

图3-66　执行部分

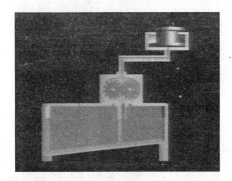

图3-67　液压源

图3-68　安全阀

8）液压缸与液压马达

在液压驱动下，将液压能转变为往复直线运动的机械能的转换装置为液压缸，图3-69所示为一个简单的单回路液压缸。在液压驱动下，将液压能转变为回转运动的能量的转换装置称为液压马达，如图3-70所示。

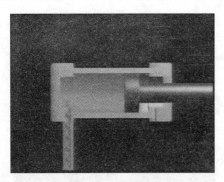

图3-69　液压缸

图3-70　液压马达

9）控制阀基础

在液压系统中控制阀（见图3-71）起到控制作用，可以控制油路的开关，控制油液的流向、流量和压力。各种控制阀可以分为滑阀和座阀两类。

图3-72所示为一个滑阀在工作。滑阀的特点是通过切换位置，打开或关闭油口间的通

路，滑阀的阀芯需要一定的活动范围，所以它的密封不如座阀，最大压力为315bar[①]。

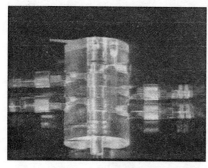
图3-71 控制阀

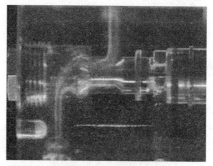
图3-72 滑阀

图3-73所示为座阀，座阀的密封好，主要用在二通或者三通的方向阀上。

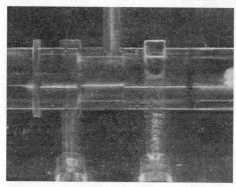
图3-73 座阀

二、4T65E液压系统

现在，自动变速器的液压系统是相当先进的，为了获得平稳、敏捷的变速，同时又具有良好的驱动性能和燃油经济性，液压控制系统相当复杂，学习液压系统的基本目的是便于对变速箱不正常的功能进行诊断。

任何变速箱的液压系统都可以分解为负责操作关键功能的几个子系统，这些功能是向变速器和润滑回路供给油液，在正确的时机提供自动变速，并保持压力以紧紧地锁定制动带和离合器，同时也提供良好的变速感觉。

液压装置控制以下换挡性能：

（1）换挡模式（换挡何时发生）。

（2）换挡质量（换挡感觉如何以及换挡所需时间）。

下面将就4T65E变速箱液压系统的几个关键部件进行研究，进而掌握其换挡的过程，以便排除所遇到的故障。

1. 油泵

4T65E采用的是叶片式油泵，当转子转动时，将会在泵叶片之间的空间产生空穴，空穴将运载着油液至管路压力通道。当空穴的体积减小，于是产生了压力。图3-74所示为油泵

---

① $1bar = 10^5 Pa$。

工作原理图。

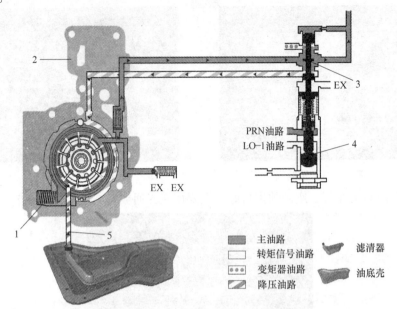

图3-74 油泵工作原理图
1—预紧弹簧；2—油泵壳体；3—压力调节阀；4—倒挡增压阀；5—进油口

油泵分解图如图3-75、图3-76所示。

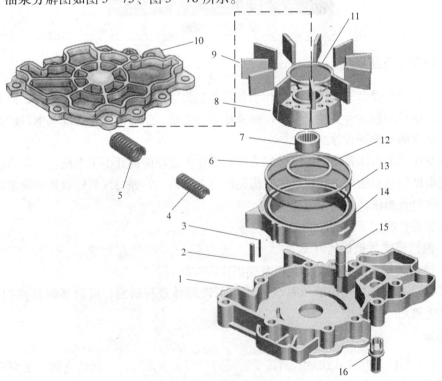

图3-75 油泵分解图1
1—泵体；2—油泵滑座密封条；3—油泵滑座密封条支座；4—预紧内弹簧；5—预紧外弹簧；6—密封圈；
7—油泵驱动轴轴承；8—油泵转子；9—油泵叶片；10—泵盖；11，12—叶片圈；
13—油泵O形密封圈；14—油泵滑座；15—滑座销轴；16—油泵输出口滤清器

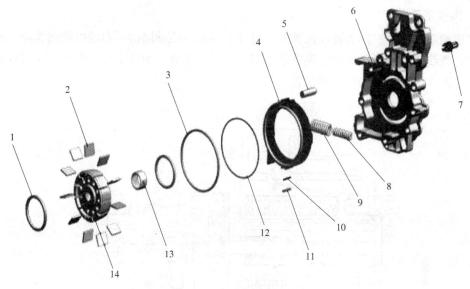

图 3-76 油泵分解图 2

1—叶片圈；2—油泵叶片；3—密封圈；4—油泵滑座；5—固定销；6—油泵壳体；7—滤网；
8—预紧内弹簧；9—预紧外弹簧；10—油泵滑座密封条支座；11—油泵滑座密封条；
12—O 形密封圈；13—油泵驱动轴承；14—油泵转子

2. 液压系统控制元件总位置

液压系统控制元件总位置如图 3-77 所示。

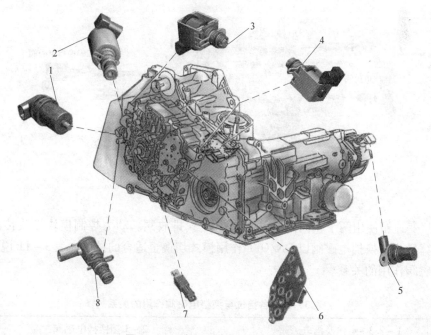

图 3-77 液压系统控制元件总位置

1—输入速度传感器 ATISS；2—压力电磁阀；3—1-2/3-4 换挡电磁阀（SS）；4—2-3 换挡电磁阀（SS）；
5—车辆速度传感器（VSS）；6—变速器油液压力（TFP）手动阀位置开关；
7—变速器油液温度（TFT）传感器；8—TCC PWM 电磁阀

3. 换挡电磁阀

当线圈不通电时，阀芯被油压推开，打开泄油孔，该油路的压力经电磁阀泄荷，油路压力为零；当线圈通电时，电磁力使阀芯下移，关闭泄油孔，油压上升。图 3-78 所示为换挡电磁阀。图 3-79 所示为电磁阀位置。

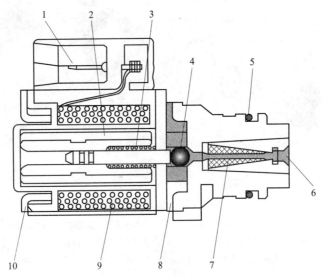

图 3-78　换挡电磁阀

1—连接器；2—柱塞；3—弹簧；4—球阀；5—O 形密封圈；6—信号油路；
7—滤清器；8—泄油口；9—线圈；10—壳体

图 3-79　电磁阀位置

4T65E 变速箱使用两个相同的常开形态电子式排放阀。动力控制模块接收传感器的信号，经运算后指令换挡电磁阀以 ON/OFF 作用模式切换至适合的挡位，表 3-11 说明各挡位与换挡电磁阀作用的关系。

表 3-11　各挡位与换挡电磁阀作用的关系

挡位	1-2/3-4 挡换挡电磁阀	2-3 挡换挡电磁阀
P/R/N	ON	ON
1	ON	ON

续表

挡位	1-2/3-4挡换挡电磁阀	2-3挡换挡电磁阀
2	OFF	ON
3	OFF	OFF
4	ON	OFF

图 3-80 所示为换挡电磁阀 D1 挡控制油路。

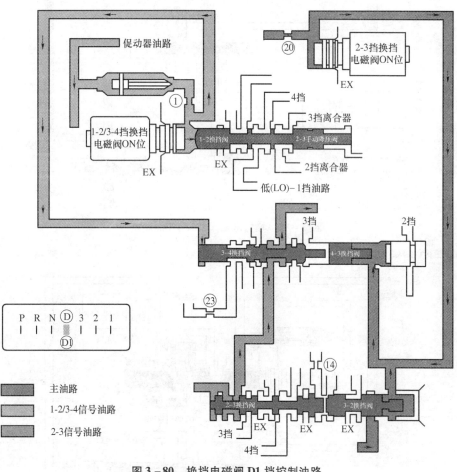

图 3-80 换挡电磁阀 D1 挡控制油路

图 3-81 所示为换挡电磁阀 D2 挡控制油路。

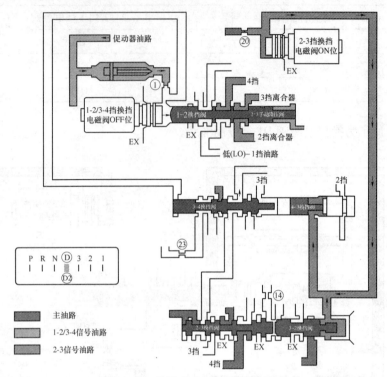

图 3-81 换挡电磁阀 D2 挡控制油路

图 3-82 所示为换挡电磁阀 D3 挡控制油路。

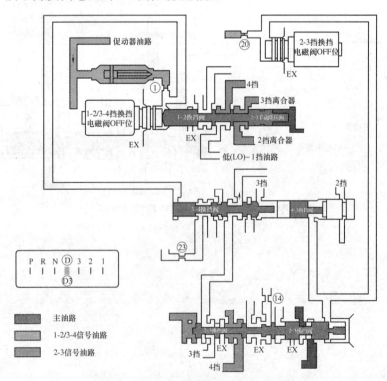

图 3-82 换挡电磁阀 D3 挡控制油路

图 3-83 所示为换挡电磁阀 D4 挡控制油路。

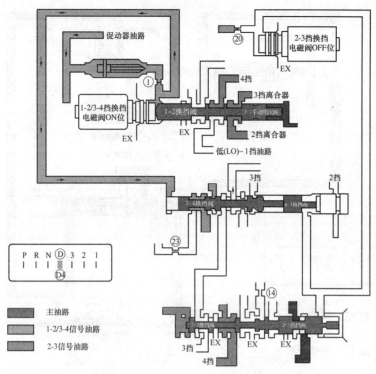

图 3-83　换挡电磁阀 D4 挡控制油路

图 3-84 所示为换挡电磁阀 N 挡控制油路。

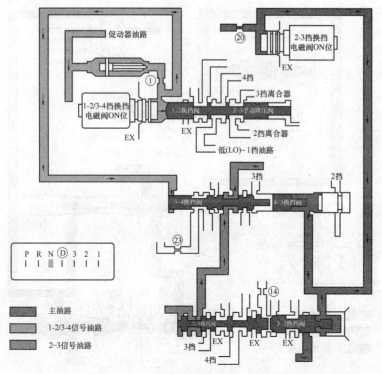

图 3-84　换挡电磁阀 N 挡控制油路

图3-85所示为换挡电磁阀P挡控制油路。

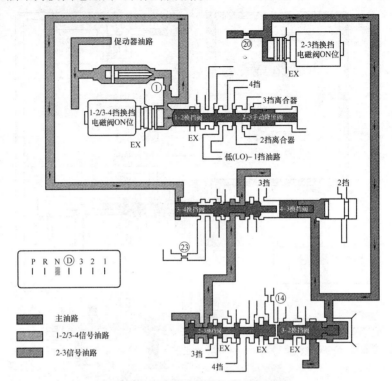

图3-85 换挡电磁阀P挡控制油路

图3-86所示为换挡电磁阀R挡控制油路。

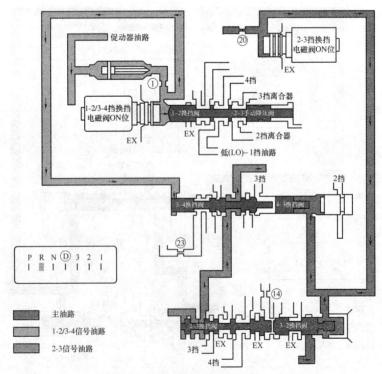

图3-86 换挡电磁阀R挡控制油路

4. 油压控制电磁阀

油压控制电磁阀是一个精密的电子压力调节器，它控制电流流过线圈而产生的作用于变速箱上的主油压。当线圈不通电时，阀芯被油压推开，打开泄油孔，该油路的压力经电磁阀泄荷，油路压力为零；当线圈通电时，电磁力使阀芯下移，关闭泄油孔，油压上升。

图 3-87 所示为油压控制电磁阀。图 3-88 所示为油压控制电磁阀位置。图 3-89 所示为油压控制电磁阀控制主油路压力变化曲线。

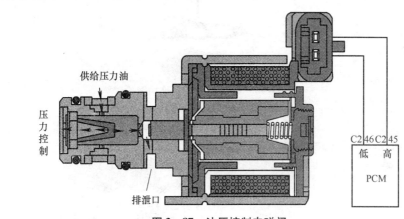

图 3-87 油压控制电磁阀

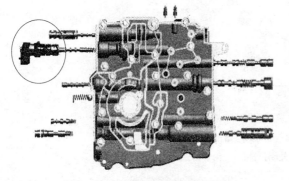

图 3-88 油压控制电磁阀位置

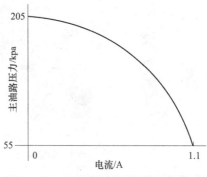

图 3-89 油压控制电磁阀控制主油路压力变化曲线

5. 蓄压器

蓄压器用来控制换挡质量。

蓄压器的作用是通过吸收一部分液压力来减少施加在接合部件上的液压力。图 3-90 所示为 1-2 挡蓄压器结构图。图 3-91 所示为 3-4 挡蓄能器。

蓄压器减压随负载大小而变化，负载越大，蓄压器液压越大。

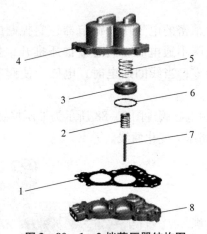

图 3-90 1-2挡蓄压器结构图

1—垫片；2—外圈弹簧；3—活塞；4—蓄能器壳；5—缓冲弹簧；
6—密封圈；7—活塞杆；8—蓄能器盖

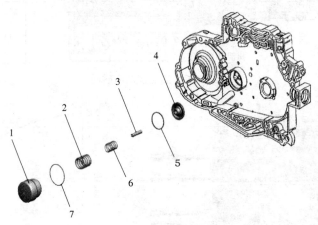

图 3-91 3-4挡蓄能器

1—蓄能器壳；2,6—外圈弹簧；3—活塞销；4—活塞；
5,7—O形密封圈

6. 止回球

止回球用来控制液压油的流动。

止回球通常具有下列作用：

（1）与节流孔接合使用，控制接合部件充分接合或分离所需时间长短（这一点影响到换挡质量）。常见的情况是，在接合部件接合时，止回球迫使液压油流过一个节流孔，而在分离时，使液压油流过一条无阻碍的通道。

（2）允许两个不同的管路共用1个共同管路，同时防止这两个管路彼此沟通。

图 3-92 所示为止回球。

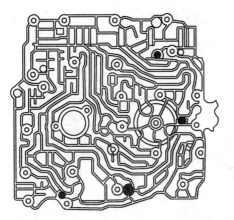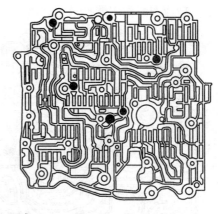

图 3-92 止回球

作用：当 TCC 锁止离合器需要工作时，1#球阀在液压油的作用下封闭脱开油路，如图 3-93 所示。

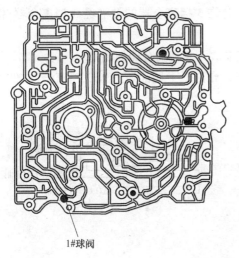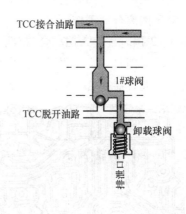

图 3-93 1#球阀

作用：换挡阀过来的液压油经过 2#球阀时被切断，然后经过节流阀 25、26 分别到达 2 挡离合器控制油路，如图 3-94 所示。

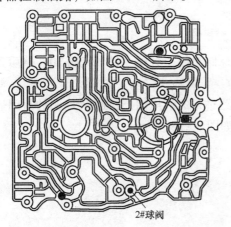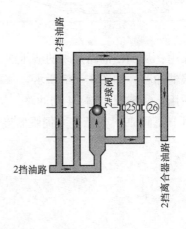

图 3-94 2#球阀

作用：3#球阀的作用就是封闭 PRN 油路，使其通向输入离合器，如图 3-95 所示。

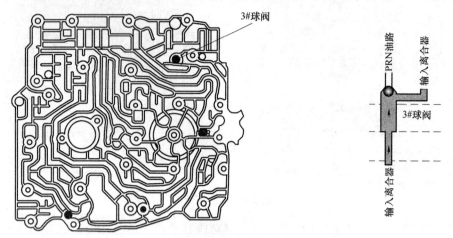

图 3-95　3#球阀

作用：在超速 3 挡时它封住低 1 挡油路，允许 3 挡离合器的油液经 3 挡离合器/低 1 挡油路，使 3 挡离合器工作。

在 3-2 挡时，使 3 挡离合器/低 1 挡油液泄放入 3 挡离合器的油路。

在手动 1 挡时，它克服了 3 挡离合器油液，允许低 1 挡油液进入 3 挡离合器/低 1 挡油路，使 3 挡离合器接合，如图 3-96 所示。

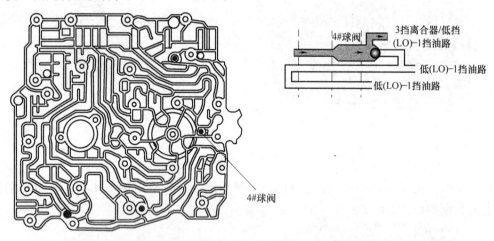

图 3-96　4#球阀

作用：从倒挡油路过来的液压油，经过 5#球阀封闭，必须经过节流阀 20，然后到达倒挡伺服器油路，如图 3-97 所示。

作用：6#球阀控制 D4 挡油路，从 D4 挡油路过来的液压油，经过 6#球阀的封闭后，必须经过节流阀 29，然后进入伺服器接合油路，如图 3-98 所示。

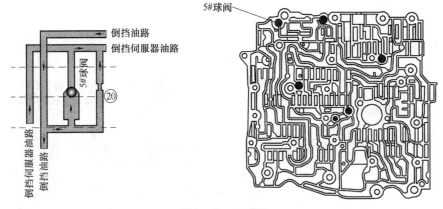

图 3 – 97　5#球阀

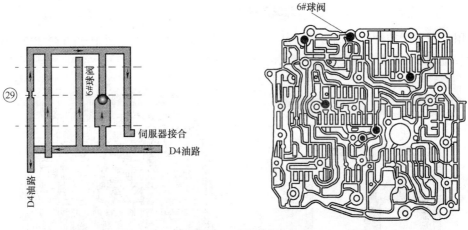

图 3 – 98　6#球阀

作用：控制低（LO）挡油路，从低（LO）挡油路过来的液压油被 7#球阀封闭，使得低（LO） – 1 挡油路必须经过节流阀 27 后，到达低 1 挡控制油路，如图 3 – 99 所示。

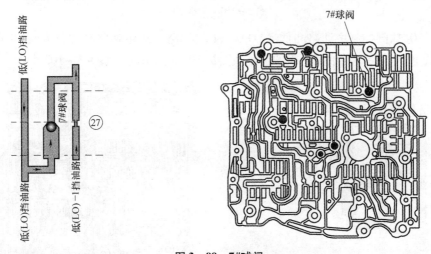

图 3 – 99　7#球阀

作用：8#球阀控制 D – 2 挡油路，阻断从手动 2 – 1 挡伺服油路经过节流阀 13 过来的液压油，如图3-100所示。

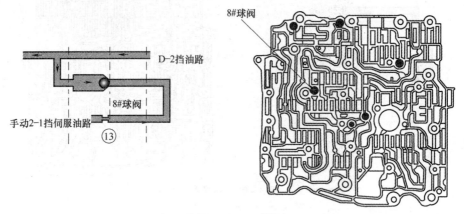

图3-100　8#球阀

作用：9#球阀控制3挡离合器，从3挡离合器过来的液压油经过节流阀28和#9球阀后，再经过节流阀24进入3挡离合器油路，如图3-101所示。

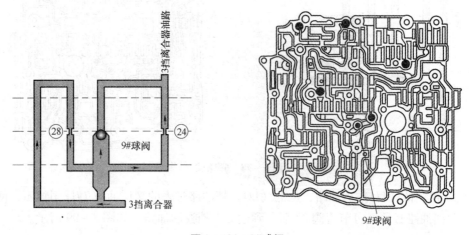

图3-101　9#球阀

作用：10#球阀控制主油路和低（LO）-1挡油路，从主油路经过节流阀33过来的液压油和从低（LO）-1挡油路过来的液压油，被10#球阀阻断，如图3-102所示。

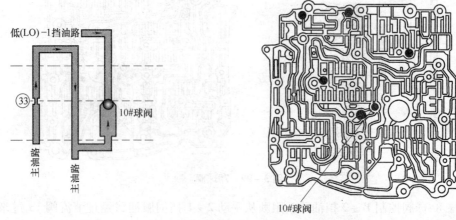

图3-102　10#球阀

第二部分 技能训练

一、系统诊断

对于自动变速箱故障一定要进行系统诊断。这样会非常省力地确定出故障的原因，避免不必要的修理，并帮助你第一次就能对变速箱进行正确修理，避免出现再次修理。

关于车载故障诊断，系统故障诊断顺序是：
（1）初步检查：发动机性能、怠速、液压油液。
（2）节流阀操作和联动装置。
（3）路试。
（4）压力检测。

根据检测结果进行离合器/制动带分析。

在工作台进行解体维修期间，如果必要的话，系统诊断方法要求进行：
（1）油液状态和污染分析。
（2）所有拆卸后的性能检测（漏气检测、轴向间隙调整等）。
（3）所有零部件的仔细检查。
（4）变速箱型号等级的确认。

所有组装后性能的检查。

二、不必要的解体检修

（1）如果仅仅是换挡点或换挡感觉问题，可以在车上进行修理。
（2）如果有滑脱问题，仍有可能在车上排除。当离合器烧坏或磨损时，则必须进行解体检修，油液中或变速箱油底壳上出现摩擦材料则表明离合器烧坏或磨损。

三、路试

在进行路试之前，要确信压力调节电磁阀运行正常；否则，自动变速箱将被损坏。

1. 路试应检查项目

1）啮合

正常行驶温度下，在前进挡或倒挡上变速箱啮合应该立即完成并不得生硬；如果啮合生硬，可能是由管路压力过大而引起，确认 PCM 或压力调节电磁阀是否提供了适宜的控制。如果都没有问题，那可能是阀体内的阀卡住了。油泵容量低或油液流动受阻会导致啮合缓慢或啮合延迟，管路压力低也会造成啮合缓慢或啮合延迟。如果变速箱啮合不牢固，在对变速箱进行路试前，最好对变速箱进行压力检测。

2）升挡

依据维修指南检查所有升挡是否发生在各自的范围内，并检查换挡感觉。在节气门开度较小时，换挡应该在较低的行驶速度时发生，并且与节气门全开时相比感觉较为平顺。升挡时生硬或出现延迟表示压力调节阀或调速器等有问题。换挡时产生滑脱或换挡缓慢表明油压低或离合器打滑，采用压力检测以进一步查出问题的原因。

3）降挡

通过所有挡位换到第一挡的滑行距离以确信变速箱能够降挡减速，检查降挡情况。"降挡"故障常常是由于T.V.压力高。如果在不适当的速度下发生降挡则表明换挡电磁阀或阀体等有问题。

2. 油液压力检测目的

在所有状态下，合适的油液压力使得油液稳定地流入或流出油泵，所有压力调节阀动作正常，并且啮合离合器和给制动带伺服传动装置加压时管路不会产生漏泄。压力高或低的油液状态会影响变速箱啮合换挡点和换挡感觉。实际高压或低压的油液状态及何时出现的症状在分析故障时是很关键的。油液压力检测使在故障诊断时可以更加主动。如车上修理就可以排除故障，则通常不用拆下变速箱做解体检修。在低压和油液燃烧情况下，低压的原因是第一位的，如果油压正常且仍出现油液燃烧，则趋向表明液压传动装置的状态和限定的相反。

四、诊断故障码

电子控制的变速箱将检测并储存诊断故障码。使用这些故障码，结合正确的修理指南步骤，不用拆卸变速箱就能快速使问题得到解决。必须使用SGM专用诊断电脑Tech2调出代码并参考维修手册来进行。

五、有关变速箱油的提示

1. 颜色

新的变速箱油呈红色。在油中加有红色的燃料，以使组装厂能够将其与发动机油或发动机冷却液区分开，并认定其是变速箱油。油中红色的燃料并非永久存在并且也不表明油的质量。一个正在维修的车辆其油液会呈现较深颜色，一般逐渐呈现淡褐色。油液呈深褐色并带有燃烧气味说明油已变质并且表明需要更换油液。

2. 气味

维修中的变速箱其油液具有特定的气味。除非有其他症状例如深褐色油液，不要根据油的气味更换油液。变速箱油变成混浊粉红色，有可能是因变速箱冷却器故障而被发动机冷却液污染，因此需要进行变速箱的解体检修。这包括所有的密封元件和离合器的更换，也包括液力变矩器。散热器的冷却器以及发动机橡胶软管和密封件均必须更换。其他操作流程请详参该车型的维修手册，并且一定要按照操作流程步骤动手实践。

第三部分　知识拓展

大众01M/01N阀体（见图3-103）是比较难以诊断维修的一块阀体，虽然很多表面的故障现象都可以从油路的压力值表现出来，但是压力的变化因素错综复杂，其控制油压的几个关键阀——主调压阀、增压调节阀和电磁阀调节阀互相联系。

下面列举大众01M/01N自动变速器常见故障的排除。

1. 主油压无规律变化，1-2或2-3换挡不正常

由于阀体的磨损，主油压有时会出现无规律的异常变化——主油压一会儿过高、一会儿过

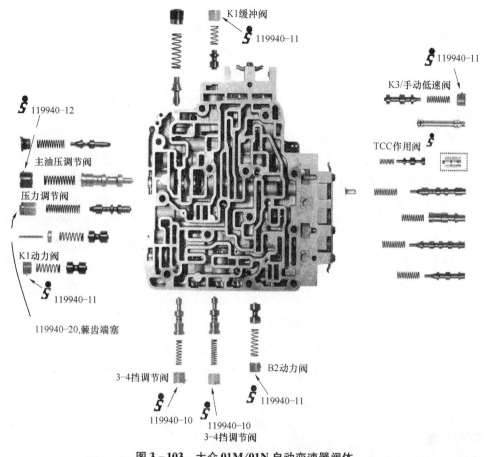

图 3-103 大众 01M/01N 自动变速器阀体

低,呈跳跃式的变化。在正常情况下,主油压应该在压力系统的连续调节下稳定在一定的变化范围内。主油压的平衡位置决定了基线的主油压,而增压调节阀通过将增压信号作用在主调压阀上来起到调节主调压阀平衡位置的作用,从而指导主调压阀在基线主油压值的基础上对主油压进行调节。而增压信号是由增压调节阀来控制的,它将一端的 EPC 电磁阀信号转化并输出为增压信号。如果增压阀和主调压阀不能对微小的 EPC 电磁阀信号做出快速的反应,EPC 电磁阀就不能正常控制和调节主油压的变化,从而出现异常变化的主油压。因而包括 EPC 电磁阀、增压调节阀孔的两端、主调压阀孔的两端在内的各个环节都会影响到主油压的控制。

2. 倒挡压力过大,倒挡冲击

大众的这款阀体没有单独的倒挡增压阀,这也是其在设计上的一个特点。一般的变速箱中,倒挡信号需要通过推动倒挡增压阀来增大信号压力,从而推动主调压阀以增大倒挡时的主油压。而在 01M/01N 阀体中,EPC 信号是唯一推动增压阀的通道,而且它推动增压阀是用来降低而不是增高倒挡增压信号的。从图 3-103 可以看到,如果没有 EPC 电磁阀信号的作用,增压阀在弹簧力的作用下会处于最上方的位置,而这个位置正是产生最大增压信号的位置。在倒挡时,EPC 信号不是起增压作用,而是相反,将增压阀往下推,起到了降低和调节倒挡信号压力的作用。所以,如果增压阀孔的顶部出现磨损漏油,EPC 对增压阀往下的推力会被降低,从而导致倒挡压力过高和倒挡冲击的产生。

3. 啮合延迟

有时在引擎起动后，车辆并不能马上开动，而是在继续加大油门一段时间后车辆才突然开动。引擎刚起动时，主调压阀还没开始压缩弹簧，处于图3-103中的最上方位置，随着引擎带动油泵转动，主油压开始上升，在正常情况下，作用在主调压阀平衡端上的主油压应该很快能克服弹簧力，推动主调压阀到其平衡位置。但是如果油泵太弱或油路内部渗漏，比如从油泵压出的油经过主调压阀又排出泄油孔，这样主油压便不能及时上升到一定的强度来推动主调压阀，处于非平衡位置的主调压阀同时堵住了变矩器的供油通道，由于变矩器内没有足够的油压使其运行，因而此时车辆无法开动。在一段时间的延迟后，尤其是增大油门后，油泵加速转动，主油压终于达到了能够推动主调压阀到其平衡位置的强度，这时变矩器供油通道才打开，变矩器才开始达到足够的工作油压，使车辆得以开动。然而，如果啮合延迟仅仅造成一点起动时间上的延迟，只要驾驶者耐心一些就行了，更严重的问题在于延迟的这段时间内，由于变速箱内的润滑油路也是从变矩器供油油路来的，主调压阀在滞留于其非平衡位置的同时也切断了润滑油路，这时离合器、制动器摩擦片和齿轮都在润滑不足的情况下干转，时间长了，就造成了离合器、制动器和齿轮的过早失效，因而也缩短了变速箱的使用寿命。

学习单元3.4　搭载电控无级自动变速器（ECVT）汽车行驶冲击故障的诊断与修复

知识目标
（1）理解ECVT的作用、类型、结构、工作原理。
（2）正确读识ECVT电路。
（3）正确读识ECVT油路。

技能目标
（1）掌握万用表、故障诊断仪VAG 1552的正确使用。
（2）掌握ECVT的故障分析方法。
（3）掌握ECVT的检修技能。

第一部分　知识要点

一、一般ECVT的知识

1. 作用

无级变速器（Continuously Variable Transmission，简称CVT）是指能无级控制速比变化的变速器，它能提高汽车的动力性、燃料经济性、驾驶舒适性、行驶平顺性。电控的无级自动变速器（ECVT）可实现动力传动系统的综合控制，充分发挥发动机特性。

2. ECVT类型

无级变速器的分类如图3-104所示。

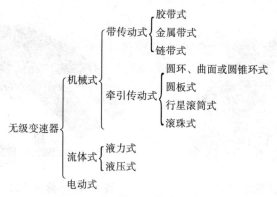

图 3-104　无级变速器的分类

1）机械式 CVT

机械式 CVT 因为是通过摩擦传递扭矩，故总有打滑的危险，进而在接触面产生高温而磨损。经过改进提高，目前金属带式或链带式相对应用较多。

2）流体式 CVT

流体式 CVT 又分为液力式和液压式两种。

（1）液力式：即液力变矩器。

（2）液压式：液压式与液力传动同属流体传动，其区别在于它是依靠液体压能的变化来传动或变换能量，是用工作腔的容积变化进行工作的。液压元件主要是液压泵与液压电动机，有液压车轮电动机与液压驱动轴两种。它的优缺点除与液力式类同外，还有液压元件不适应汽车高转速、高负荷和转速变化频繁、振动大等不利的工作条件，故仅在推土机、装载机上有所应用，汽车上应用较少。

3）电动式 CVT

为了与给定的电动机匹配，有的用单速变速器（与异步电动机共同工作），有的需两挡以上（与永磁同步电动机配合），而有的则要多挡（与直流串绕电动机匹配），以达到设计的性能。纯电传动虽有零污染与低噪声的突出优点，但存储于电池中可用能量行驶范围有限。有的采用内燃机与电源的复合驱动方案，起步或加速时使用电动机作辅助动力，改善加速性能。在城市行驶时可多用电驱动，以克服内燃机污染严重的问题。而在郊区以外，则多用内燃机与传统驱动方式配合行驶。

3. ECVT 结构

金属带式 CVT 的解剖图如图 3-105 所示，包括液力变矩器、速比改变机构、控制系统等。速比改变机构中又包括主从动轮组、制动器、离合器、辅助变速机构等。

金属带式 CVT 的关键部件是金属传动带（钢带），如图 3-106 所示。金属传动带由几百片（现已达 400 多片）V 形金属推片（元件）和两组金属环组成高柔性的金属带，每个金属 V 形块厚度为 1.4~2.2 mm，在两侧工作轮挤压作用下，推挤前进来传递动力，如图 3-107 所示。两边的金属环由多层薄钢带、厚度为 0.18 mm 的带环叠合而成，在传动中正确引导金属元件的运动。较薄的厚度对减少运转噪声十分重要。较多的元件与带轮接触，降低接触面压力，还可允许其表面偶尔出现一两个损坏，亦有利耐久性提高。这种带的特点是使带轮可以以最小的卷绕半径工作，速比工作范围大，能传递的转矩大。

图 3-105 金属带式 CVT

1—变矩器；2—钢带

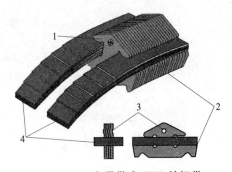

图 3-106 金属带式 CVT 的钢带

1—金属带；2—金属推力块；3—冲压小坑；4—多层钢带

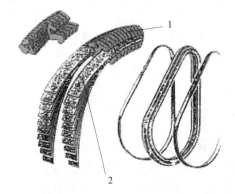

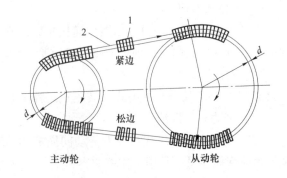

图 3-107 金属带式 CVT 的钢带

1—推力块；2—钢带环

链传动是机械式 ECVT 的另一种形式（见图 3-108），类似自行车的链条，由三部分组成：内连接片、压板连接片和连接它们的浮动销，销相互滚动，使链条在弯曲时摩擦力小且具柔性。销与轮的接触随旋转半径的减小而从上移到下，使链表面保持磨损稳定。链轮表面的沿轮向凸起是防止链因摩擦因数下降而打滑。链可不必有固定周节，从而消除纯音色，有利于降低噪声，它比传动带简单、价廉。

图 3-108 CVT 的传动链

4. ECVT 原理

ECVT 的无级变速原理如图 3-109 所示。主动轮组和从动轮组都由可动盘和固定盘组成,与油缸靠近的一侧带轮可以在轴上滑动,另一侧则固定。可动轮盘与固定轮盘都是锥面结构,它们的锥面形成 V 形槽与 V 形金属传动带啮合。发动机动力经起步装置传至 CVT 的主动工作带轮,再由关键部件——V 形金属带将动力传递到被动工作带轮,最后动力经主减速器与差速器到达车轮。车辆行驶时,当主、被动工作带轮的可动部分通过控制高压油使其按需要做轴向移动时,改变了主、被动轮的工作半径比,从而实现了外界对汽车的变速要求。

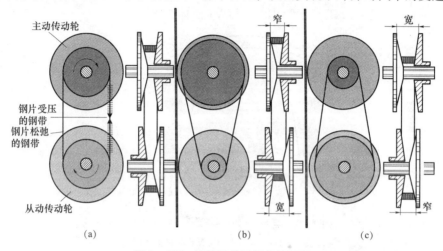

图 3-109 ECVT 的无级变速原理
(a) 传动比为 1;(b) 传动比为 0.385;(c) 传动比为 2.25

二、01J 型 ECVT 的知识

(一) 01J 型 ECVT 的特点及特性参数

01J 型 ECVT 被称为 Multitronic,是无级/手动一体式变速器。Multitronic 可在发动机任何转速下自动调节至最合适传动比。独特的多片式链带传动带、优异的电脑控制液压系统令其能传递强大扭矩。该变速器装配在奥迪 A6 2.8 L 轿车上。

01J 型 ECVT 的特性参数如表 3-12 所示。

表 3-12 01J 型 ECVT 的特性参数

项目	技术参数
能传递的最大扭矩	310 N·m
变速器速比范围	2.4～0.4
辅助变速齿轮机构变速比	1.109 (=51/46)
主减速器主传动比	4.778 (=43/9)
油泵工作压力	最大约 6 MPa
ATF 型号	G 052180 A2
总质量(不含飞轮)	88 kg
总长度	610 mm

装有01J型ECVT的奥迪A6轿车比装5挡手动变速器的相同车型具有明显优势：加速更快、乘坐更舒适，同时也更经济，0~100 km/h的加速时间比装自动变速器的车快了1.3 s，甚至比装有最佳的5速手动变速器的相同车型也快1/10 s。

它比装常规的自动变速器的车每百千米少消耗0.9 L高级汽油，而且比装5速手动变速器的A6车每百千米少消耗0.2 L。

（二）01J型ECVT的结构

1. 总体结构

如图3-110~图3-115所示为01J型ECVT总体结构。

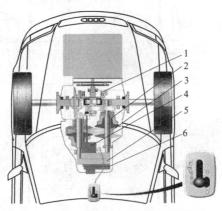

图3-110　01J型ECVT总体结构1

1—前进离合器；2—可动盘；3—传动链；4—油泵；5—液压控制单元；6—电子控制单元

图3-111　01J型ECVT总体结构2

图3-112　01J型ECVT总体结构3

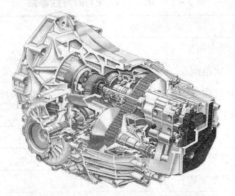

图3-113　01J型ECVT总体结构4

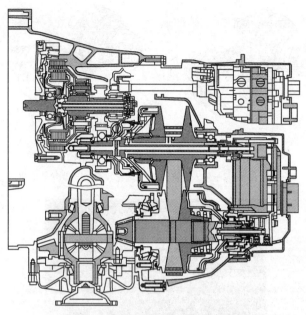

图 3-114　01J 型 ECVT 总体结构 5

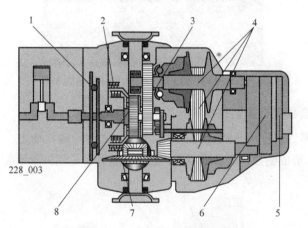

图 3-115　01J 型 ECVT 总体结构 6

1—飞轮减振装置；2—倒挡离合器；3—辅助减速齿轮挡；4—传动链变速器；
5—变速箱控制单元；6—液压控制单元；7—前进挡离合器；8—行星齿轮系

2. 链轮结构

链轮也分为可动部分和固定部分，其间距确定了链轮的工作半径。

车辆行驶时，当主、被动链轮的可动部分通过控制高压油使其按需要做轴向移动时，改变了主、被动轮的工作半径比，从而改变了传动比，实现了外界对汽车的变速要求。

两组链轮必须同时调整，保证传动链始终处于张紧状态和有足够的接触传动压力。

图 3-116、图 3-117 所示为 01J 型 ECVT 的链轮结构。

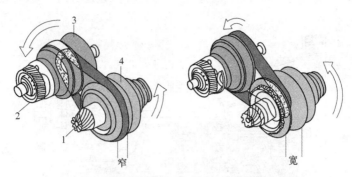

图 3-116　01J 型 ECVT 的链轮结构 1
1—输出齿轮；2—输入齿轮；3—主链轮装置；4—副链轮装置

图 3-117　01J 型 ECVT 的链轮结构 2

3. 制动器、离合器及行星齿轮机构

如图 3-118 所示，行星齿轮机构为一排、双级，太阳轮输入动力、行星架输出动力；制动器用来制动齿圈，形成倒挡；离合器用来连接太阳轮和行星架，车辆起步及前进时工作。

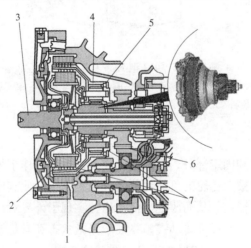

图 3-118　制动器、离合器结构
1—倒挡离合器；2—前进挡离合器；3—输入轴；4—齿圈；5—行星齿轮；
6—辅助变速齿轮；7—行星齿轮支架

行星齿轮机构的结构如图3-119所示，其作用不再像液力有级ECT那样用来在不同挡位形成不同的传动比，而是主要实现前进挡与倒挡的转换以及其他的特殊功能。

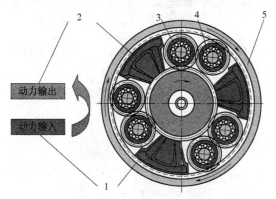

图3-119 行星齿轮机构

1—太阳轮；2—行星齿轮架；3—行星齿轮1；4—行星齿轮2；5—齿圈

大众01J型ECVT制动器、离合器及行星齿轮机构的动力传递框图如图3-120所示。

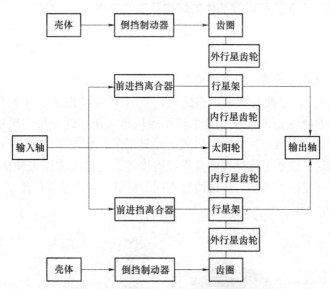

图3-120 大众01J型ECVT制动器、离合器及行星齿轮机构的动力传递框图

（三）01J型ECVT的动力传递情况

01J型ECVT的动力传递路线图如图3-121所示。

1. 急速时（N、P挡）

行星架静止，太阳轮输入，齿圈以发动机转速一半的速率急速运转（空转），旋转方向与发动机相同。

2. 前进挡时

前进挡离合器接合，行星齿轮系变成一个刚体转动，并且与发动机转动方向相同。

3. 倒挡时

倒挡制动器接合，齿圈被制动，动力由太阳轮输入，经行星架反向降速输出，实现倒挡。

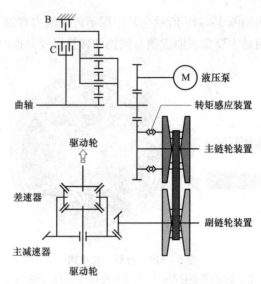

图 3-121　01J 型 ECVT 的动力传递路线图

（四）01J 型 ECVT 主要组成零部件的结构及工作原理

1. 机械传动部分

1）传动链

相邻传动链链节通过转动压块连接成一排（每个销子连接两个链节），转动压块在变速器锥面链轮间"跳动"，即锥面链轮互相挤压，如图 3-122 所示。转矩只靠转动压块正面和锥面链轮接触面的摩擦力来传递。每个转动压块永久连接到一排连接轨上，通过这种方式，转动压块不可扭曲，两个转动压块组成一个转动节，如图 3-123 所示。转动节中的两个转动压块相互滚动，故在工作过程中几乎没有摩擦，使得动力损失和摩擦损失降到最小，因此，寿命延长并且提高了效率。使用两种不同的链节，目的是确保传动链运转时尽可能无噪声，如图 3-124 所示。

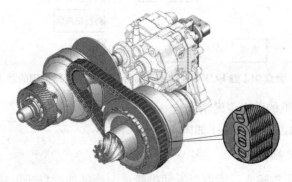

图 3-122　传动链 1

01J 型 ECVT 传动链是新开发的，与以前传统的传动带或 V 带相比具有以下优点：尽管变速器尺寸小，但很小的跨度半径就可产生很大的传动比范围，传递扭矩大、传动效率高。

2）传动链轮

01J 型变速器传动链轮的工作模式基于双活塞原理，如图 3-125 所示。链轮装置 1（主动链轮）和 2（被动链轮）上各有一个将锥面链轮压回位的压力缸和用于调整传动比的分离缸，利用少量压力油就可以很快地进行换挡，这可保证在较低油压时，锥面链轮有足够的接触压力。

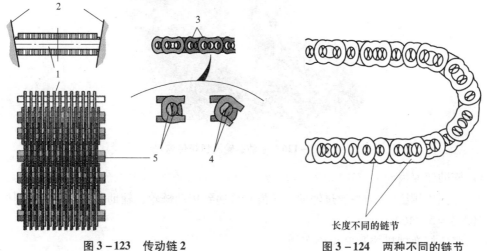

图 3-123 传动链 2
1，5—转动压块；2—变速器锥面链轮；
3—链节；4—转动节

图 3-124 两种不同的链节

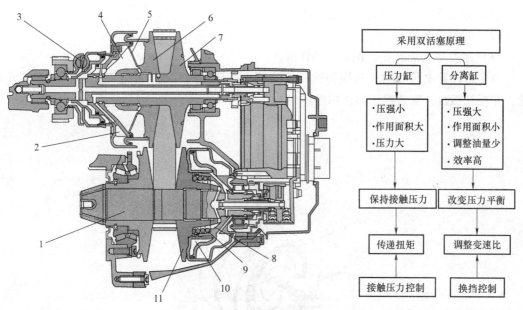

图 3-125 传动链轮
1—链轮装置 2；2—分离缸；3—扭矩传感器；4—压力缸；5—膜片弹簧；6，11—变速器锥面链轮；
7—链轮装置 1；8—分离缸；9—螺旋弹簧；10—压力缸

在液压系统泄压时，链轮 1 的膜片弹簧和链轮 2 的螺旋弹簧产生一个额定的传动链轮基础张紧力（接触压力）。在泄压状态下，变速器起动转矩变速比由链轮 2 的螺旋弹簧的弹力调整。

主动链轮与输入轴相连，上有扭矩传感器，如图 3-126 所示。

图 3-126 主动链轮及扭矩传感器

3) 辅助变速齿轮

由于受空间限制,动力通过辅助变速齿轮传递到传动链轮,辅助变速齿轮传动副传动比为 1.109（=51/46）。

4) 变速杆换挡机构和 P 位停车锁

如图 3-127 所示变速杆位置有 P、R、N、D 及手动换挡模式区域等。通过变速杆可实现下述功能：

（1）触发液压控制单元手动换挡阀；

（2）控制停车锁；

（3）触发多功能开关,识别换挡杆位置。

当变速杆置 P 位置时,与换挡轴相连的锁止推杆轴向移动,锁止爪被压向驻车锁止齿轮,并相互啮合,实现机构锁止功能。

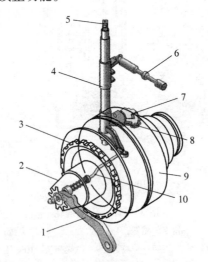

图 3-127 变速杆换挡机构和 P 位停车锁

1—P 挡锁止爪；2—驱动小齿轮；3—驻车锁止齿轮；4—换挡轴；5—外换挡机构接头；
6—手动阀；7—电磁通道；8—锁止通道；9—链轮装置；10—P 挡锁止推杆

2. 电子控制系统

01J 型 EVCT 的电子控制系统主要由信号输入装置、ECU、执行机构等组成。

1) ECU（J217）

（1）结构。

ECU（J217）的外形及安装位置如图3-128所示。

ECU（J217）集成在变速器内，直接用螺栓紧固在液压控制单元上，其底座为一个坚硬的铝板壳，此铝板壳起隔热作用。该壳体容纳全部的传感器，不再需要线束和插头，因而没有单独线束。这种结构使J217的可靠性大大地提高了。ECU内部结构如图3-129~图3-131所示。

图3-128 ECU的外形及安装位置

图3-129 ECU内部结构1

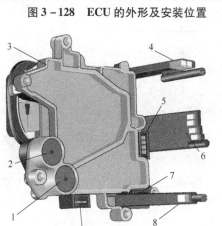

图3-130 ECU内部结构2
1—G194；2—G193；3—J217；4—G195和G196；
5—N215；6—F125；7—N216；8—G182；9—N88

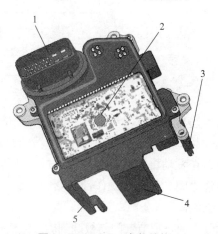

图3-131 ECU内部结构3
1—25针插头；2—油温传感器G93；3—输入转速传感器
（1个霍尔传感器）G182；4—多功能开关（4个霍尔传感器）
F125；5—输出转速传感器（2个霍尔传感器）G195、G196

J217-ECU、G195和G196为变速器输出轴转速传感器，N215和N216为变速器油压电磁阀，F125为多功能开关，G182为变速器输入轴转速传感器，N88为离合器冷却电磁阀，G193和G194为变速器油压传感器。

3个压力调节电磁阀（N88、N215、N216）与ECU（J217）间直接通过坚固的插接头连接（S形接头），而没有连接线，用一个25针的小型插头与汽车线束相连。

(2) 功能。

01J 型 ECVT-ECU（J217）具有动态控制功能、强制降挡控制功能、依据行驶阻力自适应控制功能、与巡航系统协调工作功能、对离合器（制动器）的控制功能、最佳舒适换挡模式选择功能、最大动力特性功能、提高燃油经济性功能、过载保护功能、爬坡控制功能、微量打滑控制功能、合理匹配离合器控制功能、故障自诊断功能、升级程序等。

①动态控制程序。

ECU（J217）中有一个动态控制程序 DRP，用于计算变速器的目标输入转速，目标是将操纵性能尽可能与驾驶员输入相适应，驾驶员应有如机械模式下驾驶的感觉，其框图如图 3-132 所示。

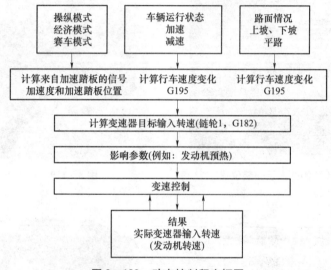

图 3-132　动态控制程序框图

为上述目的，ECU（J217）接收驾驶员动作、车辆运行状态和路面情况信息，计算加速踏板动作频率和加速踏板角度位置（驾驶员评价）、车速和车辆加速情况。利用该信息和逻辑组合，在发动机转速范围内，通过改变传动比，将变速器输出转速设定在最佳动力性和最佳经济性之间，使汽车操作性和驾驶员输入信号尽可能匹配。

②强制降挡。

驾驶员通过把节气门踏板踩到底，激活接通强制降挡开关，告知 ECU（J217）现在需要最大加速度，因此，发动机转速被调整到最大功率处的转速，直到加速踏板角度减小为止。

③依据行驶阻力自适应控制。

"与负荷有关的动力"被计算出来用以测定行驶阻力，例如上坡、下坡、车辆处于被牵引状态等。该行驶阻力用于和在平路上行驶（空载）时的牵引阻力做比较，指示是否需要提高或降低所需功率。

上坡或牵引车辆时，需要增大扭矩。在这种情况下 ECU（J217）使变速器控制向减速方向调节来增加扭矩。

在下坡时，情况稍有不同。若驾驶员想利用发动机制动，则必须踩制动踏板（信号来自 F/F47）。若发动机处于超速阶段，并且踩下制动踏板后车速依然提高，则变速比向减速方向调节，从而更有利于驾驶员控制发动机制动效果。若下坡坡度减小，变速比再次向加速方向调节，车速稍有提高。

④与巡航系统协调工作。

巡航控制开启时，自动变速器变速比经常很小，所以当汽车下坡行驶时，会导致发动机制动效果不足。在这种情况下，ECU（J217）通过减小变速器输入转速来增强发动机的制动效果。

⑤对离合器（制动器）的控制。

ECU（J217）接收发动机转速、变速器输入转速、加速踏板位置、发动机转矩、制动力、变速器油温等信号计算出离合器（制动器）所需的额定压力，调节离合器压力和离合器传递的发动机转矩。

⑥最佳舒适换挡模式。

在传动比变化范围内可获得任意变速比，传动比转换非常平顺，使驱动力的传输不会中断。

⑦最大动力特性。

汽车加速时牵引力传递不会中断，可获得最佳加速特性。

⑧提高燃油经济性。

在经济运行模式下，通过对传动比的连续调节，使发动机总是处于最佳工作模式，提高了燃油经济性。

⑨过载保护。

利用内建模型，ECU（J217）计算出离合器打滑温度。若测得的离合器温度因离合器过载而超出标定界限，则将减小发动机输出转矩。当发动机转矩被减小到发动机怠速上限时，在一段时间内，发动机对加速踏板信号无反应，同时离合器冷却系统确保短时间内使离合器降温，此后又迅速重新提供发动机最大扭矩。

⑩爬坡控制。

爬坡控制的特点是当车辆静止、制动起作用时，减小爬坡转矩，发动机不必产生很大的转矩，降低了发动机的怠速运转噪声，驾驶员只需稍加制动即可停住汽车，因而改善了燃油经济性和舒适性。

若汽车停于坡道上，制动力不足车辆回溜时，离合器压力将增大，使汽车停住（"坡道停住"功能）。该功能是通过两个变速器输出速度传感器 G195 和 G196 可以区分汽车是前进还是后退来实现的。

⑪微量打滑控制。

微量打滑控制功能是针对离合器进行控制，它能减缓发动机产生的扭转振动，在部分负荷下，离合器特性被调整到发动机输出转矩为 160 N·m 时的状态。

当发动机转速上升到大约 1 800 r/min 时，发动机输出转矩达到 220 N·m 左右，此时离合器进入"微量打滑"模式下工作。在此模式下，变速器输入轴和主动链轮之间的打滑率（速度差）保持在 5~20 r/min。

⑫合理匹配离合器控制。

合理匹配离合器控制功能的作用是保持恒定的离合器控制质量，控制适合的离合器压力，提高效率。由于离合器的摩擦系数经常变化，所以为了能在任何工作状态下和其寿命内使离合器控制舒适性能不变，那么控制电流及离合器转矩之间的关系必须不断优化。离合器的摩擦系数取决于变速器油、变速器油温、离合器温度、离合器打滑率等,为了补偿这些影响和优化离合器控制,在爬坡控制模式和部分负荷状态下,控制电流和离合器转矩要相匹配。

⑬换挡控制。

控制单元有一动态控制程序(DCP)用于计算变速器目标输入转速,以便获得最佳传动比。

⑭故障自诊断。

故障在很大程度上可通过自诊断功能识别。根据故障对驾驶安全性的影响程度,可通过仪表盘上的变速杆位置指示灯将其显示给驾驶员。对故障自诊断的识别结果,会有3种不同显示状态:

a. 故障被存储,替代程序能够使汽车继续运行(有某些限制),此故障不显示给驾驶员。因为这对驾驶安全性来说并不严重,驾驶员根据汽车的行驶状况可注意到该故障。

b. 换挡杆位置指示灯通过倒置显示现存故障。此故障对于驾驶安全性来说虽不严重,但是应尽快排除。

c. 换挡杆位置指示灯通过正置显示现存故障。此故障对于驾驶安全性来说是非常严重的,应立即排除。

⑮升级程序(闪光编码器)。

ECU(J217)可通过软件进行升级。控制单元的程序、特性参数和数据(软件)以及计算出的输出信号值,都永远地存储于"Flash EEPROM"电子可编程存储器中,可采用 VAS 5051 设备进行升级。

2)信号输入装置

01J 型 ECVT 的信号输入装置有变速器输入转速传感器(G182)、变速器输出转速传感器(G195 和 G196)、离合器和制动器压力传感器 G193、接触压力传感器 G194、转矩传感器、多功能开关(F125)、自动变速器油温度传感器(G93)、制动灯开关、"强制降挡"信号、Tiptronic 开关(F189)、CAN 总线、发动机转速信号、换挡指示信号、车速信号等。

(1)转矩传感器。

转矩传感器的作用是根据要求建立精确、安全的接触压力。发动机转矩通过转矩传感器传递给 ECVT - ECU(J217),转矩传感器通过液力 - 机械方式控制接触压力。它集成于链轮装置1内(见图 3 - 133),精确地感知传递到压力缸的实际转矩并建立压力缸的正确油压。压力缸中合适的油压最终产生锥面链轮接触压力。若接触压力过低,传动链会打滑,将损坏传动链和链轮;相反,若接触压力过高,会降低效率。

转矩传感器(见图 3 - 134)的主要部件为两个滑轨架(见图 3 - 135),每个支架有 7 个滑轨,滑轨中装有滚子。滑轨架 1 装于链轮装置 1 的输出齿轮中(辅助变速齿轮副的输出齿轮),滑轨架 2 通过花键与链轮装置 1 连接,可以轴向移动并由转

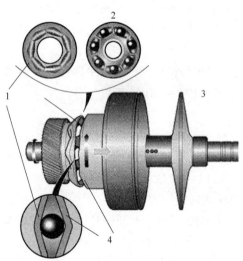

图 3 - 133 转矩传感器
1—滑轨架 1;2—链轮 2;3—链轮 1;4—滑轨架 2

矩传感器活塞支承，转矩传感器活塞调整接触压力并形成转矩传感器腔 1 和腔 2。支架彼此之间可相对旋转，将转矩转化为轴向力，此轴向力施加于滑轨架 2 并移动转矩传感器活塞，活塞与支架接触。

活塞控制凸缘关闭或打开转矩传感器腔输出端。转矩传感器产生的轴向力作为控制力，与发动机转矩成正比，与压力缸中建立的压力成正比。转矩传感器腔 1 直接与压力缸相通，按系统设计，发动机转矩产生的轴向力与压力缸内的压力达到平衡。汽车稳定运行的情况下，出油孔只

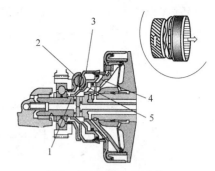

图 3-134　转矩传感器
1—扭矩传感器活塞；2—滑轨架 1；3—滑轨架 2；
4—转矩传感器腔 2；5—扭矩传感器腔 1

部分关闭，打开排油孔（转矩传感器）后压力下降，调节压力缸内的压力。若输入转矩提高，控制凸缘进一步关闭出油孔，压力缸内压力升高，直到建立新的平衡；若输入转矩降低，出油孔进一步打开，压力缸内压力减低，直到建立新的平衡；转矩达到峰值时，控制凸缘完全关闭出油孔。若转矩传感器进一步移动，将会起到油泵的作用，此时被排出的油使压力缸内的压力上升，这样就毫不延迟地调整接触压力。

图 3-135　转矩传感器的滑轨架

（2）变速器输入轴转速传感器 G182，如图 3-136 所示。

G182 监测链轮装置 1 的转速，提供实际的变速器输入转速。变速器输入转速与发动机转速一起作用于离合器控制，作为变速控制的输入变化参考量。

如果 G182 损坏，则起步加速过程可利用电控单元内部设定的固定参数完成，这时微量打滑控制和离合器匹配功能失效，发动机转速作为替代值，无故障码显示。

若 G182 电磁线圈受到严重污染，则会影响 G182 正常工作。

（3）变速器输出轴转速传感器 G195 和 G196。

G195 和 G196 监测链轮装置 2 的转速，它们安装在传感器轮背面，其安装相位角

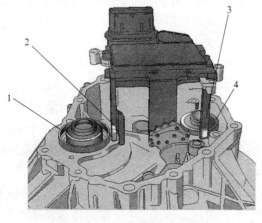

图 3-136　输入轴转速传感器
1，4—传感器信号发生轮；2—输出转速传感器 G195、G196；
3—输入转速传感器 G182

差为25%（见图3-137），通过它们的信号识别变速器输出转速。该信号用于变速控制、爬坡控制、坡道停车功能和为仪表板组件提供车速信号。

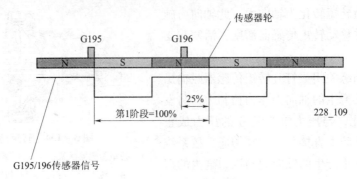

图3-137　输出轴转速传感器

其中来自G195的信号用于监测转速，来自G196的信号用来区别旋转方向，因此，可区别出汽车是前进还是后退，如图3-138所示。

图3-138　输出轴转速传感器信号

如果G195损坏，则变速器输出转速可从G196的信号取得，但坡道停车功能失效。如果G196损坏，则坡道停车功能失效。若二者都损坏，则可用轮速信号作替代值（通过CAN总线），坡道停车功能失效，无故障码显示。

若二者电磁线圈受到严重污染（摩擦产生的金属碎屑），则会影响它们的工作功能，因此在维修前应将黏结到电磁线圈上的金属碎屑清除。

（4）多功能开关F125。

F125向ECU（J217）提供换挡杆位置信息，ECU（J217）由此完成以下功能：起动锁止控制、倒车灯控制、P/N内部控制、车辆运行状态信息用于离合器控制（前进/倒车/空挡）、倒车时锁止变速比。F125由4个霍尔传感器组成，霍尔传感器由换挡轴上的电磁通道控制，如图3-139所示。

每个霍尔传感器的信号均有高电位和低电位两种状态，分别用1和0表示，因此，4个霍尔传感器能产生16种不同组合。换挡组合表如表3-13所示。

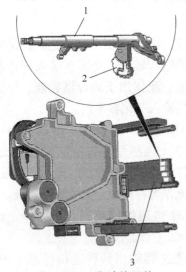

图3-139　多功能开关

1—换挡轴；2—电磁通道；
3—4个霍尔传感器A、B、C、D

表 3-13 换挡组合表

换挡杆位置	霍尔传感器				换挡杆位置	霍尔传感器			
	A	B	C	D		A	B	C	D
P	0	1	0	1	故障	0	0	0	0
P-R	0	1	0	0	故障	0	0	0	1
R	0	1	1	0	故障	0	1	1	1
R-N	0	0	1	0	故障	1	0	0	0
N	0	0	1	1	故障	1	0	0	1
N-D	0	0	1	0	故障	1	1	0	0
D	1	0	1	0	故障	1	1	0	1
					故障	1	1	1	0
					故障	1	1	1	1

换挡杆进入 N 位置，若霍尔传感器 C 损坏，则换挡组合为 0001，变速器 ECU（J217）将不能再识别换挡杆位置 N，由此判别此组合为故障状态，并使用合适的替代程序。F125 的故障现象差别很大，在某种情况下，车辆将不能行驶。发生故障时，故障指示灯将闪烁。

（5）离合器和制动器压力传感器 G193。

G193 监测前进挡离合器和倒挡制动器的工作压力，用来监控离合器功能。离合器压力监控有优先权，因此在多数情况下，G193 失效都会使安全阀被激活。

（6）接触压力传感器 G194。

G194 监测接触压力，此压力由转矩传感器调节。因为接触压力总是与实际变速器输入转矩呈正比，所以利用 G194 的信号可十分准确地计算出变速器输入转矩。

（7）自动变速器油温传感器 G93。

G93 集成在 ECU（J217）电子器件中，监测变速器油温。变速器油温影响离合器控制和变速器输入转速控制，因此在控制和匹配功能中发挥重要作用。

若 G93 损坏，则发动机温度被一个恒定的值代替。匹配功能和某些控制功能失效，故障指示灯点亮。

（8）Tiptronic 开关 F189。

Tiptronic 开关 F189 也称手动模式开关，集成在齿轮变速机构中的鱼鳞板中，由 3 个霍尔传感器（见图 3-140）组成，霍尔传感器由位于鱼鳞板上的电磁阀激活。

鱼鳞板上有 7 个橙红色的 LED 指示（相应的换挡杆护板上有 7 个位置指示）：4 个用于换挡杆位置显示（P、R、N、D），1 个用于制动动作信号（脚形符号），其余两个用于护板上的 + 和 - 信号。每个 LED 都由单独的霍尔传感器控制。当起作用时，F189 向变速器 ECU（J217）提供接地信号。

若 F189 有故障，则 Tiptronic 功能失效。

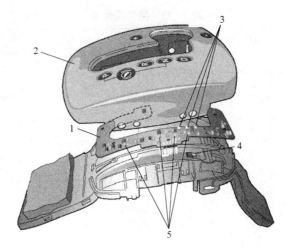

图 3-140　Tiptronic 开关

1—换挡杆护板的鱼鳞板；2—换挡杆护板；3—Tiptronic 开关的 3 个霍尔传感器；
4—霍尔传感器电磁阀；5—用于换挡杆位置的 4 个霍尔传感器

(9) 制动灯开关 F。

制动灯信号用于换挡杆锁止功能、爬坡控制、动态控制程序。

(10) 其他信号输入装置。

如 CAN 总线、发动机转速信号、换挡指示信号、车速信号等。除少量接口外，信息都通过 CAN 总线在变速器 ECU（J217）和区域网络控制单元之间进行交换。发动机转速信号是一个关键参数。为提高可靠性，发动机转速信号除了通过 CAN 总线外，还通过单独的接口传到 J217。若出现故障或发动机转速信号接口失效，则发动机转速信号可通过 CAN 总线获取。发动机转速信号出现接口方式故障时，微量打滑控制功能失效。车速信号为 J217 产生的方波信号，并通过单独接口传给仪表板组件，并通过仪表板组件传到网络电控单元/系统等。

3) 执行机构

01J 型 ECVT 的执行机构主要是 3 个电磁阀：N88、N215、N216，它们接受 ECU（J217）的指令，将控制电流转变成相应的控制压力，控制换挡和油压调节等功能。另外，还有换挡杆锁止电磁阀 N110、故障指示灯、挡位指示灯等。

(1) N88。

控制离合器冷却阀 KKV 和安全阀 SIC。

(2) N215。

激活离合器控制阀 KSV。

(3) N216。

激活减压阀。

(4) N110。

变速杆处于 P 或 N 挡时，踏下制动踏板方能将变速杆移出 P 或 N 挡。

4) 电子元件

连接示意图如图 3-141 所示。

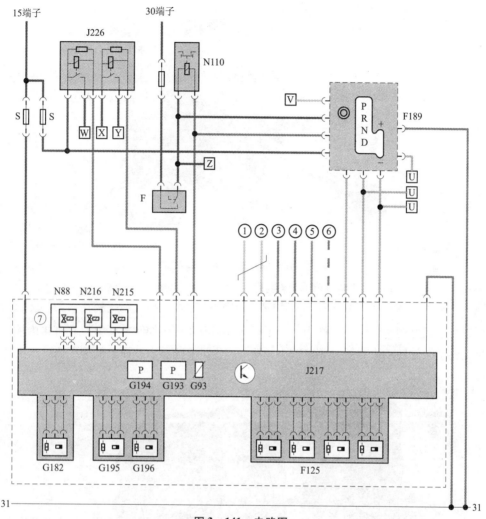

图 3-141 电路图

F—制动灯开关；F125—多功能开关；F189—Tiptronic 开关；G93—变速器油温传感器；
G182—变速器输入转速传感器；G193—离合器和制动器压力传感器；G194—接触压力传感器；
G195 和 G196—变速器输出转速传感器；N88—电磁阀 1（离合器冷却/安全切断阀）；
N110—换挡杆锁止电磁阀；N215—离合器控制电磁阀；N216—变速器控制电磁阀；
J217—ECU；J226—起动锁止和倒车灯继电器；S—保险丝；U—至 Tiptronic 方向盘（选装）；
V—来自接线柱 58d；W—至倒车灯；X—至点火开关接线柱 50；Y—至起动机接线柱 50；
Z—至制动灯；1—传动系 CAN 总线（低）

3. 液压操纵系统

1）供油系统

油泵及液压控制单元如图 3-142 所示。

（1）油泵。

油泵是供油系统的主要零部件，也是变速器中消耗动力的主要部件，直接安装在液压控制单元上，免去了不必要的连接。油泵和控制单元形成了一个整体，减少了压力损失，并节约了成本。01J 型 ECVT 采用的是月牙形内啮合齿轮泵，其内部零部件（见图 3-143）公差要求较

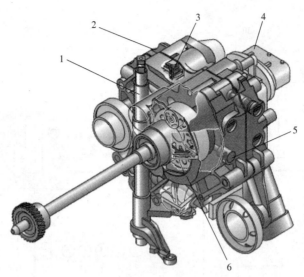

图 3-142 油泵及液压控制单元
1—选挡轴；2—液压控制单元；3—直接插接接头；
4—ECU；5—手动阀；6—油泵

高，所以具有良好的密封性。它作为一个小的部件集成在液压控制单元上，并直接由输入轴通过直齿轮驱动泵轴转动。尽管泵相对较小，却可产生足够的压力，而且低速下仍可产生高压。

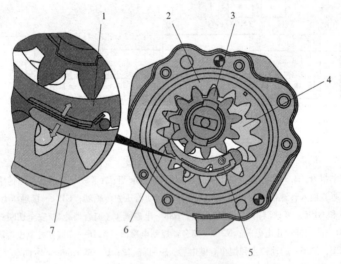

图 3-143 油泵内部结构
1—内扇形；2—齿圈；3—齿轮；4—吸油区；5—月牙形密封；
6—压油区；7—外扇形

（2）吸气喷射泵。

为了保证充分冷却离合器和制动器，01J 型 ECVT 安装了吸气喷射泵，集成在冷却系统中，以供应冷却所需的润滑油量。吸气喷射泵采用塑料结构，并且凸向油底壳深处，是根据文丘里管原理工作的。当离合器需要冷却时，压力油从油泵出来，通过吸气喷射泵进行导流并形成动力喷射流，润滑油流经管的喉部产生一定真空，将油从油底壳中吸出，并与动力喷射流汇合形成一股大量的油流，在不增加泵的容积的情况下，冷却油油量几乎加倍（见图 3-144）。

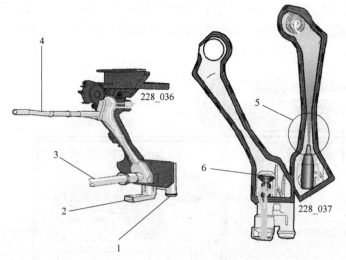

图 3-144　吸气喷射泵

1—ATF 溢油管；2—进油管；3—从液压控制单元到吸气泵的压力管；
4—前进挡离合器中的压力油管；5—文丘里孔；6—单向阀

2) 冷却系统

来自链轮装置 1 的 ATF，最初流经 ATF 散热器（ATF 散热器和发动机散热器集成在一起），之后在流回液压控制单元前流经 ATF 过滤器（见图 3-145）。若 ATF 冷却器泄漏，冷却液将进入 ATF 中，即便很少量的冷却液进入 ATF，也会对离合器控制产生有害影响。

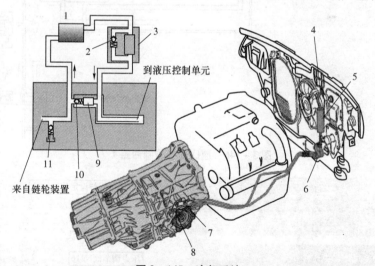

图 3-145　冷却系统

1—ATF 冷却器；2—DDV2；3—ATF 过滤器；4，8—回油管；5—过滤器；
6，7—供油管；9—S1；10—DDV1；11—DRV2

3) 液压操纵变速系统

输导控制阀 VSTV 向压力调节阀 N216 提供一个约 500 kPa 的常压，N216 根据 ECU (J217) 的指令产生控制压力，控制减压阀 UV 的位置。根据控制压力，UV 将调节压力传递到链轮装置 1 或 2 的分离缸。控制压力低于 0.18 MPa 时，调节压力传递到链轮装置 1 的分离缸。同时链轮装置 2 的分离缸与油底壳相通，变速器传动比减小；控制压力在 0.18 ~

0.22 MPa 之间时，UV 关闭；控制压力高于 0.22 MPa 时，调节压力传递到链轮装置 2 的分离缸。同时链轮装置 1 的分离缸与油底壳相通，变速器传动比增大。速比变换控制油路如图 3-146、图 3-147、图 3-148 所示。

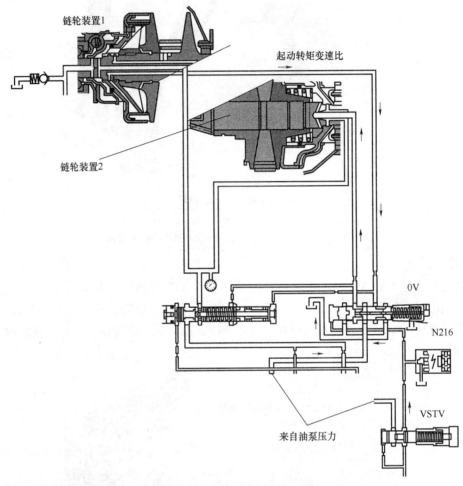

图 3-146 速比变换控制油路 1

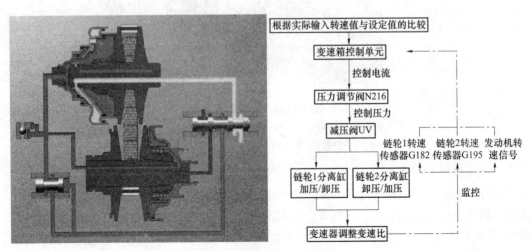

图 3-147 速比变换控制油路 2

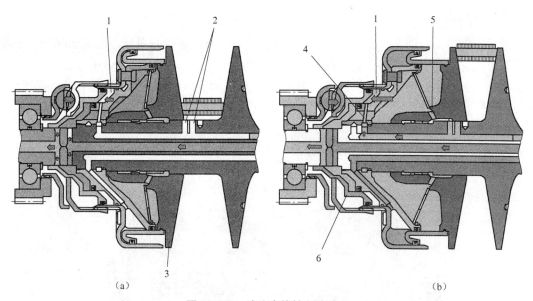

图 3-148　速比变换控制油路 3

(a) 速比高时；(b) 速比低时

1—转矩传感器腔 2；2—十字孔；3—链轮装置 1；4, 5—孔；6—转矩传感器活塞

4) 润滑系统

01J 型 ECVT 采用飞溅式润滑。飞溅式润滑油罩盖位于链轮装置 2 上，其结构独特，可阻止压力缸建立动态压力。当发动机转速很高时，压力缸内变速器油承受很高的旋转离心力，使其压力上升，此过程称为动态压力建立。动态压力建立不是我们所希望的，因为其能不恰当地提高接触压力，并对传动控制产生有害的影响。

封闭在飞溅式润滑油罩盖的油承受与压力缸内相同的动态压力，这样，压力缸内的动态压力得到补偿。飞溅式润滑油腔通过润滑油喷射孔直接从液压控制单元处获得润滑油，通过此孔，润滑油连续喷入飞溅式润滑油腔入口。飞溅式润滑油容积减少（当改变传动比时），使润滑油从供油口排出（见图 3-149）。

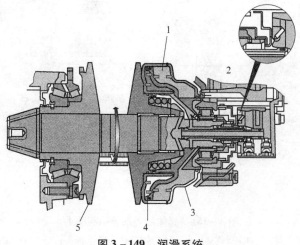

图 3-149　润滑系统

1—飞溅润滑油腔；2—润滑油喷射孔；3—飞溅润滑油罩盖；4—压力缸；5—链轮装置 2

5)液压控制单元

液压控制单元与油泵、ECU（J217）集成为一个小型的不可分单元，由手动阀和9个液压阀等组成。功能有制动器控制、调节离合器压力、冷却离合器、为接触压力提供压力油、传动控制、为飞溅润滑油罩盖供油等。图3-150所示为液压控制单元安装位置及外形图。

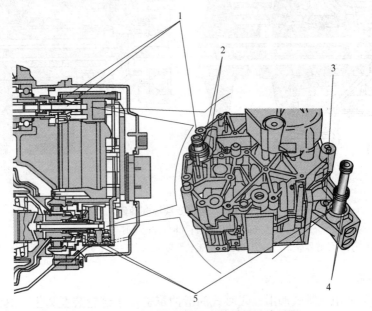

图3-150 液压控制单元安装位置及外形图
1—链轮装置1旋入螺钉；2，4—活塞环；3—润滑油喷射孔；
5—链轮装置2旋入螺钉

图3-151、图3-152为阀体后半部分剖视图。

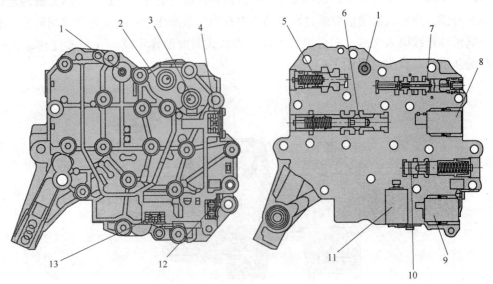

图3-151 阀体后半部分剖视图1
1—DBV1限压阀；2—G193连接；3—G194连接；4—N215插头；5—MDV最小压力阀；
6—KKV离合器冷却阀；7—KSV离合器控制阀；8—N215；9—N216；
10—VSTV输导压力阀；11—N88；12—N216插头；13—N88插头

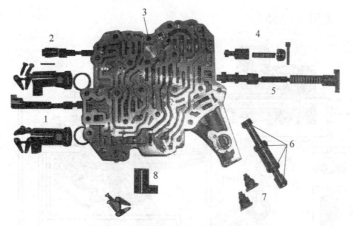

图 3-152 阀体后半部分剖视图 2

1—输导压力阀；2—离合器控制阀；3—DBV1 限压阀；4—MDV 最小压力阀；
5—KKV 离合器冷却阀；6—活塞环；7—导油活塞；8—N88

图 3-153、图 3-154 为阀体前半部分剖视图。

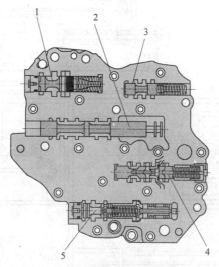

图 3-153 阀体前半部分剖视图 1

1—VSBV 流量限制阀；2—HS 手动阀；3—SIV 安全阀；4—UV 减压阀；5—VSPV 施压阀

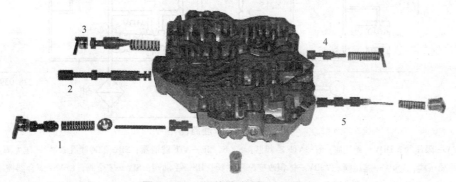

图 3-154 阀体前半部分剖视图 2

1—VSPV 施压阀；2—HS 手动阀；3—VSBV 流量限制阀；4—SIV 安全阀；5—UV 减压阀

6）油路图（见图3-155）

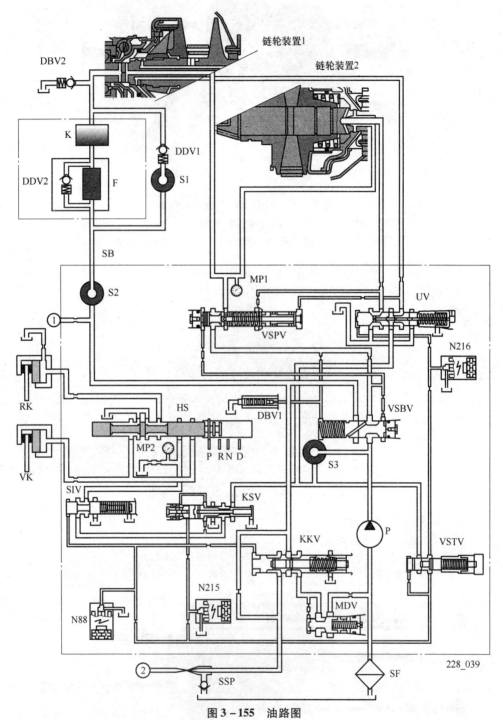

图 3-155 油路图

DBV—限压阀；DDV—差压阀；K—ATF冷却器；F，S，SF—ATF滤清器；SB—润冷喷孔；MP—压力测点；
UV—减压阀；VSPV—施压阀；VSBV—体积改变率限制阀；HS—手动阀；SIV—安全阀；KSV—离合器控制阀；
KKV—离合器冷却阀；VSTV—输导压力阀；MDV—最小压力阀；SSP—吸气喷射泵；
P—油泵；RK—倒挡制动器；VK—前进离合器；N88，N215，N216—电磁阀；
①—飞溅润滑油罩盖；②—到离合器

第二部分　技能训练

一、自诊断

当 01J 型 ECVT 发生故障时，其电控单元 ECU（J217）将故障码存储起来，可用 VAS 5051 或 V. A. G 1551 等大众公司专用故障诊断仪来查询故障。故障以故障码的形式显示出来。如果显示部件有故障，则需按电路图检查部件导线是否短路或断路，检查电器元件及安装位置等，必要时按故障查询程序查找故障。修理后如果显示无故障，则自诊断结束。

1. 故障码

电控单元 ECU（J217）存储有很多故障码，每一故障码都有其特定含义和处理建议，如表 3 – 14 所示。

表 3 – 14　故障码含义及处理建议

故障码	可能的故障原因	故障排除
17101/P0717 变速器输入转速传感器 G182 信号不可靠	变速器输入转速传感器 G182 损坏	读取测量数据块显示组 010 或 011，必要时更换 J217
	变速器内信号轮松动或损坏	检修变速器

变速器输入转速传感器 G182 集成在变速器电控单元 J217 上，只能与变速器电控单元一同更换。

故障识别条件：变速器电控单元识别出的输入转速短时小于或等于 1 r/min，同时识别的输出转速大于 100 r/min。

2. 执行元件诊断

1）注意问题

（1）仅当选挡杆在 P 或 N 位置且发动机停机时，才能执行元件诊断。

（2）当起动发动机或车辆开始移动或在 60 s 内未切换到下一个执行组件时，自诊断即终止。当挂上其他挡位（即不在 P 或 N 位置）时，执行元件诊断也终止。

（3）在诊断仪上进行特定的操作可中断执行元件诊断（如按 V. A. G 1551 上的 [C] 键）。

（4）在执行元件诊断过程中，通过听来检查起动锁止和倒车灯继电器，即给该继电器加电然后断电，重复此过程检查。

（5）在执行元件诊断过程中，通过听来检查选挡杆电磁阀，即给该电磁阀加电然后断电，重复此过程检查。

2）触发顺序

（1）倒车灯信号。

（2）换挡锁止电磁阀 N110。

3）诊断过程

（1）连接诊断仪，如 V. A. G 1551，选择 02 变速器电控装置，直到屏幕显示：

快速数据传递	帮助
选择功能××	

（2）选择并输入要诊断的执行元件，如按［0］和［3］键，显示屏显示：

快速数据传递	Q
03 执行元件诊断	

（3）按［Q］键确认，显示屏显示：

执行元件诊断
倒车灯信号

此时，起动锁止和倒车灯继电器 J226 被触发，有咔嗒声；如继电器未触发，则进行电气检测，电控单元内可能存有故障。

（4）再按［→］键，显示屏显示：

执行元件诊断
换挡锁止电磁阀

此时，换挡锁止电磁阀被触发，有咔嗒声，每次触发时，换挡操纵机构护板上的制动符号应亮，触发后又熄灭；如电磁阀未触发，则进行电气检测，故障存储器内可能存有故障。

（5）再按［→］键，显示屏显示：

执行元件诊断
结束

（6）按［→］键结束执行元件诊断，显示屏显示：

快速数据传递	帮助
选择功能××	

3. 电控单元编码

可以用 V.A.G 1551 或 VAS 5051 给电控单元编码，步骤如下：

（1）连接诊断仪，如 V.A.G 1551，选择 02 变速器电控装置，然后打开开关，屏幕显示：

快速数据传递	帮助
选择功能××	

（2）按［0］和［7］键，选择给电控单元编码，显示屏显示：

快速数据传递	Q
07 给电控单元编码	

说明：只有在点火开关打开且选挡杆在 P 或 N 位置时才能编码。编码时，加速踏板应保持在怠速位置，车辆处于静止状态，且发动机不起动。

（3）按［Q］键确认，显示屏显示：

```
电控单元编码                    帮助
输入编码×××
```

(4) 输入编码00001，按［Q］键确认输入。编完编码后，电控单元会自动清空故障存储器。
(5) 按［→］键，显示屏显示：

```
快速数据传递                    帮助
选择功能××
```

(6) 按［0］和［1］键查询电控单元编码，按［Q］键输入，并检查编码，显示屏显示：

```
01J927156K V30 01J 2.81 5V Rdw 1000
coding 00001              WSC××××
```

（后续要进行自适应）
如果输入的编码无效或电控单元不能识别，则会显示：

```
故障
代码××××不能被接受
```

如果输入了错误编码，那么电控单元仍旧保留旧编码，显示屏显示：

```
功能未知或
当前不能执行
```

4. 自适应

1) 自适应的前提和条件
(1) 完成下述工作后必须进行自适应：更换变速器电控单元J217，给J217编码。
(2) 自适应条件：已查询故障存储器，并已排除故障。
2) 前进自适应步骤
(1) 选择读取测量数据块显示组010，显示屏显示：

```
读取测量数据块                        010
0.28 A 自适应正在进行 61℃ 20 N·m
```

说明：在自适应过程中，要检查显示区3中的变速器油温是否高于60℃，必要时试车，使油温达到此温度。

(2) 将车向前行驶一段距离，然后制动，使车停下（必要时多次起动、前行并制动、停车），直到显示区2的文字"自适应正在进行"变为"自适应完成"，表明自适应过程结束，显示屏显示：

```
读取测量数据块                        010
0.28 A 自适应完成 61℃ 20 N·m
```

如果不显示自适应完成，则应查询故障存储器并排除故障，然后再次进行自适应。
3) 倒车自适应步骤
(1) 选择读取测量数据块显示组011，显示屏显示：

```
读取测量数据块                    011
0.28 A  自适应正在进行  61℃  20 N·m
```

说明：在自适应过程中，要检查显示区3中的变速器油温是否高于60℃，必要时试车，使油温达到此温度。

（2）将车向后行驶一段距离，然后制动，使车停下（必要时多次起动、倒驶并制动、停车），直到显示区2的文字"自适应正在进行"变为"自适应完成"，表明自适应过程结束，显示屏显示：

```
读取测量数据块                    011
0.28 A  自适应完成  61℃  20 N·m
```

如果不显示自适应完成，则应查询故障存储器并排除故障，然后再次进行自适应。

5. 数据流

通过检测仪可以读取变速器工作的数据流，如表3-15所示。

表3-15　变速器工作的数据流

读取测量数据块	显示组	显示区	内容
读取测量数据块2 D 1010 M – Schalter 3	002	1	选挡杆位置
		2	多功能开关的霍尔传感器状态
		3	Tiptronic 识别
		4	挂入挡位
读取测量数据块8 62% 310/min 2 480/min 3 240/min	008	1	加速踏板开度值
		2	变速器输出转速实际值
		3	变速器输入转速规定值
		4	变速器输入转速实际值

二、电控单元检测

1. 电控单元端子说明

电控单元端子说明如表3-16所示。

表3-16　电控单元端子说明

端子	功能	端子	功能	端子	功能
1	未使用	5	车速信号	9	供电（15号接线柱）
2	自诊断K线	6	选挡杆位置显示器[①]	10	CAN 总线（high）
3	起动锁止和倒车灯继电器J226	7	换挡杆锁止电磁阀N110	11	CAN 总线（low）
4		8	未使用	12	Tiptronic 开关（高挡）

续表

端子	功能	端子	功能	端子	功能
13	Tiptronic 开关（识别）	17/19	ABS 电控单元信号②	22	未使用
14	Tiptronic 开关（低挡）	18	ECT 电控单元信号②	23	未使用
15	发动机转速信号	20	ABS 电控单元信号	24	未使用
16	未使用	21	未使用	25	搭铁线（31 号接线柱）

注：①有 CAN 总线功能的组合仪表取消此线；②有 CAN 总线功能的 ABS/EDS 电控单元取消此线。

2. 电控单元端子的检测

电控单元端子的检测如表 3-17 所示。

表 3-17　电控单元端子的检测

检测步骤	V. A. G 1598/21	检测内容	检测条件		标准值
1	9 + 25	J217 供电	点火开关接通		约为蓄电池电压
			点火开关关闭		约 0 V
2	25 + 蓄电池负极	J217 接地连接	点火开关关闭		小于 1 Ω
3	7 + 25	换挡杆锁止电磁阀 N110	点火开关接通，选挡杆在 P 或 N 位置	踏下制动踏板	约为蓄电池电压
				未踏下制动踏板	约 0 V
4	13 + 25	F189（识别）	点火开关接通	选挡杆不在 Tiptronic 通道	约 10 V
				选挡杆在 Tiptronic 通道	较小值
5	12 + 25	F189（高挡）	点火开关接通	选挡杆在 Tiptronic 通道	约 10.5 V
				选挡杆开关已动作	小于 1 V
6	14 + 25	F189（低挡）	点火开关接通	选挡杆在 Tiptronic 通道	约 10.5 V
				选挡杆开关已动作	小于 1 V
7	15 + × ×	发动机电控单元导线	点火开关关闭，拔下发动机电控单元插接器		
8	10 + 25 11 + 25	自动变速器与发动机电控单元间导线	点火开关关闭，拔下发动机电控单元插接器		无限大
	10 + × × 11 + × ×				小于 1.5 Ω

注：表中 × × 表示发动机电控单元上的相应端子。

三、常见故障及诊断

奥迪 01J 型 ECVT 变速器是变速器领域高科技产品,但随着使用时间的推移,一些故障也逐渐显现出来。

通过在前面对 01J 型无级变速器结构、工作原理以及控制原理的理解可知,01J 型无级变速器与自动变速器还是存在本质区别,虽说在电子控制上有着诸多的共同特征,但对其机械和液压系统的故障诊断和维修都是截然不同的。

1. 故障诊断流程

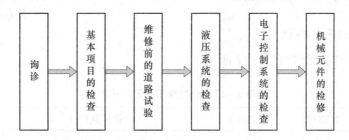

1)询诊

因奥迪 01J 型无级变速器的大多故障都不是很明显,所以对用户询问了解一些可参考的基本信息,然后利用这些有用信息对下一步的故障诊断有一个认识及初步的判断方向。在这个环节必须做好详细记录:把故障发生前后的故障征兆,故障发生过程、时间以及各种环境因素等——记录下来,以便对下一步的检测维修提供非常有效的依据,也许用户的一句话就会使在分析故障时少走很多弯路。

2)基本项目的检查

奥迪 01J 型无级变速器基本项目的检查仍然集中在一些外围信息的检查,包括无级变速器电控系统本身、发动机控制系统(发动机转速、温度、TPS、空气流量传感器等)、制动系统 ABS(制动力信息)以及仪表控制单元等。这是因为系统间采用的是网络通信,当某一系统出现故障时一定会波及其他系统。就无级变速器电控系统本身而言,其电子控制单元与传感器集成在一起,同时全部传感器都升级为数字霍尔形式,因此,对这些部件的检查不能依靠过去传统检测工具,只能借助专用检测仪器以及示波器进行检测和数据信息的验证,所以还是先简单扫描一下这些信息。同时还包括对变速器 ATF 液面高度的检查、ATF 油质的检查以及变速器外部挂挡拉索的检查和调整,往往有些时候通过简单的基本检查就可找到故障原因。

3)维修前的道路试验

这一点是最重要的,是进一步确认故障信息的最佳、最有效的途径,同时也是通过路试环节初步判断所掌握的故障信息与用户所描述的故障信息是否相互吻合。通过道路试验可以基本确定故障部位,为下一步维修提供有效的帮助。在这里强调的是在路试过程当中必须与该车用户一起试车,因为不同的驾驶方式会改变故障现象出现的概率,同时还要利用诊断工具将实时采集的动态信息进行复制,以便对相关信息进行分析并进一步确认故障点。

4)液压系统的检查

在第二项基本检查里只是简单对液压电子系统进行动态数据的扫描,对于某些少数无级变速器的液压系统是可以直接通过油压试验的方法来查找故障原因的(比如日产天籁3.5 L

轿车使用的 REOF10A 就有油压测试孔)。而对于奥迪 01J 来说，其液压系统则是通过油压传感器来反映其内部工作压力的，因此，在维修诊断故障过程中必须使用专用检测仪通过读取汽车运行状态下的动态数据来确认故障信息。包括对液压控制单元(阀体)和动力传递元件(前进挡离合器和倒挡制动器)的监测都可利用动态数据来分析其工作性能的好坏。

另外，一旦液压控制单元出现故障，厂家采用对产品进行更新处理来解决问题(也就是说不能修复只能更换阀体总成)，同时厂家方面也提供离合器或制动器的部件及更新措施。

5) 电子控制系统的检查

对于 CVT 电子控制系统的故障检修与当今电子自动变速器的故障检修几乎是相同的，可通过专用诊断仪对故障码、动态数据流、波形数据等一一进行分析，包括对网络通信数据进行分析。通常在更多的故障中电子控制出现问题占据很大的比例，因此，要求修理人员一定要对故障码设置的条件、涉及的范围、影响的范围等有一个深刻的认识，同时最关键的是对动态数据的分析，要知道哪些数据是正确的、哪些是不正确的、哪些又是涉及故障边缘导致故障现象出现的数据，这些都特别重要。

6) 机械元件的检修

通过对无级变速器外围控制系统的了解，当确信问题来源于变速器内部机械元件时，只能做解体检查或故障部位的修理或更换。

2. 常见故障及诊断排除

1) 行驶冲击

故障现象：一辆 2003 年产一汽大众奥迪 A6 2.4 轿车，搭载 01J 型无级变速器。该车起步正常，行驶中加速到 10 km/h 左右时变速器有冲击现象。如果车辆起步后不踩加速踏板，而是让车辆以怠速行驶，那么当车速达到 10 km/h 左右时变速器就没有冲击现象，而且在其他车速和倒挡行驶时均无故障现象出现。

故障诊断：首先利用故障诊断仪 VAS 5051 进入电子诊断控制系统，发动机和变速器的电控系统均设有故障码存储。观察变速器系统动态数据流，在数据流中的 010 组的 02 通道显示"自适应成功"，该通道主要是前进挡的"自适应"数据，而数据流中 011 组的 02 通道显示"自适应运行中"，该通道主要是倒挡的"自适应"数据。从数据流来看，首先需要进行自适应操作，使变速器控制单元回到原始状态重新自学习。具体方法是：连接 VAS 5051，进入匹配功能，输入 000 并确定，然后分别进入数据流 010 组和 011 组的 02 区，都显示"自适应运行中"。利用 R 挡和 D 挡行车功能反复地进行起步和制动操作，直到数据流中 010 组和 011 组的 02 区都显示"自适应成功"。

在完成了自适应操作后试车，故障现象有所减轻，但是并没有完全排除。再次在车辆行驶时阅读动态数据流，加速时数据流中的 010 组的 04 通道的扭矩数值随着节气门开度的变化发生跳跃性变化 (15 N·m—35 N·m—75 N·m)，在怠速行驶时扭矩数值也是跳跃性变化 (15 N·m—35 N·m—48 N·m—75 N·m)，这说明变速器的冲击是由于扭矩的跳跃性变化引起的。

那么引起扭矩变化的原因是什么呢？找到这个原因也就找到了故障点。从数据流中的 007 组可以看出，发动机和变速器的输入转速存在转速差，而且数据流中的 004 组显示"SY"字样，这是非同步标记，也就是说前进挡离合器没有完全接合，所以故障范围应该在前进挡离合器部分。

导致前进挡离合器部分不能完全接合的原因有以下几种可能：

(1) 阀体有问题。

通过油路控制图（见图3-156）可以看出，前进挡和倒挡使用阀体上相同的油路，只是通过手动换挡阀来切换，因此阀体出现问题的可能性较小。下面简要介绍前进挡和倒挡的油路控制。阀体中的输导压力阀 VSTV 始终为压力调节电磁阀 N215 提供 5 kPa 的常压，变速器控制单元根据变速器输入转速和发动机转速等参数计算出控制电流值，电磁阀 N215 根据控制电流值调节控制压力，该压力决定了离合器控制阀 KSV 的位置，从而实现了合适的离合器压力。离合器压力通过安全阀 SIV 传递到手动换挡阀 HS，手动换挡阀的位置发生改变时将切换传递到前进挡离合器（D 位置）和倒挡制动器（R 位置）的油路。当换挡杆位于 P 和 N 位置时，手动换挡阀切断供油，前进挡离合器和倒挡制动器的油路都与变速器油底壳相通。

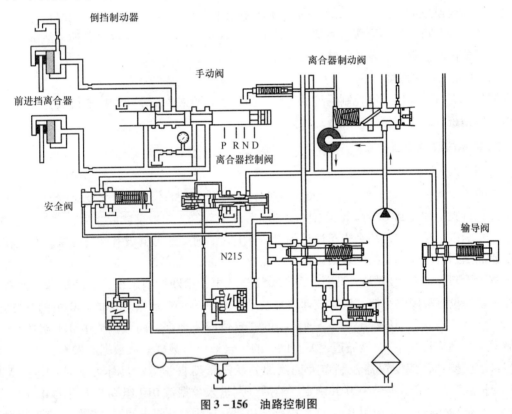

图 3-156 油路控制图

(2) 前进挡离合器有问题。

确定前进挡离合器是否有问题要分解变速器，操作起来比较麻烦。

(3) 变速器控制单元的控制程序有问题。

这个可能要更换变速器控制单元才能排除，而且变速器控制单元出现问题的可能性很小。

虽然故障的可能原因有几种，但是从故障现象判断，有一点应该是肯定的，那就是前进挡离合器的压力变化不协调。根据以上几种可能性的分析，应先检查阀体，因为这个操作最方便。

故障排除：在拆检阀体时，没有发现滑阀有卡滞和间隙过大的现象，但是在检查压力调节电磁阀 N215 时，发现其阀芯动作不太灵活。更换阀芯后试车，故障排除。

前进挡和倒挡使用共同的阀体油路和压力调节电磁阀，为什么倒挡在起步时没有问题呢？首先是前进挡离合器和倒挡制动器的结构不同，其次是变速器控制单元对前进挡和倒挡的控制程序和控制曲线有所不同。

2）漏油问题（烧差速器）

故障现象：奥迪01J型无级变速器漏油主要指的是漏差速器齿轮油而不是ATF油，这类问题主要反映在2004年以前的大部分车辆中。

故障诊断：主要导致漏油的原因是：车辆底盘较低且长时间涉水后就会造成差速器内部进水，进水后使差速器主动轴产生锈斑，锈斑破坏了双唇面油封的密封性能，从而导致齿轮油从差速器侧盖的漏油观察孔漏出，长时间行驶后由于润滑不良而导致差速器烧损。01J无级变速器仍然像01V 5挡自动变速器一样，差速器部分和变速部分采用两种润滑油液利用高效能的双唇面油封彼此隔开，当油封哪一边唇面受伤损坏时，哪一边的润滑油就会通过油封中间位置的小孔再经差速器侧盖上的漏油观察孔流出，以提醒驾驶者或维修人员变速器已经漏油，需赶紧维修以避免差速器因润滑不良而烧损。有些时候修理人员不知道这个孔起什么作用，如图3-157所示，所以有人在看到润滑油从这个地方流出来后就直接用密封胶将其堵死，这是万万不可的，因为一旦漏油观察孔被堵死后由于内压原因油封两端的不同润滑油也就会交叉渗漏，这样的后果可想而知，既会导致链条与链轮形成磨损，也会导致差速器主从动齿轮磨损，所以说这样做危害是相当大的。如果发现漏油要及时修理以防进一步损坏变速器部件。

在维修更换差速器部件以及双唇面油封时一定要使用相应的专用工具，如图3-158所示，特别是安装双唇面油封时必须使用专用工具安装。否则，第一，安装位置不正确会导致漏油；第二，如果用敲击的方式安装双唇面油封时极易损坏而导致漏油。

图3-157 漏油观察孔

图3-158 油封安装工具

为了防止维修后再次进水出现漏油问题，所以无论是维修后，还是更换变速器总成都必须加装软管并改善进水处。

第一步：将变速器前部差速器通气管上的通气帽拆下，如图3-159所示。

第二步：插上合适的橡胶软管，一定要注意将软管接头插到底，如图3-160所示。

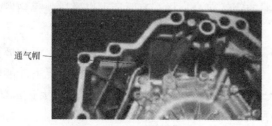

图3-159 拆下通气帽

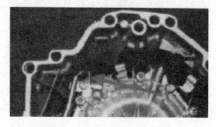

图3-160 安装橡胶软管

第三步：一定要把软管卡子紧压在变速器壳体上，如图 3-161 所示。

第四步：把软管的第一个弯曲处尽量用力向里压以便减小卡子的张紧力，以确保卡子和软管都不会脱落，如图 3-162 所示。

图 3-161　使用卡子　　　　　　　　　图 3-162　安装后复查

3) 不带 S 挡的 01J 型变速器的 R 挡问题

故障现象：入挡接合时间长，接合粗暴，起步耸车。

故障诊断：出现这样的故障现象时，电控系统一般并没有记录相关的故障信息（故障码），所以只能利用动态数据变化的分析再加上平时总结的一些维修经验来确认故障部位。这类问题根据维修案例总结多数原因都是因液压控制单元引起，还有一部分就是倒挡制动器本身造成的。由于 2003 年前的数据流没有第 065 组数据，因此一般情况下是通过其他数据流观察制动器的接合压力、输出扭矩以及通过对比发动机转速和输入链轮转速信息来确认故障。

4) 挡位指示灯闪烁

故障现象：带 S 挡的 01J 型无级变速器经常无规律地出现仪表挡位指示灯闪烁的问题，重新关闭发动机再起动后故障消失（通常诊断码为 F125 多功能开关信息的故障）。故障严重时车辆不能行驶。

故障诊断：奥迪 01J 型无级变速器一旦仪表上面的挡位信息灯（故障灯）闪烁，说明该变速器的问题是一个较严重的问题。此时，遇到这类问题直接更换电子控制单元即可。目前，国内一些电脑维修人员通过重新维修的方式来解决该问题，其实严格意义上讲，维修后很难保证其使用寿命，因为它不简单是某一电子部件或某一线路的问题引起，而是控制软件的问题，厂家已经在 2006 年后不断对新的控制软件进行升级处理，以缓解故障率的提升。但目前一少部分奥迪 A6L 等新车型所使用的 01T 型变速器还在出现这类故障，不过相比之下故障率较以前呈下降趋势。因此，建议用户如遇此类故障"更换电子控制单元"即可。

5) 加速时坐车

故障现象：发动机怠速时换挡杆在前进挡位置，车辆有时溜车或无爬行（坡道停车功能失效），车辆有时从静止（0 km/h）开始加速时，会出现坐车现象，同时明显感觉出传动系统有抖动现象。这种坐车的感觉就像离合器的突然离合那样，有时还可以通过观察到发动机转速表上的转速在出现坐车现象时波动。

故障诊断：像这类故障需要通过专用诊断仪读取其动态数据来判断问题所在。因为坡道停车功能一定要在满足离合器的工作压力下，同时还要保证足够的接触压力的情况下才能使汽车停在坡道上。这种问题一般大多都是由于前进挡离合器磨损使其工作间隙过大造成的。更换或修理输入轴总成（带前进挡离合器）即可。

检查范围标准：这种坐车现象是可以再现的，该现象大多总是出现在离合器接合时。

车停在稍有坡度的路面上,将加速踏板轻轻踏下10%~30%(观察第9组数据流第1项数据)来加速。

在这个路面上将驻车制动器拉紧两个齿,在行驶几米后,在离合器接合前出现坐车,随后坐车现象消失。

在低于2 000 r/min的转速等速行车,那么由于离合器在调节的原因,每5 s便出现一次坐车。

对比试验:如果在高于2 000 r/min的转速等速行车,则不应出现坐车现象。

在暖机时(变速器ATF油温度大于65℃,测量第10组数据流,观察第3项数据)驾驶车辆行驶,驾驶一段距离使车停住。读取测量第10组数据流,将第1项数据的数值记录下来。同时以同样方式读取第12组数据流,计算出第1项数据和第2项数据上数字的差值,并记下这个结果值。

修理或更换输入轴(前进挡离合器)的前提条件:

已完成以上标准检查;已完成以上进一步检查。

测量数据流第12组第1项上的数值减去第2项数据上的数值的差值应小于65 mA或是负值。测量数据流10组第1项数据上的值小于300 mA(车型2005款以后为350 mA)。只有在这些条件都得到满足时,才具备了修理输入轴的前提条件。

如果不满足上述这些前提条件,也可再现坐车故障。

检查测量第10组数据流第1项数据上的数值,如果该值小于250 mA,那么在离合器上就会产生一个较高的压力,该压力与较小的控制电流(小于250 mA)成比例。这种情况一般为ATF到冷却系统效用降低。请更换外部ATF滤清器,彻底清洁管条件的情况下最好也将内部滤清器更换掉并进行ATF冲洗过程。

修理或更换输入轴后需匹配试车。

在所有工作都完成后,需要按下面的行驶循环来进行试车行驶,以便完成控制单元的匹配过程:

在暖态时行车,变速器油温度最低要达到60℃(测量第10组数据流的第2显示区)。

随后挂入D挡,以部分负荷起步行车,行驶约10 m后,踩制动踏板使车慢慢停下来。使挡位保持在D挡,在车已停住的状态下踩下制动器并保持约10 s。循环执行数次,当第10组数据流的第2显示区显示OK,即可进行R挡学习的操作。

挂入R挡,以部分负荷状态起步行车,行驶约10 m后,踩制动踏板使车慢慢停下来。使挡位保持在R挡,在车已停住的状态下踩下制动踏板约10 s。也是同样循环执行数次,当第11组数据流的第2显示区显示OK即可。将挡位D/R切换的整个过程重复5次,匹配过程就结束了。

在完成匹配试车后,一定要再次试车。在这个试车过程中,要仔细检查挡位P/R/N/D/S的功能是否正常。

6)停车前坐车

故障现象:车辆在马上就要停住之前坐车。在冷车状态下且车速低于20 km/h时观察到停车坐车现象,如果立即再次起步的话,有时会出现起步困难的情况。这种现象只出现在换挡杆处于D挡和S挡时,当换挡杆处于手动换挡状态时却不会出现这个现象。同时有时还会出现换挡杆在D或R挡,转速无法提升,车辆无法起步的故障现象。

故障诊断：这种问题主要是由于脏污使液压控制单元中滑阀运动困难，滑阀箱内出现了液压功能故障。带 S 挡的车型可以观察 02-08-065 组数据。横向流过阀的液压油就将滑阀活塞压靠到滑动表面出现的横向沟槽中，于是在车辆马上要停住之前换入 1 挡时，该阀在关闭时就会出现坐车现象。有时滑阀箱内的金属屑也会造成这种情况。在大多数情况下，可在冷车状态下且车速低于 20 km/h 时观察到停车坐车现象。但在换挡杆处于手动换挡状态时却不会出现坐车，这是因为在这个模式下，会提前切换到 1 挡。所以解决方法就是在确定液压方面的情况下更换液压控制单元总成。

检测方法及手段：在试车前请读取测量数据流 65，并请记录下这些值。关闭并再打开点火开关，然后开始试车，至少要完成 20 次的停车过程（车速降至 0 km/h），之后再次读取测量数据流 65。如果这时发现测量数据流中第 2 个位置上的数据比第一次读取时的值要大一些，那么极有可能需要更换液压控制单元。如果这个值比第一次读取时的值要小一些或者为 0，那么根本就不需要修理或更换液压控制单元。

此时需参考以下信息：

（1）测量 65 组数据流在识别出液压故障时记录安全阀的触发，以便在需要时能在最短的时间内卸掉离合器压紧力。因此对于 2002 款以前（包括 2002 款）的车来说（这些车型没有测量第 65 组数据流功能），就会出现这样的抱怨：车辆需要在一个循环（就是关闭并再打开一次点火开关）后才能起步。

自 2003 款起，测量第 65 组数据流中会记录安全阀的触发。车上另加了一个清洗过程，也就是将滑阀箱内的污物冲洗掉。如果这个清洗过程是成功的，可在测量数据流 65 的第 2 个位置上看到这个值在减小；在每个行驶循环（就是打开并关闭一次点火开关）中，如果安全阀未触发，则计数器会将存储值减 1。

（2）起步延迟的原因：当安全阀触发后，起步离合器必须要重新学习新的离合器特性曲线。当踏下制动踏板且液压系统在离合器上产生了 15 N·m 力矩（例如可在测量第 10 组数据流中看到）时，学习过程就会发生。在这个学习过程中（理论上最长为 10 s），如果脚离开了制动踏板，那么出于安全考虑，这个离合器就被保持在打开状态并且会有发动机扭矩切入（转速不提升）。这个学习过程由一个循环（就是关闭并再打开一次点火开关）来终止（复位控制单元），且在正常的行驶过程中被一个匹配过程所取代。

同时，还可以通过直接观察 ATF 状况来确定故障性质（见图 3-163）：如果脏污的 ATF 中有粗金属屑（金属屑大于 1 mm），那么就应该按照维修手册来更换变速器以及 ATF 压力过滤器。在这种情况下，请一定要将已脏污的变速器机油注回到将要返回的变速器内，以便用于分析。

如果未发现有金属屑或只是机油有点轻微闪光，那么必须按维修手册更换滑阀箱以及 ATF 油。所有的自诊断记录和测量数据流都应作为附件挂到将要返回的液压控制单元上。

在更换液压控制单元时，一定要使用下述更新产品的滑阀箱：01J 325 031 BC 用于不带 S 挡的车；01J 325 031 BP 用于带 S 挡的车（如自车型 2004 款起）。最后用诊断仪执行自适应通道 00，以便在测量数据流 65 中将计数器复位。另外，在完成整个修理后一定要试车，按照要求以便完成自适应及匹配过程（02-08-010 和 02-08-011）。

7）异响

故障现象：冷车起动发动机后变速器换挡杆在 P/N 挡位置时变速器内部发出吱吱的液体流动声音，热车后声音并不明显。

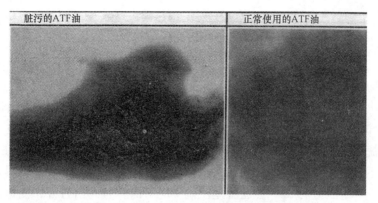

图 3-163 ATF 对比

故障诊断：这种故障主要反映在 2005 年以前的奥迪 A6 或 A4 带 S 挡的车型上。在检查响声部位时用手触摸冷却管路时发现，响声较明显时（冷车状态）冷却管有明显的振手感觉，所以大多都是由于冷却管路受阻造成的，有些时候直接更换外部的冷却管路即可解决，但有些时候更换外部冷却管路后，当时响声消失，可使用一段时间后声音会再次出现，更换液压控制单元（阀体）也无法解决。

01J 型无级变速器的冷却控制系统主要作用是冷却和控制变速器内部 ATF 温度的。确切地讲，在该变速器中由于传动链在传动链轮中形成的是滚动摩擦，因此就导致此处的温度最高，所以严格意义上讲冷却系统应该是给链轮缸内的 ATF 降温的，其冷却油路走向如图 3-164 所示。

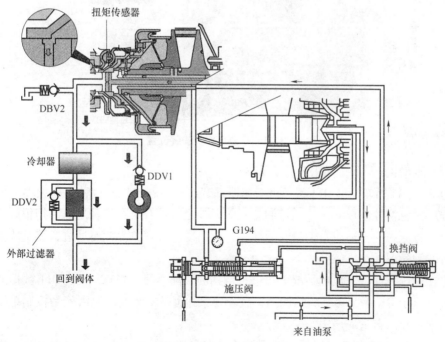

图 3-164 冷却油路

根据其内部冷却油路，温度较高的链轮缸内的 ATF 通过主动链轮缸的前端流出，进入外边的冷却系统冷却后又回到液压控制单元中，但在整个流动路线中首先经过的是一个限压阀 DBV2，然后形成两条路线：一条去往冷却器冷却后经一个外部过滤器（其内部有一个滤清器和一个差压阀）过滤后流回液压控制单元；另一条经一个差压阀 DDVl（没有经过冷却系统）直接流回到液压控制单元。限压阀 DBV2 的作用是当从主动链轮缸流出的 ATF 压力较高时该阀门即会把多余的油压释放掉一部分；从该阀流过的第一条油路通过冷却器冷却后又经一过滤器出来后回到液压控制单元，在这条油路中的外部过滤器的作用是过滤 ATF 的杂质，在其内部还有一个差压阀 DDV2，其作用是当滤清器堵塞后从冷却器过来的 ATF 仍然通过该差压阀流回液压控制单元。主要看第二条油路，这条油路的意义就是在变速器工作温度较低的情况下，由于 ATF 黏度较大且低温油压很高，所以为了使变速器尽快达到其正常工作温度，具有一定压力的 ATF 会克服差压阀 DDV1 的弹簧阀门打开，变速器供油管路和回油管路形成短接直接流回变速器内部。所以就这种响声的出现除了与 ATF 管路受阻有关外，与这个差压阀的弹簧硬度有着直接的关系。因此当再次遇到这种响声的问题更换冷却管路起不到作用时，要注意检查差压阀 DDV1，目前已经有多辆车的这种问题都通过更换该阀或改变其弹簧硬度来解决。差压阀 DDV1 实物图及安装位置如图 3 – 165 所示。

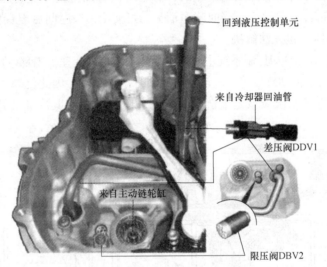

图 3 – 165　差压阀及安装位置

8）挂倒挡冲击严重，偶尔还有熄火现象

奥迪 A6、A4 轿车所装 01J 型无级变速器都有这种问题出现。这种问题大多都出现在修理变速器后或更换控制单元、液压控制单元等元件之后。有时在修理之前倒挡很好且修理后利用诊断仪将原来的自适应数值清除后往往也会出现这种现象。此时通过道路试验并连接诊断仪进行匹配学习。

一定在前进挡学习完成的情况下再进行倒挡的匹配学习。当 02 – 08 – 011 数据通道中的第二组数据显示 OK 后，再重新挂倒挡，故障现象即可基本消失。原因就是控制单元对倒挡必须重新学习新的自适应压力。

还有一部分 2003 年 7 月以后的车型发动机在急速运行状态时挂入倒挡也会出现坐车现象。故障原因是在倒挡时如果发动机急速降至 600 r/min 以下，那么倒挡离合器就会处于分离状态主要以避免发动机熄火，于是发动机转速可再次升高。这时总是处于充油状态的倒挡离合器开始预充油（大概约 200 ms 时间），这就会产生一个冲击。随后急速转速又低于

600 r/min，这就又会出现一次坐车。在挂前进挡时前进挡离合器就不需要预充油过程，只有在倒挡上才需要预充油过程，因为连接倒挡制动器的压力管较长，该制动器在无压力状态时是空转的。这种冲击不会影响变速器的使用寿命。像这种问题只能通过维修站对控制单元进行升级匹配，如果是奥迪A6还要对发动机控制单元进行升级匹配。注意：升级匹配后一定要对变速器进行道路学习。

9）前进挡怠速无爬行

这种故障较为普遍，一般的表现特征是冷车时起步爬行良好，但热车后松开制动踏板车辆却没有爬行过程，此时去踩加速踏板车辆会冲击一下，行驶起来一切正常，当再次停车重新起步后还是没有爬行。

遇到此类故障时电控系统一般没有记录相关故障码，有些时候更换控制单元能够正常一两天。此时必须通过观察变速器的动态数据来查找故障原因，进入02-08-010组数据观察第一项数据的大小（该数据为离合器压力调节电磁阀N215的自适应数据），如果出现故障时该电磁阀的自适应电流较低就会导致车辆前行无爬行现象。那么就必须找出控制电流过低的真正原因，在众多解决该故障的案例中，变速器外部过滤器堵塞的问题占有一定的比例。所以一般更换外部过滤器即可解决。因为该滤清器（见图3-166）堵塞对离合器的匹配控制有直接的影响。

图3-166　01J外部滤清器

第三部分　知识拓展

一、无级变速器（CVT）的发展历程

CVT技术的发展，已经有了100多年的历史。

德国奔驰公司是在汽车上采用CVT技术的鼻祖，早在1886年就将V形橡胶带式CVT安装在该公司生产的汽油机汽车上。

1958年，荷兰的DAF公司H. Van Doorne博士研制成功了名为Variomatic的双V形橡胶带式CVT，并装备于DAF公司制造的Daffodil轿车上，其销量超过了100万辆。但是由于橡胶带式CVT存在一系列的缺陷：功率有限（转矩局限于135 N·m以下），离合器工作不稳定，液压泵、传动带和夹紧机构的能量损失较大，因而没有被汽车行业普遍接受。

然而提高传动带性能和CVT传递功率极限的研究一直在进行，如将液力变矩器集成到CVT系统中，主、从动轮的夹紧力实现电子化控制，在CVT中采用节能泵，传动带用金属带代替传统的橡胶带等。

新的技术进步克服了CVT系统原有的技术缺陷，导致了传递转矩容量更大、性能更优良的第二代CVT的面世。

进入20世纪90年代，汽车界对CVT技术的研究开发日益重视，特别是在微型车中，CVT被认为是关键技术。全球科技的迅猛发展，使得新的电子技术与自动控制技术不断被采用到CVT中。

1997年上半年，日本日产公司开发了使用在2.0L汽车上的CVT。在此基础上，日产公司在1998年开发了一种为中型轿车设计的包含一个手动换挡模式的CVT。新型CVT采用一个最新研制的高强度宽钢带和一个高液压控制系统，通过采用这些先进的技术可获得较大的转矩能力。日产公司研究开发CVT的电子控制技术，传动比的改变实行全挡电子控制，汽车在下坡时可以一直根据车速控制发动机制动，而且在湿滑路面上能够平顺地增加速比来防止打滑。

日本三菱公司已选择了CVT平顺无能量损失地传递直喷式发动机的动力来驱动汽车。V形带传动轮机构可以保证在所有速率下发动机动力平顺无间断地传递。CVT根除了传统的自动变速器通过齿轮换挡时的打齿现象，从而获得更满意的响应和控制。

日本富士重工拥有15年开发CVT的经验。1997年5月，富士重工将它的Vistro微型车装配了全计算机控制式E－CVT（含有6挡手动换挡模式的CVT）。驾驶员无须操作离合器就可以进行6挡变速。富士重工在Pleo微型车上采用一种有锁止式变矩器的电控式CVT、通过小范围锁止可以使液力变矩器的滑动保持在最小值，行星齿轮用来切换前进挡/倒挡。传动比范围从1∶10～5.5∶1。

德国ZF公司设计的CVT是一种变矩器式变速器。ZF公司也能为安装纵向发动机的前轮驱动汽车和后轮驱动汽车生产CVT系列。ZF公司称：与4挡自动变速器相比，CVT系统能够将加速性能提高10%，燃油经济性提高10%～15%。

德国博世公司的电子式CVT控制系统是基于用传感器和执行器单元控制基础上的电子/液力模块。博世公司已经将独立部件、执行器、传感器和变速器换挡ECU（J217）组成一个单独的模块，变速器制造商只需增加一个集成控制单元。

目前，我国CVT已经进入实用阶段。

二、本田飞度CVT

1. 基本原理

广州本田飞度（FIT）轿车采用了无级自动变速器（CVT），它结构紧凑、传动效率高；具有前进挡无级变速和倒挡二级变速功能，简化了操纵；手/自动一体选择模式，增加了驾乘乐趣。与其他结构形式的自动变速器不同，CVT自动变速器的前进挡传动比变化是连续的，并且取消了液力变矩器，增加了起步离合器。

飞度轿车的CVT自动变速器有两个带轮，即主动带轮和从动带轮，它们通过钢带连接在一起，如图3－167所示。每个带轮都包括一个固定部分和一个活动部分，其间夹有钢带。主动带轮安装在输入轴上，在前进挡时它锁止在输入轴上，在倒挡时其旋转方向与前进挡相反；从动带轮直接安装在从动带轮轴上，主动带轮通过钢带驱动从动带轮，从动带轮再驱动起步离合器。

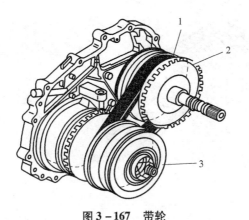

图 3-167 带轮

1—钢带；2—主动带轮；3—从动带轮

另外，每只带轮上均有弹簧，用于向带轮的活动部件施加压力，使其紧靠带轮的固定部分。加上液压系统向每个带轮施加变化的液压力，使两个带轮保持合适的有效直径，且使带轮与钢带保持足够的侧压力，以防止钢带打滑，造成钢带及带轮损坏。

带轮的有效直径是可变的，这是传动比变化的关键。在高传动比时，主动带轮的直径增大，从动带轮的直径减小（见图 3-168）；在低传动比时，主动带轮的直径减小，从动带轮的直径增大（见图 3-169）。

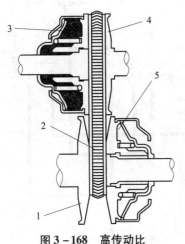

图 3-168 高传动比

1—从动带轮；2—钢带；3—高压油液；
4—主动带轮；5—低压油液

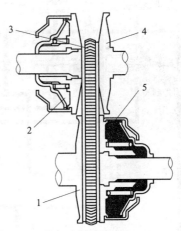

图 3-169 低传动比

1—从动带轮；2—低压油液；3—钢带；
4—主动带轮；5—高压油液

CVT 自动变速器的控制系统也采用电控/液压控制模式，由动力系统控制模块（PCM）采集各传感器的信息，然后操作电磁阀，控制液压滑阀的动作，从而实现离合器的接合或分离，以及向主、从动带轮施加自动变速器油压。

钢带用于在两个带轮之间传递扭矩，由两组钢质环形带组成，如图 3-170 所示。每组环形带各有 12 层，采用约 400 个钢质连接构件将它们组装在一起。钢带部件因受主、从动带轮的运动载荷而被压缩在一起，这也增加了钢带与带轮表面的摩擦力，以防止打滑（图 3-170）。

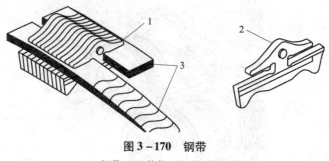

图 3-170 钢带

1—钢带；2—构件；3—钢质环形带

2. 液压控制系统

飞度轿车 CVT 自动变速器采用电控/液压控制系统，液压控制系统油路如图 3-171 所示。

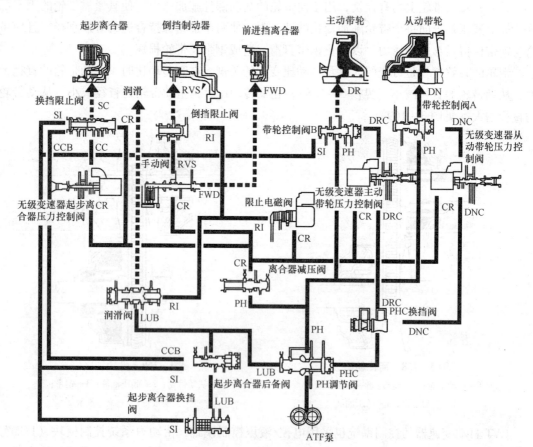

图 3-171 液压控制系统油路

液压控制系统主要由主阀体、自动变速器（ATF）油泵、控制阀体、ATF 油道体以及手动阀体等组成，主阀体通过螺栓固定在飞轮壳上；ATF 泵固定在主阀体上；控制阀体位于自动变速器箱体外部；ATF 油道体固定在主阀体上，并与控制阀体、主阀体及内部液压回路相连；手动阀体固定在中间壳体上。带轮和离合器分别由各自的供油管路供油，倒挡离合器由内部液压回路供油。

3. 电子控制系统

飞度轿车 CVT 自动变速器电子控制系统由动力系统控制模块、各传感器及电磁阀组成，变挡采用电子控制模式，保证了自动变速器在各种条件下的驾驶舒适性。PCM 接收各传感器和开关的输入信号，通过操作电磁阀，控制主动带轮控制阀和从动带轮控制阀及带轮的控制压力，从而改变带轮的有效直径，即改变自动变速器的传动比。

飞度轿车 CVT 自动变速器的电气部件包括自动变速器转速传感器、主动带轮转速传感器、从动带轮转速传感器、挡位区段（挡位）开关、主动带轮压力控制线性电磁阀、从动带轮压力控制线性改变电磁阀、起步离合器压力控制阀、限制电磁阀等。

另外，未在自动变速器上安装的电气部件还有动力系统控制模块、主动换挡开关、制动开关、仪表挡位显示器等。PCM 根据各传感器和开关的信号及发动机的运行参数对自动变速器传动比、7 速模式、起步离合器压力控制、倒挡限制及操纵手柄位置指示等进行控制。

4. 常见故障诊断

（1）发动机运转，但操纵手柄位于任何位置时车辆均不能行驶，其故障原因及诊断如表 3-18 所示。

表 3-18 故障原因及诊断

可能的故障原因	诊断
中间壳体总成磨损或损坏；带轮压力输油管损坏或泄漏；起步离合器故障，起步离合器输油管损坏或泄漏；输入轴磨损或损坏；行星齿轮机构磨损或损坏；主减速器主、从动齿轮损坏；驻车锁止机构失效；ATF 油位过低，ATF 滤清器堵塞，ATF 油泵磨损或损坏；控制阀体总成故障；手动阀体故障；ATF 接头管路磨损或损坏；PCM、挡位开关等电气故障；飞轮故障；发动机动力输出不足	（1）检查主、从动带轮压力和润滑压力。如果压力过低，检查 ATF 油位、ATF 滤清器和 ATF 油泵。 （2）检查 ATF 油位是否过低、冷却管路是否泄漏或堵塞、连接是否松动。必要时冲洗 ATF 冷却管路。 （3）检查手动阀及其拉线是否正常。 （4）检查故障指示灯是否点亮。电控系统是否有故障码，各电气部件插头是否松动

（2）操纵手柄位于 D 位、S 位、L 位时车辆不能行驶，其故障原因及诊断如表 3-19 所示。

表 3-19 故障原因及诊断

可能的故障原因	诊断
前进离合器故障；倒挡制动器活塞卡滞、磨损或损坏；行星齿轮机构磨损或损坏；手动阀拉杆和销子磨损或损坏；手动阀体故障；PCM、挡位开关等电气故障；发动机动力输出不足	（1）检查前进离合器压力。 （2）检查前进离合器、倒挡制动器间隙是否正常，盘、片是否磨损或损坏。 （3）检查手动阀及其拉线是否正常。 （4）检查故障指示灯是否点亮，电控系统是否有故障码，各电气部件插头是否松动

(3) 操纵手柄位于 R 位时车辆不能行驶，其故障原因及诊断如表 3-20 所示。

表 3-20 故障原因及诊断

可能的故障原因	诊断
前进离合器故障；倒挡制动器故障，倒挡制动器活塞卡滞、磨损或损坏；行星齿轮机构磨损或损坏，推力滚针轴承卡死、磨损或损坏；输入滚针轴承磨损或损坏；手动阀拉杆和销子磨损或损坏；阀体总成故障；控制阀体总成故障；手动阀体故障；ATF 管路接头磨损或损坏；倒挡限制电磁阀故障；挡位开关故障	（1）检查前进离合器压力。 （2）检查倒挡制动器压力。 （3）检查前进离合器、倒挡制动器间隙是否正常，盘、片是否磨损或损坏。 （4）检查行星齿轮机构及滚针轴承、止推垫片是否磨损或损坏。 （5）检查故障指示灯是否点亮，电控系统是否有故障码，各电气部件插头是否松动

(4) 操纵手柄从 N 位移至 D 位时发动机熄火，其故障原因及诊断如表 3-21 所示。

表 3-21 故障原因及诊断

可能的故障原因	诊断
中间壳体总成磨损或损坏；倒挡制动器故障，倒挡制动器活塞卡滞、磨损或损坏；起步离合器故障；ATF 粗滤器或 ATF 滤清器堵塞；控制阀体总成故障；手动阀体故障；PCM 故障或 PCM 存储的起步离合器控制数据有问题；发动机动力输出不足	（1）检查倒挡制动器压力。 （2）检查倒挡制动器、起步离合器间隙是否正常，盘、片是否磨损或损坏。 （3）检查故障指示灯是否点亮，电控系统是否有故障码，各电气部件插头是否松动。 （4）执行起步离合器校准程序

(5) 操纵手柄从 N 位移至 R 位时发动机熄火，其故障原因及诊断如表 3-22 所示。

表 3-22 故障原因及诊断

可能的故障原因	诊断
中间壳体总成磨损或损坏；前进离合器故障；起步离合器故障；行星齿轮机构磨损或损坏，推力滚针轴承卡死、磨损或损坏；阀体总成故障；控制阀体总成故障；手动阀体故障；PCM 故障或 PCM 存储的起步离合器控制数据有问题；发动机动力输出不足	（1）检查前进离合器压力。 （2）检查前进离合器间隙是否正常，盘、片是否磨损或损坏。 （3）检查行星齿轮机构是否卡死，滚针轴承或垫片是否磨损或损坏。 （4）检查故障指示灯是否点亮，电控系统是否有故障码，各电气部件插头是否松动。 （5）进行起步离合器校准程序

(6) 汽车加速不良，其故障原因及诊断如表 3-23 所示。

表 3-23 故障原因及诊断

可能的故障原因	诊断
中间壳体总成磨损或损坏；带轮压力输油管损坏或泄漏；ATF 粗滤器或 ATF 滤清器堵塞；阀体总成故障；控制阀体总成故障；ATF 接头管路磨损或损坏；主、从动带轮转速传感器故障；变速器转速传感器故障；PCM 故障；发动机动力输出不足	(1) 检查主、从动带轮压力和润滑压力，如果压力过低，检查 ATF 油位、ATF 滤清器和 ATF 油泵。 (2) 检查 ATF 冷却器管路是否泄漏，连接处是否松动，必要时冲洗管路。 (3) 检查故障指示灯是否点亮，电控系统是否有故障码，各电气部件插头是松动

(7) 加速或减速时车辆振动过大，其故障原因及诊断如表 3-24 所示。

表 3-24 故障原因及诊断

可能的故障原因	诊断
中间壳体总成磨损或损坏；带轮压力输油管损坏或泄漏；前进离合器故障；倒挡制动器故障；倒挡制动器活塞卡滞、磨损或损坏；起步离合器故障；ATF 油位太低或油液变质；阀体总成故障；控制阀体总成故障；手动阀体故障；ATF 接头管路磨损或损坏；PCM 故障或 PCM 存储的起步离合器控制数据有问题；飞轮总成故障	(1) 检查主、从动带轮压力和润滑压力。如果压力过低，检查 ATF 油位、ATF 滤清器和 ATF 油泵。 (2) 检查前进离合器压力。 (3) 检查故障指示灯是否点亮，电控系统是否有故障码，各电气部件插头是否松动。 (4) 检查前进离合器、倒挡制动器、起步离合器间隙是否正常，盘、片是否磨损或损坏。 (5) 检查 ATF 冷却器管路是否泄漏，连接处是否松动，必要时冲洗管路。 (6) 进行起步离合器校准程序

(8) 无发动机制动，其故障原因及诊断如表 3-25 所示。

表 3-25 故障原因诊断

可能的故障原因	诊断
中间壳体总成磨损或损坏；带轮压力输油管损坏或泄漏；起步离合器故障；阀体总成故障；控制阀体总成故障；手动阀体故障；ATF 接头管路磨损或损坏；变速器转速传感器故障；主、从动带轮转速传感器故障；倒挡限制电磁阀故障；PCM 故障或 PCM 存储的起步离合器控制数据有问题	(1) 检查主、从动带轮压力和润滑压力，如果压力过低，检查 ATF 油位、ATF 滤清器和 ATF 油泵。 (2) 检查故障指示灯是否点亮，电控系统是否有故障码，各电气部件插头是否松动。 (3) 进行起步离合器校准程序

(9) 操纵手柄位于 D 位、S 位、L 位时，车辆不能在平路上缓慢前进，其故障原因及诊断如表 3-26 所示。

表 3-26　故障原因及诊断

可能的故障原因	诊断
中间壳体总成磨损或损坏；带轮压力输油管损坏或泄漏；起步离合器故障；ATF 油位太低或油液变质；阀体总成故障；控制阀体总成故障；手动阀体故障；ATF 接头管路磨损或损坏；主、从动带轮转速传感器故障；变速器转速传感器故障；PCM 故障或 PCM 存储的起步离合器控制数据有问题；飞轮总成故障	（1）检查主、从动带轮压力和润滑压力。如果压力过低，检查 ATF 油位、ATF 滤清器和 ATF 油泵。 （2）检查 ATF 冷却器管路是否泄漏，连接处是否松动，必要时冲洗管路。 （3）检查故障指示灯是否点亮，电控系统是否有故障码，各电气部件插头是否松动。 （4）执行起步离合器校准程序

（10）操纵手柄位于 N 位时车辆移动，其故障原因及诊断如表 3-27 所示。

表 3-27　故障原因及诊断

可能的故障原因	诊断
中间壳体总成磨损或损坏；前进离合器故障；倒挡制动器故障，倒挡制动器活塞卡滞、磨损或损坏；输入轴磨损或损坏；输入轴滚针轴承卡死、磨损或损坏；手动阀拉杆和销子磨损；手动阀体故障；换挡拉线调整不当	（1）检查前进离合器压力。 （2）检查前进离合器、倒挡制动器间隙是否正常，盘、片是否磨损或损坏

（11）车辆起步时振动过大或剧烈振动，其故障原因及诊断如表 3-28 所示。

表 3-28　故障原因及诊断

可能的故障原因	诊断
前进离合器故障；倒挡制动器故障。倒挡制动器活塞卡滞、磨损或损坏；起步离合器故障，起步合器输油管路损坏或泄漏；ATF 油位太低或油液变质；ATF 滤清器堵塞；阀体总成故障；控制阀体总成故障；主、从动带轮转速传感器故障；变速器转速传感器故障；PCM 故障或 PCM 存储的起步离合器控制数据有问题	（1）检查前进离合器压力。 （2）检查前进离合器、倒挡制动器、起步离合器间隙是否正常，盘、片是否磨损或损坏。 （3）检查 ATF 冷却器管路是否泄漏，连接处是否松动，必要时冲洗管路。 （4）检查故障指示灯是否点亮，电控系统是否有故障码，各电气部件插头是否松动。 （5）执行起步离合器校准程序

三、目前国内安装金属带式 ECVT 的汽车

目前国内安装金属带式 ECVT 的汽车如表 3-29 所示。

表 3-29　目前国内安装金属带式 ECVT 的汽车

序号	车型	输入的最大扭矩/（N·m）	发动机排量/L	上市年份
1	南京菲亚特西耶那	102	1.2	2004
2	南京菲亚特派力奥	102	1.2	2004
3	广州本田飞度	116	1.3	2006
4	广州本田思域混合动力	123	1.3/70 kW	2008
5	广州本田飞度	143	1.5	2006
6	海马福美来 2 代	149	1.6	2007
7	奇瑞旗云	149	1.6	2004
8	迷你 One&CooperCabrio	150	1.6	2004
9	海马 3	160	1.8/90 kW	2008
10	上汽名爵 3 系	160	1.8/88 kW	2008
11	东风日产轩逸	187	2.0	2007
12	克莱斯勒道奇酷	190	2.0/115 kW	2008
13	东风日产逍客	198	2.0/115 kW	2008
14	克莱斯勒吉普指南者	220	2.4	2008
15	东风日产新天籁	190/232	2.0/2.5	2008
16	三菱欧蓝德	226	2.4/125 kW	2008
17	东风日产奇骏（×-Trail）	227	2.5	2008
18	东风日产天籁	318	3.5	2007

学习单元 3.5　搭载直接换挡变速器（DSG）汽车抖动故障的诊断与修复

知识目标

（1）理解 DSG 的作用、类型、结构和工作原理。

（2）正确识读 DSG 的电路图。

（3）正确识读 DSG 的油路图。

技能目标

（1）掌握 DSG 的故障分析方法。

（2）掌握 DSG 的检测技能。

第一部分　知识要求

一、EAMT 的含义

EAMT（Electronic Automated Mechanical Transmission），即电控机械式自动变速器，是在

手动变速器的基础上增设电控系统而成的自动变速器。

当今世界自动变速技术三个重要的研究方向分别是：液力式自动变速器，即 AT；无级变速器，即 CVT；机械式自动变速器，即 AMT。

二、电控机械式自动变速器的发展

AMT 的发展可分为两个阶段：

第一阶段是半自动的 SAMT 阶段。机械式变速器的电控自动化始于 20 世纪 70 年代中期，瑞典 Scania 的 CAG 系统和德国 Damler Benz 的 EPS 系统均采用了半自动操纵方式（SAMT），使得换挡动作实现了自动化，由电子控制的气动系统实现换挡，而换挡时刻由驾驶员踩离合器踏板来确定，电子显示器可提示驾驶员何时为最佳换挡时刻。美国 Eaton 的 SAMT 系统则更进一步地将换挡时刻的离合器与发动机的控制纳入系统中。驾驶员只需通过简单的开关向微机发出升挡和降挡信号，系统便能自动地完成所有的换挡动作。该系统还利用变速器输入轴和输出轴的转速传感器确定在最佳换挡时机才能换挡。在同一时期，白俄罗斯工学院也开展了这方面的研究工作，其自动变速系统比 Eaton 的 SAMT 系统更先进，采用两参数换挡规律由控制系统完成选择挡位和换挡时机的工作，并可像驾驶员手动操纵那样，利用发动机的调速实现换挡的同步，但是它们在起步时仍然不能取消离合器踏板而实现全自动操纵。

第二阶段是全自动阶段。世界上第一种全自动电控机械式自动变速器是 1984 年五十铃公司投放市场的 NAVI - 5，同时期出现的还有日本 Nissan、Hino 和美国 Eaton 的全自动变速系统。1988 年德国 ZF 公司将其 Autoshift 系统装车使用。在此领域展开研究的还有美国 Ford、意大利 Fiat、法国 Renault 和瑞典的申宝等其他大型汽车企业，使得全自动 AMT 逐渐进入实用阶段。

三、电控机械式自动变速器的现状

AMT 技术在美国和西欧已经商品化，其装车率逐年上升并得到了用户的认可。为了进一步提高 AMT 技术，目前正着手 AMT 智能化的研究。装有智能 AMT 的日本 ISUZU NAVI - 5 型车辆控制，利用神经网络实现挡位的最佳决策，其控制参数增加至 4 个：预测载荷、驾驶员意图、车速、节气门开度。实验表明该智能换挡系统明显减少了不必要的换挡次数，提高了燃料经济性和降低了排放，并且把 ABS 和 ACCS（Autonomous Cruise Control System）与 AMT 进行系统集合控制，以提高控制系统可靠性和系统的性能价格比。

四、EAMT 的特点

电控机械式自动变速器以其传动效率高、成本低和易于制造等优点在自动变速器家族中占有重要的位置。它是在传统固定轴式变速器和干式离合器的基础上，应用电子技术和自动变速理论，以电子控制单元（ECU）为核心，通过液压执行系统控制离合器的分离与接合、选换挡操作以及发动机节气门的调节，来实现起步、换挡的自动操纵。AMT 控制的基本思想是：根据驾驶员的意图（加速踏板、制动踏板、选择器开关等）和车辆的状态（发动机转速、输入轴转速、车速、挡位），依据设定的规律（换挡规律、离合器接合规律等），借助于相应的执行机构（供油控制执行机构、选换挡执行机构、离合器分离和接合执行机构），对车辆的动力传动系统（发动机、离合器、变速器）进行联合操纵。

1. EAMT 的控制过程

EAMT 控制原理如图 3 – 172 所示。

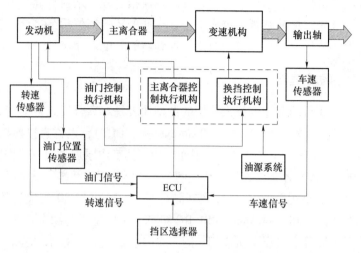

图 3 – 172　AMT 的控制原理

2. EAMT 的控制类型

1）离合器控制

图 3 – 173 所示为一个电液换挡控制系统，离合器由 3 个电磁阀控制，通过油缸的活塞杆完成离合器的分离或接合。控制单元（ECU）根据离合器行程的信号判断离合器接合的程度，调节接合速度，保证接合平顺、有效。

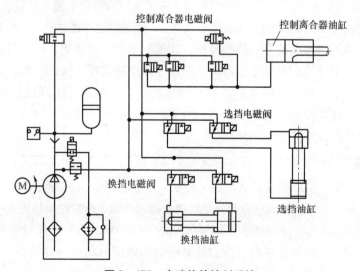

图 3 – 173　电液换挡控制系统

2）换挡控制

一般在变速器上交叉地安装两个控制油缸。图 3 – 173 中显示的是 5 个前进挡、1 个倒挡的双轴式变速器的换挡执行机构。选挡与换挡由 4 个电磁阀根据 ECU 发出指令进行控制。

3）节气门开度控制

在正常行驶时，由驾驶员直接控制加速踏板，其行程通过传感器输入到 ECU 再根据行程大小通过步进电动机控制发动机节气门开度。在换挡过程，踏板行程与节气门开度就不一致，按换挡规律要求先收加速踏板，进入空挡，在挂上新的挡位后，接合离合器，随着传递发动机扭矩的增大，节气门按自适应调节规律加到新的开度。

五、双离合器自动变速器

目前，电控机械式自动变速器投入使用的典型代表是双离合器式自动变速器。

双离合器式自动变速器（Dual Clutch Transmission，DCT），也称直接换挡变速器（Direct Shift Gearbox，DSG），是基于手动变速器发展而来的，其工作原理是通过将变速器挡位按奇偶分开排列，分别与两个离合器连接，通过切换两个离合器的工作状态，就可以完成换挡动作。

DSG 的起源来自赛车运动，它最早的实际应用是在 20 世纪 80 年代初的保时捷 Prosche 962C 和 1985 年的奥迪 Audi sport quattro S1 RC 赛车上，但是因为耐久性等问题，经过了 10 余年的改进后才真正被普通量产车所应用。时至今日，DSG 这项技术已经有 20 余年的历史，在技术方面已经非常成熟。奥迪汽车公司一直都是汽车变速器技术领域的先驱，1994 年的 Tiptronic 手/自动一体变速器和 1999 年的 Multitronic 无级变速器都是奥迪杰出的代表作，2003 年，奥迪公司将最新一代 DSG 变速器装在 3.2L 的奥迪 TT 和高尔夫 R32 上，开创了奥迪变速器技术的又一个里程碑。DSG 变速器的技术源于 1985 年奥迪赛车上的双离合器变速器，而新一代 DSG 变速器的性能更趋完美。

变速器可以分为手动变速器和自动变速器两大类。一般来讲，手动变速器的结构简单、传动效率高、换挡响应也更直接，可以给喜爱驾车的人带来强烈的驾驶乐趣，但对于那些只把车当成交通工具的人来讲，频繁的换挡过程增大了劳动强度，舒适性也不能达到他们的要求。

而自动变速器可以极大地方便换挡操作，让驾车变得轻松便捷，但是目前多数车型上普遍采用的都是液力变矩器式自动变速器，这种变速器虽然实现了换挡过程，但是它的换挡动作很迟钝，响应并不积极，同时换挡的顿挫感也较强，一定程度上降低了车辆的乘坐舒适性，而最关键的是这种变速器由于采用了液力变矩器，在一定程度上损耗了一部分发动机的动力输出，使得传动效率降低，油耗增加。

1. DSG 结构

DSG 变速器主要由多片湿式双离合器、三轴式齿轮变速器、自动换挡机构、电子控制液压控制系统组成，其中最具创意的核心部分是双离合器和三轴式齿轮箱，如图 3-174 所示。

DSG 没有使用变矩器，转而采用两套离合器，设计 DSG 的工程师们走了一条具有革新性的全新技术之路，巧妙地把手动变速器的灵活性和传统自动变速器的方便性结合在一起。同时有一个由实心轴及其外部套筒组合而成的双传动轴机构，并由 Mechatronic 电子控制及液压装置同时控制两组离合器及齿轮组的动作。实际上可以说这是由两个平行的变速器配合组成的一个变速器。

DSG 变速器的多片湿式双离合器的结构和液压式自动变速器中的离合器相似，但是尺寸要大很多，如图 3-175 所示。

图 3-174 双离合器自动变速器结构

2. DSG 变速器的工作

DSG 利用液压缸内的油压和活塞压紧离合器，油压的建立是由 ECU 指令电磁阀来控制的，两个离合器的工作状态是相反的，不会发生两个离合器同时接合的情形。

DSG 变速器的挡位转换是由挡位选择器来操作的，挡位选择器实际上是个液压马达，推动拨叉就可以进入相应的挡位，由液压控制系统来控制它们的工作。在液压控制系统中有 6 个油压调节电磁阀，用来调节两个离合器和 4 个挡位选择器中的油压压力，还有 5 个开关电磁阀，分别控制挡位选择器和离合器的工作。

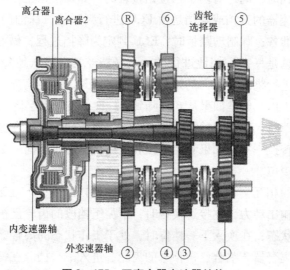

图 3-175 双离合器变速器结构

DSG 变速器的工作过程比较特别，在 1 挡起步行驶时，动力传递路线如图 3-176 中直线和箭头所示，离合器 1 接合，通过输入轴 1 到 1 挡齿轮，再输出到差速器。同时，图中虚线和箭头所示的路线是 2 挡时的动力传输路线，由于离合器 2 是分离的，这条路线实际上还没有动力在传输，是预先选好挡位，为接下来的升挡做准备的。挡变速器进入 2 挡后，退出 1 挡，同时 3 挡预先接合，如图 3-176 所示动力传递路线。所以在 DSG 变速器的工作过程中总有两个挡位是接合的,一个正在工作,另一个则为下一步做好准备。

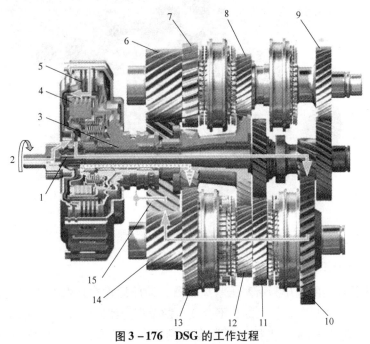

图 3-176 DSG 的工作过程

1—输入轴1;2—发动机;3—输入轴2;4—离合器2;5—离合器1;6—输出到差速器;7—倒挡齿轮;
8—6 挡齿轮;9—5 挡齿轮;10—1 挡齿轮(啮合);11—3 挡齿轮;12—4 挡齿轮;
13—2 挡齿轮(啮合);14—输出到差速器;15—差速器

DSG 变速器在降挡时,同样有两个挡位是接合的,如果 4 挡正在工作,则 3 挡作为预选挡位而接合。DSG 变速器的升挡或降挡是由 ECU 进行判断的,踩油门踏板时,ECU 判定为升挡过程,做好升挡准备;踩制动踏板时,ECU 判定为降挡过程,做好降挡准备。

一般变速器升挡总是一挡一挡地进行的,而降挡经常会跳跃地降挡,DSG 变速器在手动控制模式下也可以进行跳跃降挡,例如,从 6 挡降到 3 挡,连续按三下降挡按钮,变速器就会从 6 挡直接降到 3 挡,但是如果从 6 挡降到 2 挡时,变速器会降到 5 挡,再从 5 挡直接降到 2 挡。在跳跃降挡时,如果起始挡位和最终挡位属于同一个离合器控制的,则会通过另一离合器控制的挡位转换一下;如果起始挡位和最终挡位不属于同一个离合器控制的,则可以直接跳跃降至所定挡位。

通过两套离合器的相互交替工作,来到达无间隙换挡的效果。在某一挡位时,离合器 1 接合,一组齿轮啮合输出动力,在接近换挡时,下一组挡段的齿轮已被预选,而与之相连的离合器 2 仍处于分离状态;在换入下一挡位时,处于工作状态的离合器 1 分离,将使用中的齿轮脱离动力,同时离合器 2 啮合已被预选的齿轮,进入下一挡。在整个换挡期间能确保最少有一组齿轮在输出动力,令动力没有出现间断的状况。两组离合器分别控制奇数挡与偶数挡,具体说来就是在换挡之前,DSG 已经预先将下一挡位齿轮啮合,在得到换挡指令之后,DSG 迅速向发动机发出指令,发动机转速升高,此时先前啮合的齿轮迅速接合,同时第一组离合器完全放开,完成一次升挡动作。这好比一辆车有两套离合器,正驾驶员控制一套,副驾驶员控制另一套。当驾驶员挂上 1 挡松开离合踏板起步时,这时副驾驶员也预先挂上 2 挡但踩住离合踏板;当车速提上来准备换挡时,正驾驶员踩住离合踏板的同时副驾驶员即松开离合踏板，2 挡开始工作。这样就省略了挡位空置的一刹那，动力传递连续，有点像接力赛。双离合系统两套离合器传动系统通过电脑控制协调工作。后面的动作以此类推。

3. DSG 变速器的杰出优势

（1）DSG 变速器没有变矩器，也没有离合器踏板。

（2）DSG 变速器的反应非常灵敏，具有很好的驾驶乐趣。

（3）DSG 变速器在传动过程中的能耗损失非常有限，大大提高了车辆的燃油经济性。

因为没有了液力变矩器，所以发动机的动力可以完全发挥出来，同时两组离合器相互交替工作，在换挡过程中微小的液压功耗损失，使得换挡时间极短，发动机的动力断层也就非常有限，使整个换挡过程达到了高效率，从而降低了能量的损耗。驾驶者最直接的感觉就是，切换挡动作极其迅速而且平顺，动力传输过程几乎没有间断，车辆动力性能可以得到完全的发挥，提高了加速性。精密的离合器动作带来的结果，就是换挡时对牵引力几乎没有影响。因此能够产生无与伦比的动力转换，同时感觉顺畅并且非常舒适。与采用液力变矩器的传统自动变速器比较起来，由于 DSG 的换挡更直接，动力损失更小，因此其燃油消耗可以降低 10% 以上。

（4）车辆在加速过程中不会有动力中断的感觉，使车辆的加速更加强劲、圆滑。配备了 DSG 的发动机由于快速的齿轮转换能够马上产生牵引力和更大的灵活性，加速时间比手动变速器更加迅捷。以 Golf GTI 为例，带有 DSG 的车型 0～100 km 加速只需 6.9 s，这个成绩比手动挡的车型更快。DSG 变速器旨在满足消费者对驾驶运动感和车辆节油的双重要求，为那些酷爱手动变速器的驾驶者们提供了最佳选择。DSG 带来低油耗的同时，车辆性能方面没有任何损失，同样具有出色的加速性和最高时速，并且与传统自动变速器一样可以实现顺畅换挡，不影响牵引力。

（5）DSG 变速器的动力传送部件是一台三轴式 6 前进挡的传统齿轮变速器，增加了速比的分配。

（6）DSG 变速器的多片湿式双离合器是由电子液压控制系统来操控的。双离合器的使用，可以使变速器同时有两个挡位啮合，使换挡操作更加快捷。

（7）DSG 变速器也有手动和自动两种控制模式，除了排挡杆可以控制外，方向盘上还配备有手动控制的换挡按钮，在行驶中，两种控制模式之间可以随时切换。

（8）选用手动模式时，如果不做升挡操作，即使将油门踩到底，DSG 变速器也不会升挡。

（9）换挡逻辑控制可以根据驾驶员的意愿进行换挡控制。

（10）在手动控制模式下，可以跳跃降挡。

4. 不足之处

与传统的自动变速器比起来，DSG 也存在一些固有的弊端：

（1）由于没有采用液力变矩器，又不能实现手动变速器"半联动"的动作，因此对于小排量的发动机而言，低转速下的扭矩不足的特性就会被完全暴露出来，例如 1.4TSI + DSG 版的朗逸，在起步时就会出现轻微抖动。

（2）由于 DSG 变速器采用了电脑控制，属于一款智能型变速器，它在升/降挡的过程中需要向发动机发出电子信号，经发动机回复后，与发动机配合才能完成升/降挡。

（3）大量电子元件的使用，也增加了其故障出现的概率。

5. 02E 型 DSG

目前，大众汽车在中国推出的 DSG 系列变速器共有两款，分别是代号为 DQ250 的 6 速 DSG 的 02E 型和代号为 DQ200 的 7 速 DSG 的 0AM 型。

1）02E 型 DSG 变速器的结构（见图 3-177、图 3-178）

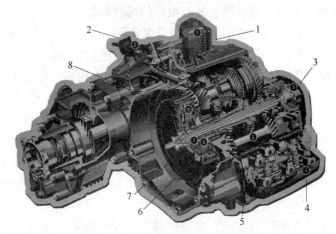

图 3-177　02E 型 DSG 变速器的结构

1—机油冷却器；2—换挡机构；3—油泵；4—机电控制器；5—倒挡轴；6—输入轴；7—输入轴；8—湿式离合器

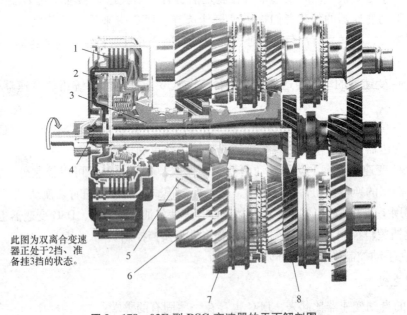

此图为双离合变速器正处于2挡、准备挂3挡的状态。

图 3-178　02E 型 DSG 变速器的平面解剖图

1—离合器 1（分离状态）；2—离合器 2（接合状态）；3—输入轴 2；4—输入轴 1；5—差速器；6—输出至差速器；7—2 挡（正工作）；8—3 挡（预选择）

6 速 DQ250 使用的是湿式离合器，这主要是指双离合器为一大一小两组同轴安装在一起的多片式离合器，它们都被安装在一个充满液压油的密闭油腔里，因此湿式离合器结构有着更好的调节能力和优异的热熔性，它能够传递比较大的扭矩。大众的 6 速 DQ250 DSG 变速器就多和 1.8TSI 以及 2.0TSI 的发动机配合使用，它的最大承受扭矩为 350 N·m。目前，在国内可以见到的匹配 DQ250 双离合变速器的车型为迈腾 1.8TSI、迈腾 2.0TSI、R36、CC 以及 EOS。

2）02E 型 DSG 变速器的工作原理（见图 3-179）

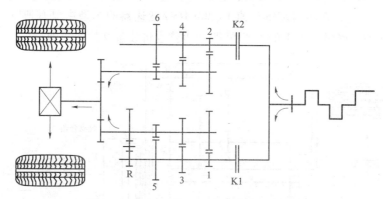

图 3-179　02E 型 DSG 变速器的工作原理

6. 0AM 型 DSG

1）结构与工作原理

0AM 型 DSG，7 速，代号为 DQ200，采用的是干式离合器，它其实是在 6 速 DQ250 的技术基础上简化了相关的液力系统而开发出来的一款新变速器，如图 3-180 所示，它的出现主要是为了拓展 DSG 变速器的应用范围。其工作原理为，双离合器由 3 个尺寸相近的离合片同轴相叠安装组成，位于两侧的两个离合器片分别连接 1、3、5、7 挡和 2、4、6、倒挡，中间盘在其间移动，分别与两个离合器片"接合"或者"分离"，通过切换来进行换挡，如图 3-181 所示。因为这套"双离合器"不像 DQ250 那样变速箱是安装于密闭的油腔

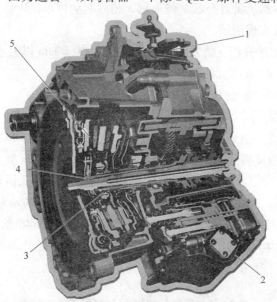

图 3-180　0AM 型 DSG 变速器的构造剖析图
1—换挡机构；2—机电控制器；3—输入轴；
4—输入轴；5—干式双离合器

里,动盘上的干式摩擦片相互接合固然可以带来最直接的传递效率,但是它也更容易发热,所以它热熔性不如湿式离合器,因此所承受扭矩也就相对较小。7速DQ200的最大承受扭矩为250 N·m,一般与小排量的发动机配合使用,而6速的DQ250变速器则被应用在1.8 L以上的车型中。目前,在国内装备7速DQ200 DSG变速器的车型主要有速腾、朗逸、高尔夫6,进口的车型有尚酷,未来的1.4TSI版的迈腾也将装备这款变速器。

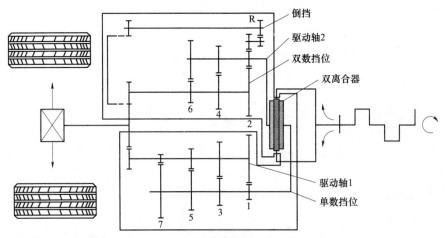

图3-181 7速DQ200变速器工作原理

2) OAM型DSG的故障表现

(1) 低速换挡时有顿挫感。在刚刚起步时能明显地感觉到变速器1挡与2挡接合时有不流畅感,平路起步以及坡路起步时现象相同。

(2) 正常匀速行驶时,发动机转速忽然升高,车速保持不变。停车后仪表盘左侧转速表上的发动机系统故障指示黄灯亮起。熄火后,稍后起动行车,DSG变速器保持在1挡,无法正常升挡,并且无法实现倒挡。

(3) 无法正常按顺序升挡。将发动机转速保持3 000 r/mm以上才能实现奇数挡:1、3、5、7换挡,而偶数2、4、6挡无法接合。

3) OAM型DSG与02E型DSG的比较

(1) 承受扭矩范围不同。

DQ250能承受的最大扭矩为350 N·m,而DQ200的7速DSG能承受的最大扭矩为250 N·m。DQ250一般被搭载于主打性能以及操控性的中高档车型上,如早期进口的五代高尔夫GTI以及迈腾,而DQ200主要搭载于更注重舒适感的中低档车型上,如速腾1.4TSI以及刚上市的高尔夫6。表3-30所示为迈腾1.4TSI和1.8TSI的动力配置。

从表3-30可以得知,主打紧凑车市场的迈腾1.4TSI,发动机的最大扭矩为220 N·m,在DQ200的承受范围内,搭载了7速的DSG双离合变速箱;而迈腾1.8TSI发动机的最大扭矩为250 N·m,被装上了6速DSG双离合变速箱。

表3-30 迈腾1.4TSI和1.8TSI的动力配置

车型	迈腾1.4TSI	迈腾1.8TSI
发动机形式	直列四缸涡轮增压	直列四缸涡轮增压

续表

车型	迈腾 1.4TSI	迈腾 1.8TSI
发动机排量/cc	1 390	1 798
最大功率/kW	96	118
最大扭矩/（N·m）	220	250
变速器型号	DQ200	DQ250

(2) 构造技术不同。

DQ250 和 DQ200 这两款双离合变速器完全运用了不同的核心技术。发布于 2003 年的 DQ250 的核心技术采用的是总部位于美国的 Borgwarner（博格华纳）开发的湿式双离合器，如图 3－182 所示。而 2008 年发布的 DQ200 的核心技术则是采用了德国巴登州 Buehl 的 LuK 公司开发的干式双离合器，如图 3－183 所示。

图 3－182　迈腾 1.8TSI 的 6 速 DSG 双离合器（DQ250）

图 3－183　速腾 1.4TSI 的 7 速 DSG 双离合器（DQ200）

6 挡 DSG 的多片式双离合器是在冷却油槽中采用"湿式"方式运行，通过浸泡在油中的湿式离合器摩擦片提供扭矩的传递，以液压的形式来驱动齿轮。液体作用于离合器活塞内部，如图 3－184 所示。当离合器接合后，活塞内部的液压迫使一组螺旋弹簧分离，从而将一系列离合器片和摩擦盘推向固定的压板。摩擦盘有内部齿形，其大小和形状可与离合器从动鼓上的花键啮合，而动鼓又连接到接收动力的齿轮。

与 6 挡 DSG 的工作方式不同，7 挡 DSG 通过离合器从动盘上的摩擦片来进行扭矩的传递。由于 7 挡 DSG 省去了 6 挡 DSG 中离合器上的润滑油部分，7 挡 DSG 的结构变得更加紧凑且重量也更轻，并且 7 挡 DSG 中的变速箱油只用于变速箱齿轮和轴承的润滑和冷却，因而 7 挡 DSG 变速箱油仅需要 1.7 L 变速箱油，而 6 挡 DSG 变速箱则需要 6.5 L。在燃油方面，据统计，同样装备 122 马力 TSI 发动机的 Golf 轿车，配备 7 挡 DSG 的车型比配备 6 挡手动变速箱的车型每百千米油耗少 0.4 L，所以这也是其被更多地搭载于紧凑车型上的原因之一。

图 3－185 所示为 7 挡双离合变速器在 3 挡时的工作状态。此时正通过 3 挡的主动和从动齿轮副传递动力，同时 4 挡主动齿轮和从动齿轮已啮合完成，等待换 4 挡。

虽然7挡DSG的好处比较多，但是扭矩传输和工作耐抗温度方面受到了限制，所以只能适用于最大扭矩小于250 N·m的小型发动机。而外形尺寸更大不易于整体动力系统布置，且承受最大扭矩能力更强的6挡DSG则更多用于匹配注重高性能的发动机。

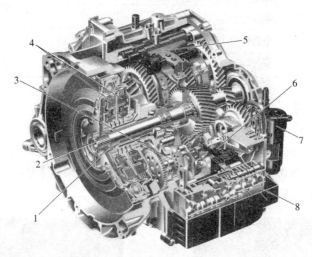

图3-184 02E型DSG变速器的结构解剖图（带湿式双离合器）
1—外输入轴（2、3、6）；2—内输入轴（1、3、5）；3—机油泵；4—双湿式离合器；5—液压控制换挡机构；6—齿轮位置传感器；7—变速器油滤清器；8—电子控制单元

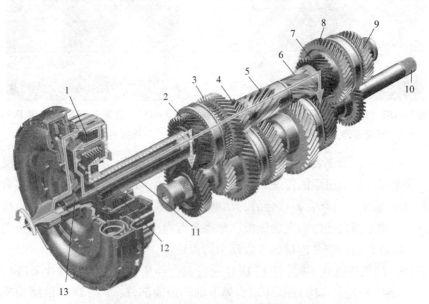

图3-185 其他型DSG变速器的结构解剖图
1—离合器1（接合状态）；2—4挡（预选）；3—6挡；4—2挡；5—倒挡；6—1挡；7—2挡（正工作）；8—7挡；9—5挡；10—输出助力至差速器；11—输入轴2；12—离合器2（分离状态）；13—输入轴1

(3) 总结。

对于6速DQ250与7速DQ200，不能简单地按挡位数来判断高低，从结构上来讲6速DQ250要更加先进一些，而7速的DQ200就是为了小排量车型单独开发的，它在节油方面

的表现也要略好。

关于DSG双离合变速器技术,虽然它也并非是完美无瑕的,但它的换挡速度更快,动力损失也更小,在目前的自动变速器当中的确应该算是性能最为均衡的一种,不过对于它的耐久性还需要时间来证明,但是总体来说,DSG双离合器代表了汽车技术未来的发展方向之一。

第二部分 技能训练

一、结构、拆装、调整

拆装过程中,需特别注意的部件有换挡杆、双离合器、两个输入轴、输出轴、倒挡齿轮轴、差速器、驻车锁、同步器、液压控制系统、电子控制单元、各传感器、各执行器、液压泵等。

拆装调整过程要严格按照维修手册的要求进行。

专用工具:

02E型DSG使用的专用工具比较多,图3-186所示为DSG加注机油及检测自动变速器油的专用工具VAS 6252。使用这个工具上的快速接头,可以在不拧下转换接头的情况下检查自动变速器油油位。三通旋塞阀能方便、迅速更换自动变速器油油桶。

图3-186 专用工具VAS 6252
1—快速接头;2—转换接头;3—三通旋塞阀

二、故障自诊断

对于车辆诊断、测量,信息系统VAS 5051提供两种工作模式:故障导航和导航功能。

故障导航:在DSG的"故障导航"中,有个检查表,使用这个检查表在工作状态对传感器、执行器、电子控制单元进行检查。在检查传感器和执行元件时,需注意VAS 5051中的说明。

导航功能:在DSG的"导航功能"中,有个检查表,此表用于检查自动变速器油位。

三、故障及诊断

大众02E型DSG变速器是变速器领域高科技产品,随着时间的推移故障也逐渐显现出来。

一、故障诊断流程

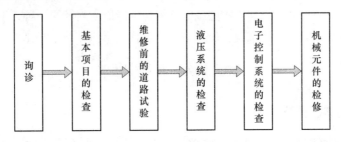

1. 询诊

对用户询问可了解到一些可参考的基本信息，然后利用这些有用信息对下一步的故障诊断有一个认识及初步的判断方向。在这个环节必须做好详细记录：把故障发生前后的故障征兆，故障发生过程、时间以及各种环境因素等一一记录下来，以便为下一步的检测维修提供非常有效的依据，也许用户的一句话就会使在分析故障时少走很多弯路。

2. 基本项目的检查

02E 型 DSG 基本项目的检查仍然集中在一些外围信息的检查，包括变速器电控系统本身、发动机控制系统（发动机转速、温度、TPS、空气流量传感器等）、制动系统 ABS（制动力信息）以及仪表控制单元等。这是因为系统间采用的是网络通信，当某一系统出现故障时一定会波及其他系统。就变速器电控系统本身而言，电子控制单元与传感器集成在一起，因此对这些部件的检查不能依靠过去传统检测工具，只能借助专用检测仪器以及示波器进行检测和数据信息的验证，所以还是先简单扫描一下这些信息。同时还包括对变速器 ATF 液面高度的检查、ATF 油质的检查，往往有些时候通过简单的基本检查就可找到故障原因。

3. 维修前的道路试验

这一点是最重要的，它是进一步确认故障信息的最佳、最有效的途径，同时也是通过路试环节初步判断所掌握的故障信息与用户所描述的故障信息是否相互吻合。通过道路试验可以基本确定故障部位，为下一步维修提供有效的帮助。在这里强调的是在路试过程当中必须与该车用户一起试车，因为不同的驾驶方式会改变故障现象出现的概率，同时还要利用诊断工具将实时采集的动态信息进行复制，以便对相关信息进行分析并进一步确认故障点。

4. 液压系统的检查

在第二项基本检查里只是简单对液压电子系统进行动态数据扫描，对于某些少数无级变速器的液压系统是可以直接通过油压试验方法来查找故障原因的，因此在维修诊断故障过程中必须使用专用检测仪通过读取汽车运行状态下的动态数据来确认故障信息，包括对液压控制单元（阀体）和动力传递元件（前进挡离合器和倒挡制动器）的监测都可利用动态数据来分析其工作性能的好坏。

5. 电子控制系统的检查

DSG 电子控制系统的故障检修与当今电子自动变速器的故障检修几乎是一样的，可通过专用诊断仪对故障码、动态数据流、波形数据等一一进行分析，包括对网络通信数据进行分析。在众多的故障中电子控制出现的问题通常占据很大的比例，因此要求修理人员一定要对故障码设置的条件、涉及的范围、影响的范围等有一个深刻的认识，同时最关键的是对动态数据的分析，要知道哪些数据是正确的，哪些是不正确的，哪些又是涉及故障边缘导致故障现象出现的数据，这些都特别重要。

6. 机械元件的检修

通过对DSG外围控制系统的了解，当确信问题来源于变速器内部机械元件时，只能做解体检查或故障部位的修理或更换。

四、常见故障及诊断排除

1. 脱挡

故障现象：一辆搭载DSG双离合变速器的2009款国产迈腾轿车，在行驶过程中，仪表板上挡位指示灯闪烁，同时刹车踏板指示灯亮起，变速器被强制在N挡（空挡），车辆动力输出中断，无法加速。

故障诊断：首先利用故障诊断仪VAS 5051进入电子诊断控制系统，观察变速器系统动态数据流，发现油温传感器G93信号错误，更换油温传感器，故障排除。图3-187所示为系统电路图。

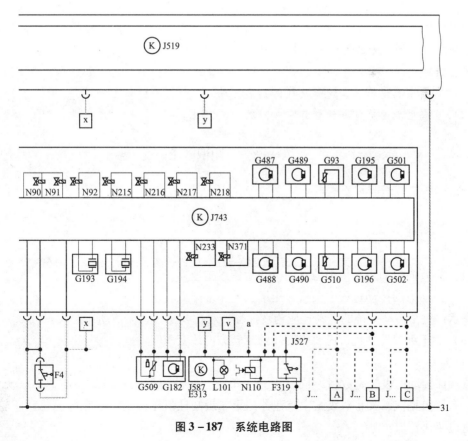

图3-187　系统电路图

2. 低速换挡时有顿挫感

故障现象：在刚刚起步时能感觉到变速器 1 挡与 2 挡接合时有明显的不流畅感，平路起步以及坡路起步时现象相同。

3. 无倒挡

故障现象：正常匀速行驶时，发动机转速忽然升高，车速保持不变。停车后仪表盘左侧转速表上的发动机系统故障指示黄灯亮起。熄火后，稍后起动行车，DSG 变速器保持在 1 挡，无法正常升挡，并且无法实现倒挡。

4. 车辆无部分前进挡

故障现象：车辆无法正常按顺序升挡。将发动机转速保持 3 000 r/mm 以上才能实现奇数挡：1、3、5 换挡，而偶数 2、4、6 挡无法接合。

五、检修

检修要严格按照维修手册进行，保证检修质量。

学习单元 3.6　主减速器和差速器异响故障的诊断与修复

知识目标
理解主减速器和差速器总成结构原理。
技能目标
（1）掌握主减速器和差速器总成的拆装方法。
（2）掌握主减速器和差速器异响故障的分析方法。

第一部分　知识要求

一、一般主减速器和差速器

1. 主减速器概述

1）功用
（1）将万向传动装置传来的发动机转矩传给差速器。
（2）在动力的传动过程中要将转矩增大并相应降低转速。
提示：整个传动系统的传动比应为变速器传动比与主减速器传动比的乘积。
（3）对于纵置发动机，还要将转矩的旋转方向改变 90°。

2）类型
按参加传动的齿轮副数目不同，可分为单级式主减速器和双级式主减速器（见图 3-188）。有些重型汽车又将双级式主减速器的第二级圆柱齿轮传动设置在两侧驱动车轮附近，称为轮边减速器。

按主减速器传动比个数不同，可分为单速式和双速式主减速器。单速式的传动比是固定的，而双速式则有两个传动比供驾驶员选择。

按齿轮副结构形式不同，可分为圆柱齿轮式（又可分为定轴轮系和行星轮系）主减速器和圆锥齿轮式（又可分为螺旋锥齿轮式和准双曲面锥齿轮式）主减速器。目前，在轿车中主要是应用单级式主减速器。

2. 差速器的功用、类型

1）功用

差速器的功用是将主减速器传来的动力传给左、右两半轴，并在必要时允许左、右半轴以不同转速旋转，使左、右驱动车轮相对地面纯滚动而不是滑动，如图 3-189 所示。

汽车行驶过程中，车轮相对路面有两种运动状态：滚动和滑动。滑动又有滑转和滑移两种。设车轮中心相对路面的速度为 v，车轮旋转角速度为 ω，车轮滚动半径为 r。如果 $v = \omega r$，则车轮对路面的运动为滚动，这是最理想的运动状态；如果 $\omega > 0$，但 $v = 0$，则车轮的运动为滑转；如果 $v > 0$，但 $\omega = 0$，则车轮的运动为滑移。当汽车转弯行驶时，内外两侧车轮中心在同一时间内移过的曲线距离显然不同，即外侧车轮移过的距离大于内侧车轮。若两侧车轮都固定在同一刚性转轴上，两轮角速度相等，则此时外轮必然是边滚动边滑移，内轮必然是边滚动边滑转。

同样，汽车在不平路面上直线行驶时，两侧车轮实际移过的曲线距离也不相等。因此在角速度相同的条件下，在波形较显著的路面上运动的一侧车轮是边滚动边滑移，另一侧车轮则是边滚动边滑转。即使路面非常平直，但由于轮胎制造尺寸误差，磨损程度不同，承受的载荷不同或充气压力不等，各个轮胎的滚动半径实际上不可能相等，因此，只要各轮角速度相等，车轮对路面的滑动就必然存在。

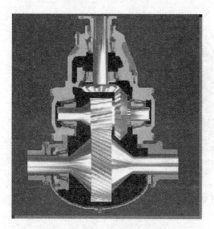

图 3-188 双级主减速器

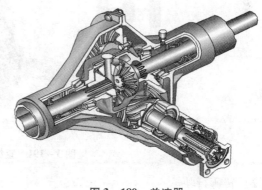

图 3-189 差速器

车轮对路面的滑动不仅会加速轮胎磨损，增加汽车的动力消耗，而且可能导致转向和制动性能的恶化。所以，在正常行驶条件下，应使车轮尽可能不发生滑动，差速器的作用就在于此。差速器结构如图 3-190 所示。

2）类型

差速器按其工作特性可分为普通齿轮式差速器和防滑差速器两大类。

3）工作原理

主减速器传来的动力带动差速器壳（转速为 n_0）转动，经过行星齿轮轴、行星齿轮、半轴齿轮、半轴（转速分别为 n_1 和 n_2），最后传给两侧驱动车轮。

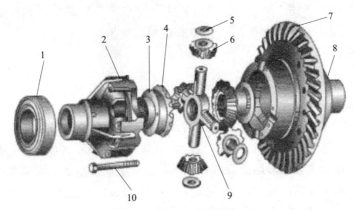

图 3-190 差速器结构

1—轴承；2—左外壳；3—垫片；4—半轴齿轮；5—垫圈；6—行星齿轮；
7—从动齿轮；8—右外壳；9—十字轴；10—螺栓

(1) 直线行驶。

此时两侧驱动车轮所受到的地面阻力相同，并经半轴、半轴齿轮反作用于行星齿轮。这时行星齿轮相当于等臂杠杆，即行星齿轮不自转，只随差速器壳和行星齿轮轴一起公转，两半轴无转速差，即 $n_1 = n_2 = n_0$，$n_1 + n_2 = 2n_0$。

同样，由于行星齿轮相当于等臂杠杆，主减速器传动差速器壳体上的转矩 M_0 等分给两半轴齿轮（半轴），即 $M_1 = M_2 = M_0/2$，如图 3-191 所示。

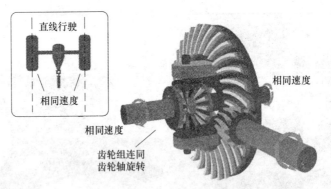

图 3-191 直线行驶

(2) 转弯行驶。

此时两侧驱动车轮所受到的地面阻力不同。如果车辆右转，右侧（内侧）驱动车轮所受的阻力大，左侧（外侧）驱动车轮所受的阻力小。这两个阻力经半轴、半轴齿轮反作用于行星齿轮，使行星齿轮除了随差速器壳公转外还顺时针自转，设自转转速为 n_4，则左半轴齿轮的转速增加，右半轴齿轮的转速降低，且左半轴齿轮增加的转速等于右半轴齿轮降低的转速。设半轴齿轮的转速变化为 Δn，则 $n_1 = n_0 + \Delta n$，$n_2 = n_0 - \Delta n$，即汽车右转时，左侧（外侧）车轮转得快，右侧（内侧）车轮转得慢，实现纯滚动，如图 3-192 所示。此时依然有 $n_1 + n_2 = 2n_0$。

由于行星齿轮的自转，行星齿轮孔与行星齿轮轴轴径间以及齿轮背部与差速器壳体之间都产生摩擦。行星齿轮所受的摩擦力矩 M_T 方向与其自转方向相反，并传到左、右半轴齿轮，使转得快的左半轴的转矩减小，转得慢的右半轴的转矩增加。所以当左、右驱动车轮存在转速差时，$M_1 = (M_0 - M_T)/2$，$M_2 = (M_0 + M_T)/2$。但由于有推力垫片的存在，实际中的 M_T 很小，可以忽略不计，则 $M_1 = M_2 = M_0/2$。

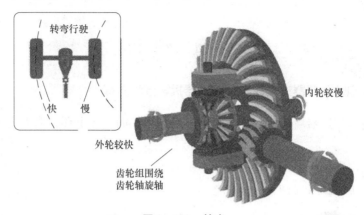

图 3-192 转弯

二、装备 4T65E 自动变速器的别克轿车主减速器和差速器

结构如图 3-193 所示，工作原理及过程如图 3-194 所示。

图 3-193 主减速器和差速器结构

1—驱动轴；2—主减速器行星架；3—锥齿行星轮；4—主减速器行星轮；5—主减速器太阳轮

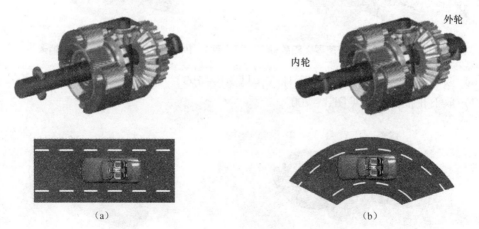

图 3-194 直线行驶与转弯

(a) 直线行驶；(b) 转弯

当车辆直线行驶时，差速器行星轮、差速器半轴齿轮和差速器行星架成一整体转动。对所有前轮驱动车辆，最终结果是在所有的前进挡使两半轴以发动机转向相同方向转动。

如果汽车向左转弯，圆弧的中心点在左侧，在相同的时间里，右侧轮子走的弧线比左侧轮子长，为了平衡这个差异，就要左边轮子慢一点，右边轮子快一点，用不同的转速来弥补距离的差异。

第二部分　技能要求

一、4T65E 自动变速器主减速器和差速器拆解分步图解

（1）拆下自动变速器后端盖，拆下半轴齿轮与半轴的连接卡环，取下主减速器/差速器总成。

（2）取下输出车速传感器齿轮（见图 3－195）。

（3）取下止推垫圈（见图 3－196）。

图 3－195　取下输出车速传感器齿轮　　图 3－196　取下止推垫圈

（4）取下主减速器太阳轮轴（见图 3－197）。

（5）取下主减速器内齿圈轴承（见图 3－198）。

图 3－197　取下主减速器太阳轮轴　　图 3－198　取下主减速器内齿圈轴承

（6）取下主减速器内齿圈、驻车棘爪（见图 3－199）。

（7）取下止推轴承（见图 3－200）。

图 3－199　取下主减速器内齿圈、驻车棘爪　　图 3－200　取下止推轴承

(8) 取下驻车齿轮（见图3-201）。
(9) 取下主减速器太阳轮（见图3-202）。

图3-201 取下驻车齿轮　　　图3-202 取下主减速器太阳轮

(10) 取下行星轮销锁止圈（见图3-203）。
(11) 取下行星轮销、主减速器行星轮（见图3-204）。

图3-203 取下行星轮销锁止圈　　　图3-204 取下行星轮销、主减速器行星轮

(12) 拆解这个部位时，注意行星轮止推垫圈和滚针轴承（见图3-205）。
(13) 取下差速器行星轮销（注意这个地方有个小销子，必须先把它取下），然后取下差速器行星轮（见图3-206）。

图3-205 取下行星轮止推垫圈、滚针轴承　　　图3-206 取下差速器行星轮组、差速器行星轮/主减速器支架

二、4T65E 自动变速器主减速器和差速器常见故障及分析

在以发动机为动力的汽车机械式传动系统中，驱动桥被用来将发动机发出的扭矩传递到驱动轮。它具有如下功能：具有合适的减速比，使汽车具有良好的动力性和经济性；具有差速作用，以保证汽车在转向或在不平道路上行驶时，轮胎不产生滑拖现象；具有较大的离地间隙，以保证良好的通过性；尽可能减轻质量，以减轻汽车的自重。驱动桥使用频繁，所以故障率较高。

1. 故障现象及原因

1）主减速器早期损坏

主减速器是驱动桥的"心脏"，其早期损坏将严重影响驱动桥的使用寿命。主减速器早期损坏的形式主要有齿轮副早期磨损、轮齿断裂、主动齿轮轴承早期损坏等。

(1) 齿轮副早期磨损。

①齿轮啮合间隙偏大或偏小都会造成齿轮副早期磨损。

②轴承的预紧力过大或过小。预紧力过大时,影响传动效率,使轴承过热,缩短寿命;预紧力过小时,齿轮的啮合状况变坏,接触应力增大,导致齿轮副早期磨损。

③未按规定加注齿轮油。主减速器必须按规定加注齿轮油,才能保证齿轮的正常润滑,否则,在汽车行驶极短行程后,齿面就会因润滑不良而造成点蚀、黏结和急剧磨损。

④从动齿轮因锁紧调整螺母松动而产生偏移。调整螺母松动,造成从动齿轮偏移,啮合间隙变大,会使齿轮副早期磨损。

(2) 轮齿断裂。

①齿轮啮合间隙太大。当齿轮啮合间隙太大而未及时调整时,主、从动齿轮在啮合过程中将产生冲击,从而使齿轮断裂。

②主动齿轮轴承或差速器轴承损坏,滚子掉在主减速器内,会将齿轮打坏。

③从动齿轮与差速器的连接螺栓松动、脱落,也会打坏齿轮。

(3) 主动齿轮轴早期损坏。

①主动齿轮轴承预紧力调整不当,使轴向间隙增大,产生冲击力,将损坏后轴承。

②轴承本身刚度差,质量不合格。

③汽车严重超载,使轴承负荷增加,从而使其寿命缩短。汽车超载行驶,在通过不平路面时,齿轮及轴承等均受到冲击载荷的连续作用而发生早期损坏。

2) 驱动桥发响、发热、漏油

(1) 驱动桥发响。

①汽车行驶中发出"嗷"的响声,用手触摸后桥壳,如有发热现象,则为齿隙过小;如严重发热,则可能是缺油,应检查油面。

②汽车在行驶中发出"咣当、咣当"的撞击响声,一般是齿轮啮合间隙过大。

③汽车在行驶中,如车速越高响声越大,而滑行时响声减小或消失,一般是由于轴承磨损或齿轮间隙失常所致。如急剧改变车速或上坡时发响,则为齿轮啮合间隙过大。

④在踏下加速踏板时汽车行驶正常,在放松加速踏板的过程中发出"鸣"的响声,而匀速行驶时此响声消失,一般是由于主动锥齿轮凸缘紧固螺母松旷。

⑤汽车行驶中后桥处有剧烈响声,则多为齿轮牙齿损坏或轴承损坏。

⑥汽车转弯时发出"咔叭、咔叭"的响声,低速直线行驶时也能听到一点,而车速升高后响声即消失,一般是差速器行星齿轮啮合间隙过大或半轴齿轮及键槽磨损所致。

⑦车速接近60 km/h抬起加速踏板时,后桥处有不正常的"轰隆、轰隆"声,并感到后桥有抖动现象,则为半轴套管弯曲变形所引起。

⑧汽车行驶中发现后桥有响声,可停车将后桥的一侧架起,用彩笔在轮胎和传动轴上各划一印记,然后挂上挡,使发动机以最低稳定转速运转,并倾听其内部在一定时间内的发响次数。若发响次数略多于车轮转数的1.5倍,则可能是圆锥从动齿轮摆动,具体原因可能是圆锥从动齿轮跳动或有故障。

(2) 驱动桥发热。

①驱动桥润滑油不足或使用劣质齿轮油,主、从动齿轮间隙过小会造成驱动桥整体过热。

②轴承装配过紧，间隙过小，会引起驱动桥局部过热。

(3) 驱动桥漏油。

①油封质量差，橡胶早期老化，造成主减速器处漏油。

②与油封接合面加工精度达不到要求，造成油封和零件的磨损，间隙增大，易渗油。

③通气孔堵塞，造成桥内压力升高，油会从接合面处、油封处渗出。

④主减速器与桥体接合面或半轴凸缘与桥体接合面未按规定涂密封胶，接合面有异物或不平等，均会造成漏油。

⑤加油量超过规定界面时，油会自动溢出。

2. 故障分析方法

驱动桥故障的原因千差万别，各种故障的形成也不是单一孤立，而是相互联系的。如果出现一种故障而不及时排除，能够容易诱发另一种故障，形成连锁反应。一种故障的产生可能有一种或多种原因，同时，装配调整、使用等一项不符合要求可能导致驱动桥多种故障。如齿轮啮合间隙过小，会引起驱动桥发热、驱动桥发响和主减速器早期损坏。在判断和排除驱动桥故障时，要具体问题具体分析，故障分析如图 3-207 所示。

图 3-207 故障分析

三、修复故障中需要注意的问题

1. 拆卸程序

（1）拆卸壳体加长罩（见图3-208）。

（2）转动差速器载体直到露出输出轴的轴端并使差速器小齿轮轴处于水平位置。

（3）将J42562弹簧卡环工具放置在输出轴轴端和差速器小齿轮轴之间。

（4）锤击轴拆卸工具的后端压缩输出轴压缩环并使输出轴从差速器侧齿轮推出（见图3-209）。

（5）拆卸差速器载体。

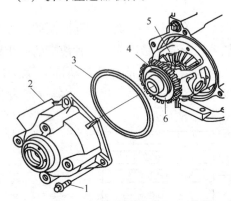
图3-208 拆卸壳体加长罩
1—螺栓；2—壳体加长罩；3—密封垫；4—车速传感器齿轮；5—差速器载体；6—挡圈

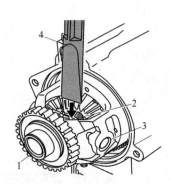
图3-209 拆卸输出轴
1—差速器载体；2—压缩环；3—小齿轮轴；4—J42562

（6）用弹簧卡环钳子从输出轴上拆卸压缩环（见图3-210）。

（7）从差速器载体太阳齿轮上拆卸太阳齿轮止推轴承。止推轴承也许会与差速器载体黏合在一起。

（8）拆卸差速器载体太阳齿轮。

（9）拆卸驻车齿轮。

（10）从差速器载体内部齿轮拆卸内部齿轮止推轴承。

（11）拆卸太阳齿轮轴（见图3-211）。

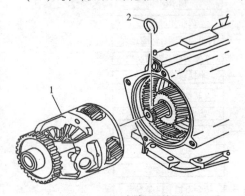
图3-210 拆卸压缩环
1—差速器载体；2—压缩环

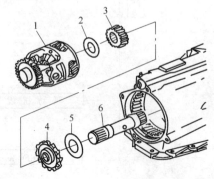
图3-211 拆卸太阳齿轮轴
1—差速器载体；2，5—止推轴承；3—太阳齿轮；4—驻车齿轮；6—太阳齿轮轴

（12）检查太阳齿轮轴的损坏情况（见图 3-212）。

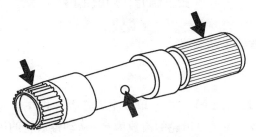

图 3-212 检查太阳齿轮轴

2. 安装程序

（1）将太阳齿轮止推轴承、差速器载体太阳齿轮、驻车齿轮、内部齿轮止推轴承和太阳齿轮轴、装到差速器载体上，如图 3-213 所示。

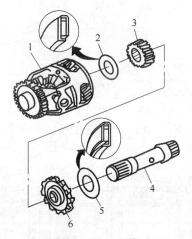

图 3-213 安装
1—减速器载体；2,5—止推轴承；3—太阳齿轮；4—太阳齿轮轴；6—驻车齿轮

（2）将差速器载体装到壳体中，如图 3-214 所示。

（3）安装壳体加长罩。

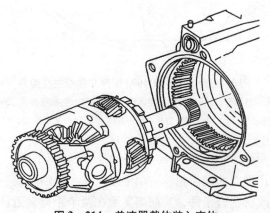

图 3-214 差速器载体装入壳体

第三部分　知识拓展

一、东风 EQ1090 单级主减速器

1. 结构

图 3-215 所示为东风 EQ1090 型汽车单级主减速器，由主、从动锥齿轮及其支承调整装置、主减速器壳等组成。主动锥齿轮的齿数为 6，从动锥齿轮的齿数为 38，因此其传动比 $i = 6.33$。

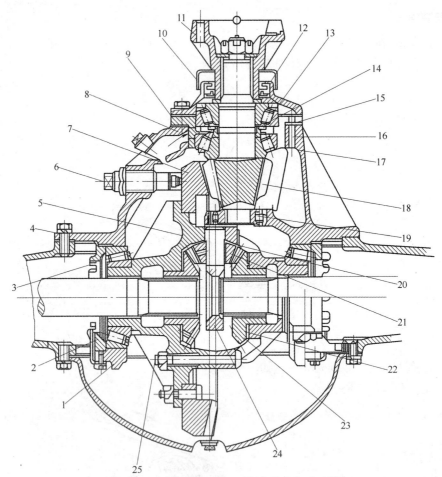

图 3-215　东风 EQ1090 型汽车单级主减速器

1—差速器轴承盖；2—轴承调整螺母；3, 13, 17—圆锥滚子轴承；4—主减速器壳；5—差速器壳；6—支承螺柱；
7—从动锥齿轮；8—进油道；9, 14—调整垫片；10—防尘罩；11—叉形凸缘；12—油封；15—轴承座；
16—回油道；18—主动锥齿轮；19—圆柱滚子轴承；20—行星齿轮垫片；21—行星齿轮；
22—半轴齿轮推力垫片；23—半轴齿轮；24—行星齿轮轴（十字轴）；25—螺栓

主、从动锥齿轮采用准双曲面齿轮。主动锥齿轮与主动轴制成一体。为了保证主动锥齿轮有足够的支承刚度，改善啮合条件，其前端支承在两个距离较近的圆锥滚子轴承 13 和 17 上，后端支承在圆柱滚子轴承 19 上，形成跨置式支承。圆锥滚子轴承 13 和 17 的外座圈支承在轴承座 15 上，内座圈之间有隔套和调整垫片 14。轴承座依靠凸缘定位，用螺栓固装在

主减速器壳体的前端,二者之间有调整垫片9。从动锥齿轮靠凸缘定位,用螺栓紧固在差速器壳上,而差速器壳则用两个圆锥滚子轴承3支承在主减速器壳体中,并用轴承调整螺母2进行轴向定位。在从动锥齿轮啮合处背面的主减速器壳体上,装有支承螺柱,用以限制大负荷下从动锥齿轮过度变形而影响正常啮合。装配时,应在支承螺柱与从动锥齿轮背面之间预留一定间隙(0.3~0.5 mm),转动支承螺柱可以调整此间隙。

2. 调整

1)轴承预紧度的调整

圆锥滚子轴承一般都是成对使用的,装配时应使其具有一定的预紧度,以减小锥齿轮在传动过程中因轴向力而引起的轴向位移,提高轴的支承刚度,保证锥齿轮副的正确啮合。但轴承预紧度又不能过大,否则摩擦和磨损增大,传动效率低。为此,设有轴承预紧度的调整装置。

主动锥齿轮轴承预紧度由调整垫片14来调整。增加垫片的厚度,轴承预紧度减小;反之,轴承预紧度增加。从动锥齿轮(差速器壳)轴承预紧度则是通过拧动两侧的轴承调整螺母2来调整的。拧入调整螺母,轴承预紧度增加;反之,轴承预紧度减小。

提示:只有圆锥滚子轴承的预紧度可调,而圆柱滚子轴承无须调整。

轴承预紧度调整之前应先检查。一般是采用经验法,即用手转动主动(或从动)锥齿轮应转动自如,轴向推动无间隙。

2)锥齿轮啮合的调整

为了使齿轮传动工作正常、磨损均匀、延长其使用寿命,必须保证齿轮副正确啮合。为此,需要对锥齿轮的啮合进行调整。锥齿轮啮合的调整是指齿面啮合印痕和齿侧啮合间隙的调整。

(1)齿面啮合印痕。

先检查齿面啮合印痕,方法为:在主动锥齿轮上相隔120°的3处用红丹油在齿的正反面各涂2~3个齿,再用手对从动锥齿轮稍施加阻力并正、反向各转动主动齿轮数圈。观察从动锥齿轮上的啮合印痕。正确的啮合印痕如图3-216所示,应位于齿高的中间偏小端,并占齿宽60%以上。

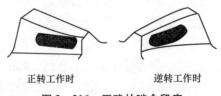

图3-216 正确的啮合印痕

如果啮合印痕位置不正确,应进行调整,方法是移动主动锥齿轮。增加调整垫片9的厚度,使主动锥齿轮前移;反之则后移。

(2)齿侧啮合间隙。

调整啮合印痕移动主动锥齿轮后,主、从动锥齿轮的啮合间隙要发生变化。

啮合间隙的检查:将百分表抵在从动锥齿轮正面的大端处,用手把住主动锥齿轮,然后轻轻往复摆转从动锥齿轮即可显示间隙值。中重型汽车应为0.15~0.50 mm,轻型车为0.10~0.18 mm,使用极限1.00 mm。

如果啮合间隙不符合要求,需要进行调整,方法是移动从动锥齿轮。当从动锥齿轮远离主动锥齿轮时间隙变大,反之则变小。移动从动锥齿轮的方法是将一侧的轴承调整螺母旋入几圈,另一侧就旋出几圈。

注意:调整前应先将从动锥齿轮的轴承预紧度调整好。

二、防滑差速器

汽车上常用的防滑差速器有多种形式,下面仅介绍托森差速器的构造和工作原理。

图3-217所示为奥迪A4全轮驱动轿车前、后驱动桥之间采用的新型托森差速器。"托森"表示"转矩-灵敏",它是一种轴间自锁差速器,装在变速器后端。转矩由变速器输出轴传给托森差速器,再由差速器直接分配给前驱动桥和后驱动桥。

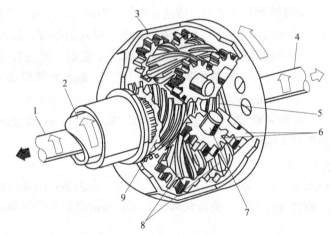

图3-217 托森差速器的结构
1—差速器齿轮轴;2—空心轴;3—差速器外壳;4—驱动轴凸缘盘;5—后轴蜗杆;
6—直齿圆柱齿轮;7—蜗轮轴;8—蜗轮;9—前轴蜗杆

托森差速器由差速器壳、6个蜗轮、6根蜗轮轴、12个直齿圆柱齿轮及前、后轴蜗杆组成。当前、后驱动桥无转速差时,蜗轮绕自身轴自转。各蜗轮、蜗杆与差速器壳一起等速转动,差速器不起差速作用。当前、后驱动桥需要有转速差,例如汽车转弯时,因前轮转弯半径大,差速器起差速作用。此时,蜗轮除公转传递动力外,还要自转。由于直齿圆柱齿轮的相互啮合,使前后蜗轮自转方向相反,从而使前轴蜗杆转速增加,后轴蜗杆转速减小,实现了差速。托森差速器起差速作用时,由于蜗杆蜗轮啮合副之间的摩擦作用,转速较低的后驱动桥比转速较高的前驱动桥所分配到的转矩大。若后桥分配到的转矩大到一定程度而出现滑转时,则后桥转速升高一点,转矩又立刻重新分配给前桥一些,所以驱动力的分配可根据转弯的要求自动调节。

使汽车转弯时具有良好的驾驶性。当前、后驱动桥中某一桥因附着力小而出现滑转时,差速器起作用,将转矩的大部分分配给附着力好的另一驱动桥(最大可达3.5倍),从而提高了汽车通过坏路面的能力。

总结:普通锥齿轮差速器为了减少行星齿轮、半轴齿轮背部的摩擦、磨损,在行星齿轮、半轴齿轮背部的差速器壳体之间采用了推力垫片,使内摩擦力矩 M_T 很小,可以忽略不计。而防滑差速器是特意增加内摩擦力矩 M_T,使转得慢的驱动轮(驱动桥)获得的转矩大,转得快的驱动轮(驱动桥)获得的转矩小,提高了汽车通过坏路面的能力。

学习情境 4

汽车传动系统综合故障诊断与修复

知识目标

掌握传动系统异响故障的部位判别方法。

技能目标

能诊断并排除传动系统各部位异响故障。

第一部分 知识要求

一、发动机前置后驱动布置

发动机前置后驱动布置如图 4-1 所示。

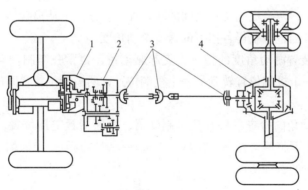

图 4-1 发动机前置后驱动布置示意图
1—离合器；2—变速器；3—万向节；4—驱动桥

二、汽车异常响声的判别和一般规律

曾出现过这样一辆修事故车，车速至 110 km/h 振感强烈。经反复试车发现发动机转速 3 000 r/min 有噪声，但随挡位减低，噪声和振动减小，2 挡及以下挡位声音均属于正常。对变速箱总成做拆装维修，故障排除。这是一例很明显由变速箱与发动机匹配不当引起的故障，异响和振动随挡位的变化而出现明显不同。

传动系间隙大引起的冲击异响是各部分综合间隙超差引起的。

传动系游动角度是离合器、变速器、万向传动装置、驱动桥的游动角度之和，也称为传动系总游动角度。检测方法有经验检查法和仪器检查法。仪器检查法有指针式和数字式。指针式检测仪由指针、刻度盘、测量扳手组成，如图4-2所示；数字式检测仪由倾角传感器和测量仪组成。经验检查法检测方法：检查传动系统游动角时可分段进行，然后将各段游动角度求和即可。

获得传动系统总的游动角度。游动角度参考：离合器与变速器游动角度在5°~15°，驱动桥在55°~65°，万向传动装置在5°~6°，则传动系统的游动角度为65°~86°。

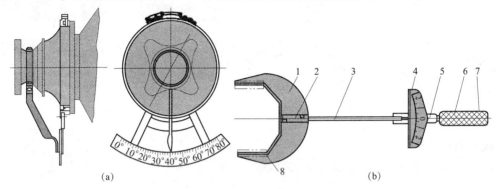

图4-2 指针式游动角度检测仪
(a) 指针与刻度盘的安装；(b) 测量扳手
1—卡嘴；2—指针座；3—指针；4—刻度盘；5—手柄；6—手柄套筒；7—定位销；8—可换钳口

（1）离合器与变速器游动角的检查：离合器处于接合状态，变速器挂在要检查的挡上，松开驻车制动器，然后在车下用手将变速器输出轴上的凸缘盘或驻车制动盘从一个极端位置转到另一个极端位置，两个极端位置之间的转角即为在该挡下从离合器至变速器输出端的游动角度。依次挂入各挡，可获得各挡下的这一游动角度。

（2）万向传动装置游动角度的检查：支起驱动桥，拉紧驻车制动器，然后在车下用手将驱动桥凸缘盘从一个极端位置转到另一个极端位置，两极端位置之间的转角即为万向传动装置的游动角度。

（3）驱动桥游动角的检查：松开驻车制动器，变速器置空挡位置，驱动桥着地或处于制动状态，然后在车下将驱动桥凸缘盘从一个极端位置转到另一个极端位置，两极端位置之间的转角即为驱动桥的游动角度。

第二部分 技能训练

一、离合器

离合器的常见故障是分离不彻底、起步发抖、传力打滑和异响等。

1. 分离不彻底

（1）现象：发动机怠速运转，踩下离合器踏板，原地挂挡有齿轮撞击声，且难以挂入；情况严重时，原地挂挡后发动机熄火。

（2）原因：

①离合器踏板自由行程过大。

②分离杠杆内端高度太低或内端不在同一平面上。

③新换的摩擦片太厚或从动片正反装错。

④从动片钢片翘曲变形或摩擦片破裂。

⑤双片离合器中间压板调整不当、中间压板个别支撑弹簧折断或疲劳、中间压板在传动销上或在离合器驱动窗孔内轴向移动不灵活。

⑥从动片在花键轴上轴向移动不灵活。

⑦液压传动离合器液压系统漏油油量不足或有空气。

诊断方法：按下列方法诊断，其流程如图 4-3 所示。

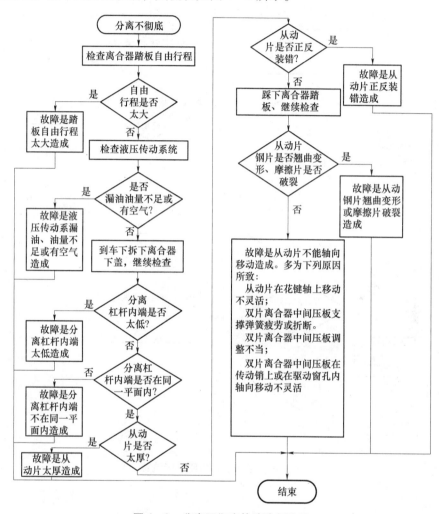

图 4-3 分离不彻底故障诊断流程

2. 起步发抖

（1）现象：汽车用低速挡起步时，按操作规程逐渐放松离合器踏板并徐徐踩下加速踏板，离合器不能平稳接合且产生抖振，严重时甚至使整车产生抖振现象。

（2）原因：

①从动片钢片或压板翘曲变形。

②飞轮工作端面圆跳动严重。

③分离杠杆内端高度不处在同一平面内。

④从动片上的缓冲片破裂、减振弹簧疲劳或折断。

⑤从动摩擦片油污、烧焦、表面硬化、表面不平、钢钉头露出、铆钉松动或折断。
⑥个别压力弹簧疲劳或折断，膜片弹簧疲劳或开裂。
⑦飞轮、离合器壳或变速器固定螺钉松动。
⑧分离轴承套筒与其导管之间油污、尘腻严重，使分离轴承不能回位。

诊断方法：按下列方法诊断，其流程如图4-4所示。

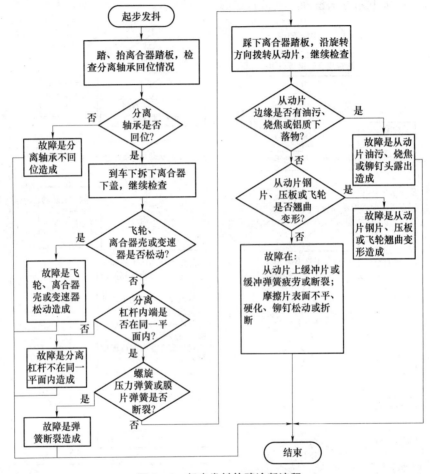

图4-4 起步发抖故障诊断流程

3. 传力打滑

（1）现象：汽车挂低挡起步时，离合器踏板抬很高，汽车仍不起步或起步很不灵敏；汽车加速行驶时，行驶速度不能随发动机转速的升高而升高，且伴随有离合器发热、产生烟味或冒烟等现象；拉紧驻车制动器汽车低挡起步时，发动机不熄火。

（2）原因：
①离合器踏板没有自由行程，使分离轴承压在分离杠杆上。
②从动摩擦片油污、烧焦，或铆钉头露出；从动摩擦片、压板和飞轮工作面磨损严重，厚度减薄。
③压力弹簧退火或疲劳，膜片弹簧疲劳或开裂；离合器盖与飞轮之间装有调整垫片或固定螺钉松动。

④分离轴承套筒与其导管之间因油污、尘腻或卡住而不能回位。

(3) 诊断方法：按下列方法诊断，其流程如图4-5所示。

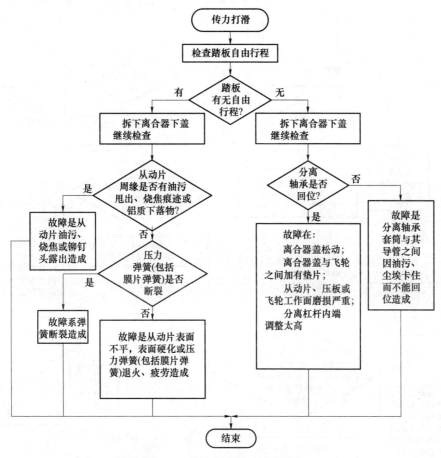

图4-5 传力打滑故障诊断流程

4. 异响

(1) 现象：离合器分离或接合时发出不正常响声。

(2) 原因：

①分离轴承缺少润滑剂干磨或轴承损坏。

②飞轮上的传动销与压板上的传力孔或离合器盖上的驱动孔与压板上的凸块配合间隙太大。

③分离杠杆与离合器盖的连接松旷或分离杠杆支撑弹簧疲劳、折断、脱落。

④从动片花键孔与其轴配合松旷。

⑤从动摩擦片铆钉松动或铆钉头露出。

⑥分离轴承套筒与其导管之间油污、尘腻严重或分离轴承回位弹簧与离合器踏板回位弹簧疲劳、折断、脱落，造成分离轴承回位不佳。

⑦分离轴承与分离杠杆内端之间没有间隙。

⑧从动片减振弹簧退火、疲劳或折断。

(3) 诊断方法：按下列方法诊断，其流程如图4-6所示。

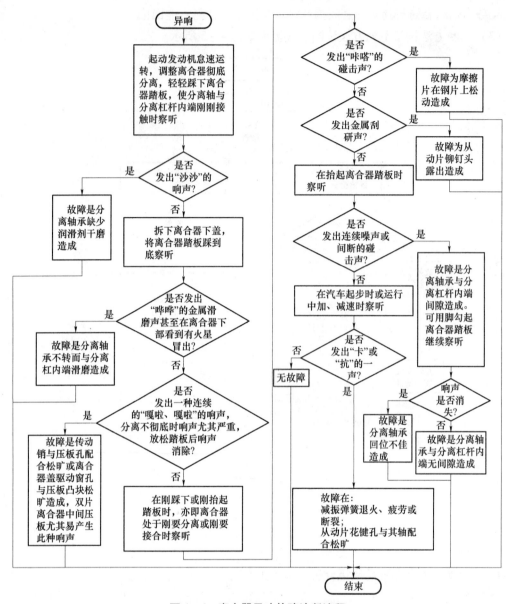

图4-6 离合器异响故障诊断流程

二、机械变速器

机械变速器的常见故障是漏油、异响、跳挡和乱挡等。

1. 漏油

(1) 现象：变速器盖周边、壳体侧盖周边、加油口螺塞、放油口螺塞、第一轴回油螺纹、第二轴油封（或回油螺纹）或各轴承盖等处有明显漏油痕迹。

(2) 原因：

①接合平面变形或加工粗糙。

②接合平面处密封垫片太薄、硬化或损坏。

③变速器盖、壳体侧盖和轴承盖等处固定螺钉松动或上紧顺序不符合要求。
④油封与轴颈安装不同轴、油封装反、油封本身磨损、硬化或轴颈与轴不同轴。
⑤回油螺纹与轴颈安装不同轴、回油螺纹沟槽污物沉积严重或有加工毛刺阻碍回油。
⑥油封轴颈磨损成沟槽。
⑦加油口、放油口螺塞松动或螺纹损坏。
⑧壳体有铸造缺陷或裂纹。

诊断方法：按下列方法诊断，其流程如图4-7所示。

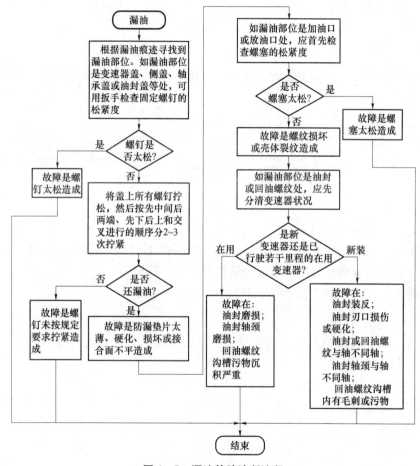

图4-7 漏油故障诊断流程

2. 异响

（1）现象：变速器齿轮的啮合声、轴承的运转声等噪声太大；变速器发出干磨、撞击等不正常响声。

（2）原因：

①滚动轴承缺油（如第一轴前导轴承），滚珠磨损失圆，滚道有麻点、脱层、伤痕，内外滚道在轴上或壳体内转动或轴承间隙太大。
②齿轮加工精度差或热处理工艺不当等造成齿轮偏摇或齿形发生变化。
③齿隙过大或花键配合间隙太大。

④修复过的齿面没有对毛刺、凸起等进行修整。
⑤齿面剥落、脱层、缺损、磨损过甚或换件修复中齿轮未成对更换。
⑥第一轴、第二轴或中间轴弯曲变形。
⑦壳体轴承孔搪孔镶套修复后,使两孔中心距发生变动或使两轴线不平行。
⑧经修复后的变速叉弯度不对或变速叉磨损后单边堆焊太厚,致使相关齿轮位置不准。
⑨第二轴紧固螺母松动或其他各轴轴向定位失准;个别轮齿断裂。
⑩自锁装置凹槽、钢球磨损过甚或自锁弹簧疲劳、折断,造成挂挡时越位;齿轮油不足、变质、规格不符合要求或油中有杂物。

(3) 诊断方法:按下列方法诊断,其流程如图 4-8 所示。

3. 跳挡

(1) 现象:汽车重载加速或爬越坡度时,变速杆有时从某挡自动跳回到空挡位置。

(2) 原因:

①相啮合的一对离合器式齿轮在啮合部位磨损成锥形。
②由于离合器壳后孔中心位置变动、离合器壳与变速器壳接合平面相对曲轴轴线的垂直度变动或第一轴、第二轴轴承过于松旷等原因,造成第一轴、第二轴、曲轴三者不在向一轴线上。
③挂入挡位后齿轮啮合未达轮齿全长或自锁钢球未进入凹槽内。
④各轴轴向间隙或径向间隙太大。
⑤有多道常啮齿轮的变速器,装在第二轴上的常啮齿轮轴向间隙或径向间隙太大。
⑥自锁装置凹槽、钢球磨损严重或自锁弹簧疲劳、折断。

(3) 诊断方法:按下列方法诊断,其流程如图 4-9 所示。

4. 乱挡

(1) 现象:在离合器分离彻底的情况下,要挂挡挂不上或要摘挡摘不下;有时要挂某挡,结果挂在别的挡上。

(2) 原因:

①互锁装置损坏。
②变速杆下端长度不足、下端工作面磨损过大或变速叉轴上导块的导槽磨损过大。
③变速杆球头定位销松旷、折断或球头、球孔磨损过大。

(3) 诊断方法:按下列方法诊断,其流程如图 4-10 所示。

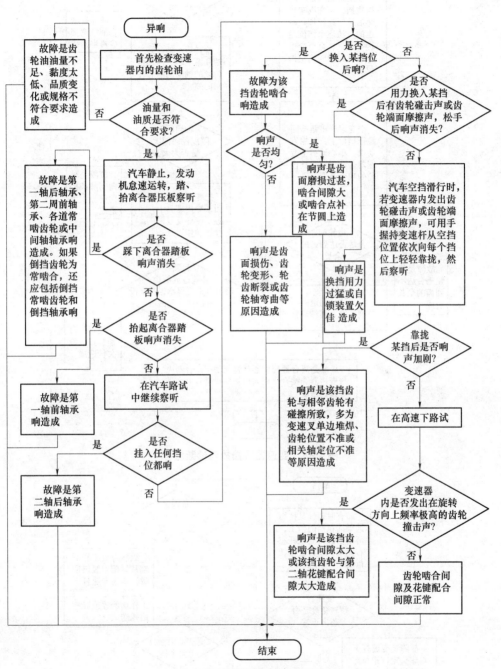

图 4-8 变速器异响故障诊断流程

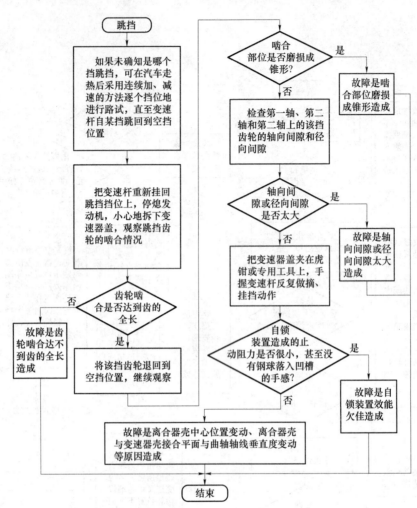

图 4-9 变速器跳挡故障诊断流程

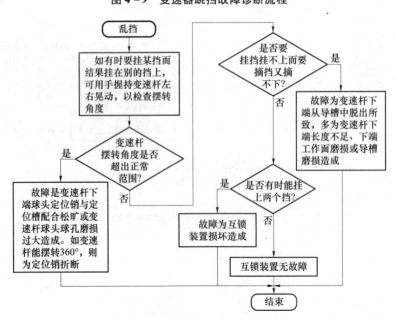

图 4-10 变速器乱挡故障诊断流程

三、万向传动装置

万向传动装置的常见故障是异响和游动角度增大。

1. 万向节和伸缩节响

（1）现象：在汽车起步或车速突然改变时，传动装置发出"吭"的一声；当汽车缓车时，传动装置发出"呱啦、呱啦"的响声。

（2）原因：

①万向节轴承因磨损或冲击造成松旷。

②传动轴伸缩节花键因磨损或冲击造成松旷。

③万向节凸缘盘连接螺栓松动。

（3）诊断方法：按下列方法诊断，其流程如图 4 – 11 所示。

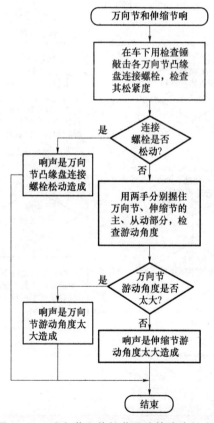

图 4 – 11　万向节和伸缩节异响故障诊断流程

2. 传动轴响

（1）现象：在万向节与伸缩节技术状况良好的情况下，传动轴于汽车行驶中发出周期性响声；车速越快时响声越大，严重时车身发生抖振，甚至握转向盘的手有麻木感。

（2）原因：

①传动轴弯曲或轴管凹陷。

②传动轴管与万向节叉焊接时未找正或传动轴未进行动平衡。

③传动轴上的平衡片失落。

④伸缩节未按标记安装，使传动轴失去平衡，并有可能造成传动轴两端的叉不在同一平面上。

⑤中间支承吊架的固定螺栓或万向节凸缘盘连接螺栓松动，使传动轴位置偏斜。

⑥橡胶夹紧式中间支承紧固方法不妥，造成中间传动轴前端偏离原轴线。

（3）诊断方法：按下列方法诊断，其流程如图4-12所示。

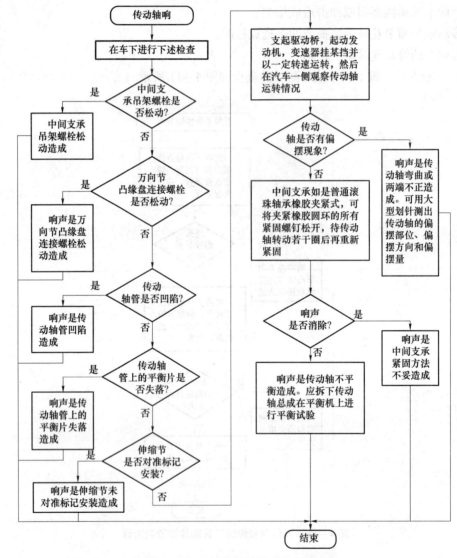

图4-12 传动轴异响故障诊断流程

3. 中间支承异响

（1）现象：汽车行驶中产生一种连续的"呜呜"的响声，车速越快响声越大。

（2）原因：

①滚动轴承脱层、麻点、磨损过甚或缺油。

②中间支承安装方法不当，造成滚动轴承承受附加载荷。
③橡胶圆环损坏。
④车架变形。

（3）诊断方法：按下列方法诊断，其流程如图4-13所示。

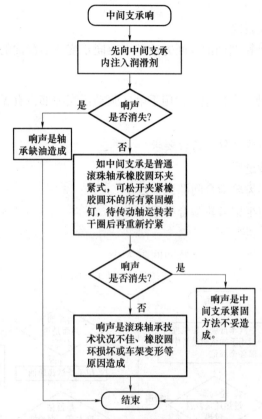

图4-13 中间支承异响故障诊断流程

4. 游动角度增大

万向传动装置的游动角度，主要包括伸缩节和各万向节的游动角度。当伸缩节和万向节在工作中因磨损和冲击致使旋转方向上的角间隙增大时，其游动角度就增大。因此，游动角度是传动机件技术状况的重要诊断参数之一。

四、驱动桥

驱动桥的常见故障为漏油、过热和异响。

1. 漏油

（1）现象：从驱动桥加油口螺塞、放油口螺塞、油封处或各接合面处可见到明显的漏油痕迹。

（2）原因：
①加油口或放油口螺塞松动。
②油封与轴颈不同轴、油封装反、油封本身磨损或硬化。

③油封轴颈磨损成沟槽。
④接合平面变形或加工粗糙。
⑤接合平面处密封垫片太薄、硬化或损坏。
⑥两接合平面的紧固螺钉松动或螺钉上紧方法不符合要求。
⑦通气孔堵塞。
⑧桥壳有铸造缺陷或裂纹。

（3）诊断方法：驱动桥漏油的诊断方法基本上同于变速器漏油的诊断方法。

2. 过热

（1）现象：汽车行驶一定里程后，用手触试驱动桥壳中部，有无法忍受的烫手感觉。

（2）原因：

①齿轮油不足、变质或牌号不符合要求。
②锥形滚动轴承调整过紧。
③主传动器一对锥形齿轮啮合间隙调整过小。
④差速器行星齿轮与半轴齿轮啮合间隙太小。
⑤油封过紧。
⑥止推垫片与主传动器从动齿轮背面间隙太小。

（3）诊断方法：按下列方法诊断，其流程如图4-14所示。

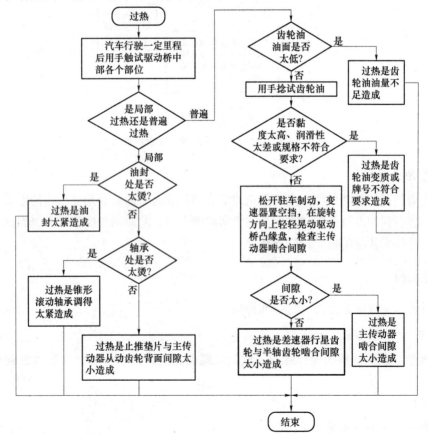

图4-14 过热故障诊断流程

3. 异响

（1）现象：汽车挂挡行驶时驱动桥发出较大响声，而当滑行或低速行驶时响声减弱或消失；汽车行驶、滑行时驱动桥均发出较大响声；汽车转弯行驶时驱动桥发出较大响声，而直线行驶时响声减弱或消失；汽车起步或突然改变车速时，驱动桥发出"吭"的一声；汽车缓车时驱动桥发出"嘎啦、嘎啦"的撞击声。

（2）原因：

①滚动轴承损伤、严重磨损或过于松旷。

②主传动器一对锥形齿轮严重磨损、轮齿变形、轮齿断裂、齿面损伤、啮合面调整不当、啮合间隙太大或太小、啮合间隙不匀或未成对更换齿轮等。

③主传动器从动齿轮变形或连接松动；主传动器主动齿轮凸缘盘紧固螺母松动；主传动器壳体或差速器壳体变形；差速器壳与十字轴配合松旷；行星齿轮孔与十字轴配合松旷。

④行星齿轮与半轴齿轮啮合间隙太大或太小。

⑤半轴齿轮与半轴花键配合松旷；齿轮油不足、黏度太小或牌号不符合要求。

⑥行星齿轮与半轴齿轮的齿面严重磨损、损伤、轮齿变形或断裂；齿轮油中有杂物或较大金属颗粒。

（3）诊断方法：按下列方法诊断，其流程如图4-15所示。

4. 传动系统游动角度增大

传动系统的游动角度是离合器、变速器、万向传动装置和驱动桥的游动角度之和，因此也称为传动系的总游动角度。它能表明整个传动系统的调整和磨损状况。

（1）现象：汽车起步或车速突然改变时，传动系发出"吭"的一声；汽车静止，变速器挂在挡上，抬起离合器踏板，松开驻车制动，在车下用手转动传动轴时，感到松旷量很大。

（2）原因：

①离合器从动片与变速器第一轴花键配合松旷。

②变速器各对传动齿轮啮合间隙太大或滑动齿轮与花键轴配合松旷。

③万向传动装置的伸缩节和各万向节处松旷等。

④驱动桥内主传动器的一对锥形齿轮、差速器的行星齿轮与半轴齿轮、半轴齿轮与半轴花键等处配合间隙太大。

（3）检查方法：传动系统游动角度的检查可分段进行，然后将各分段游动角度相加即可获得。

用经验法检查游动角度时，角度值只能凭经验估算。检查应在热车熄火的情况下进行。

①离合器与变速器游动角度的检查：变速器挂在要检查的某挡上，松开驻车制动，离合器处在接合状态下，然后在车下用手将变速器的输出轴或其上的驻车制动盘从一个极端位置转到另一个极端位置，两极端位置之间的转角，即为在该挡下从离合器至变速器输出端的游动角度。依次挂入每一挡，可获得各挡的这一游动角度。

②万向传动装置游动角度的检查：支起驱动桥，拉紧驻车制动，然后在车下用手将驱动桥凸缘盘从一个极端位置转到另一个极端位置，两极端位置之间的转角即为万向传动装置的游动角度。

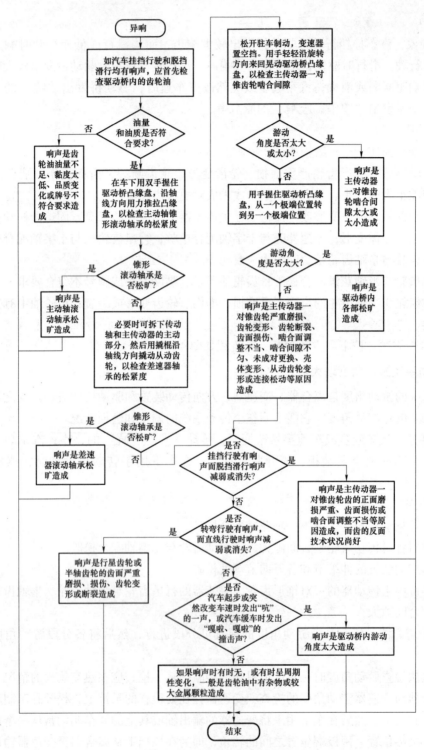

图 4-15 异响故障诊断流程

③驱动桥游动角度的检查：松开驻车制动，变速器置空挡位置，驱动轮着地或处于制动状态，然后在车下用手将驱动桥凸缘盘从一个极端位置转到另一个极端位置，两极端位置之间的转角即为驱动桥的游动角度。上述三段游动角度之和即为传动系的游动角度。

五、传动系统异响和其他异响的分辨

首先将汽车在平坦的路面上行驶一定的里程，使工作温度升至正常，然后当汽车行驶发出异响时，记下车速，停车后，置变速器于空挡位置，再缓缓地加速，直至发动机的转速与出现异响时的车速相当时，观察有无异响的发生，可以重复几次，以确定异响是否是由排气或发动机的不正常状况所引起。

另外，可以将车停放在安全地带或举升机上，使驱动轮离地（为了安全，越低越好。）发动机运转，挂上挡，试验是否还有异响出现，若无，则可以判断异响不是传动系统的；若有，可以进一步判断是哪一部分的。

不挂挡，若有异响，可以踩下离合器踏板，诊断是否是离合器故障。

不挂挡，若无异响，不是离合器故障，是变速器或传动轴、主减速器故障。

思考与操作训练

1. 电控无级自动变速器的速比改变的原理是什么？
2. 电控无级变速器有哪几种？大众奥迪 A6 所用 ECVT 是哪种？
3. 01J 型 ECVT 的行星齿轮机构是什么形式的？
4. 01J 型 ECVT 的前进挡、倒挡、空挡分别是如何实现的？
5. 01J 型 ECVT 中 B、C 的功能与普通 ECT 中 B、C 的功能有何异同？
6. 图 1 所示为 01J 型 ECVT 的电路，指出传感器和执行器有哪些？分别起什么作用？

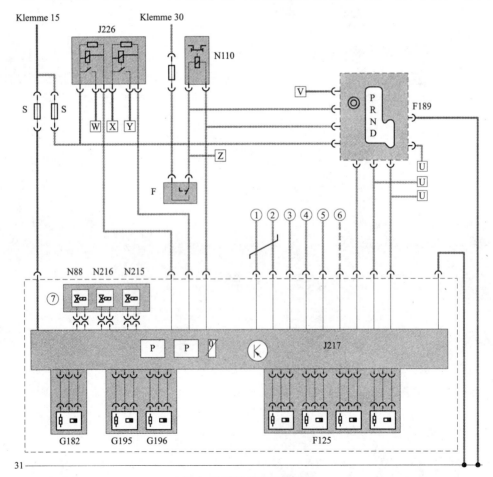

图 1　01J 型 ECVT 的电路

安装在什么位置？失效后 ECU 会做如何处理？

7. 01J 型 ECVT 的控制功能有哪些？分别如何实现？

8. 01J 型 ECVT 的链轮油缸分为哪两部分？分别起什么作用？分别有什么特点？

9. 图 2 所示为 01J 型 ECVT 的油路，分析速比控制、PRND 挡位切换、离合器油压控制、离合器冷却控制分别是怎样实现的。

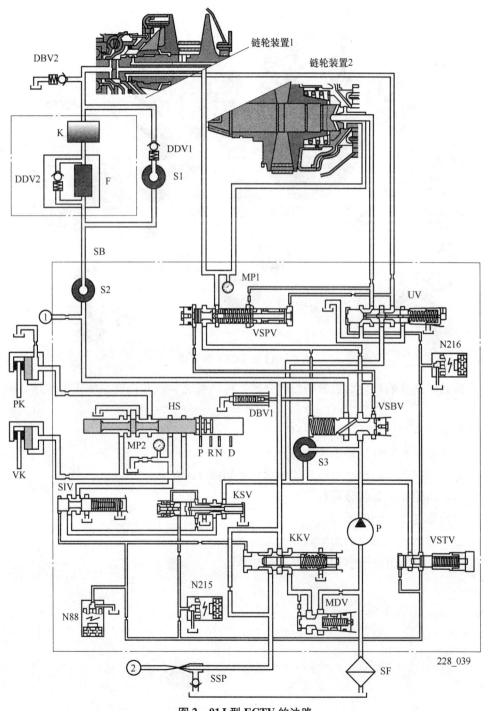

图 2　01J 型 ECTV 的油路

10. 故障码 17101/P0717 表示什么故障？

11. 在利用 VAG 1552 读取 01J 型 ECVT 数据流时，008 组的数据流为"62% 310/min 2 880/min 3 140/min"，它反映出了哪些信息？

12. 01J 型 ECVT 的故障诊断流程是什么？

13. 目前，电控无级变速器常见的故障有哪些？怎么排除？

14. 指出图 3 中各零部件的名称和功用。

图3　01J 型 ECTV 的零件

15. 传动系统异响和发动机异响怎样分辨？传动系统异响和行驶系统或者悬挂异响怎样区分？

16. 轮胎噪声与后桥噪声如何分辨？

17. 轮毂轴承异响和后桥噪声如何分辨？

18. 减速器圆锥主动轴承与差速器轴承异响如何分辨？

19. 后桥齿轮噪声如何分辨？

20. 分析变速器异响的原因。

21. 分析造成差速器异响的原因。

22. 传动轴万向节异响的特征和原因是什么？

参考文献

[1] 李黎华. 汽车传动系统的诊断与维修[M]. 北京：机械工业出版社，2011.
[2] 蒋卫东，田琳琳，等. 汽车底盘电控技术[M]. 北京：机械工业出版社，2010.
[3] 蒋卫东，孙志春，等. 汽车底盘电控技术实训[M]. 北京：机械工业出版社，2008.